IDADE MÉDIA,
IDADE DOS HOMENS

GEORGES DUBY

IDADE MÉDIA, IDADE DOS HOMENS
Do amor e outros ensaios

Tradução
Jônatas Batista Neto

1ª reimpressão

Copyright © Flammarion, 1988
Copyright © Oxford University Press, New York, 1983,
para "O que se sabe do amor na França no século XII?"
Copyright © Past and Present Society, Oxford, 1983,
para "A maratona e a malcasada"
Copyright © Harvard University Press, Cambridge, Mass., 1982,
para "O 'Renascimento' do século XII"

Grafia atualizada segundo o Acordo Ortográfico da Língua Portuguesa de 1990, que entrou em vigor no Brasil em 2009.

Título original:
Mâle Moyen Âge
De l'amour et autres essais

Capa
Jeff Fisher

Preparação
Cristina Penz

Revisão
Juliane Kaori
Renato Potenza Rodrigues

Dados Internacionais de Catalogação na Publicação (CIP)
(Câmara Brasileira do Livro, SP, Brasil)

Duby, Georges
 Idade média, idade dos homens : do amor e outros ensaios /
Georges Duby ; tradução Jônatas Batista Neto. — São Paulo :
Companhia das Letras, 2011.

 Título original: Mâle Moyen Âge: de l'amour et autres essais
 Bibliografia
 ISBN 978-85-359-1880-9

 1. Casamento — França — História 2. Família — França —
História 3. França — Condições sociais — 987-1515 4. História
social — Idade Média, 500-1500 I. Título.

11-05056   CDD-306.80944

Índice para catálogo sistemático:
1. França : Idade Média : História social 306.80944

2017

Todos os direitos desta edição reservados à
EDITORA SCHWARCZ S.A.
Rua Bandeira Paulista, 702, cj. 32
04532-002 — São Paulo — SP
Telefone: (11) 3707-3500
www.companhiadasletras.com.br
www.blogdacompanhia.com.br

SUMÁRIO

DO AMOR E DO CASAMENTO
O casamento na sociedade da Alta Idade Média *10*
O que se sabe do amor na França no século XII? *31*
A matrona e a malcasada *46*
A propósito do amor chamado cortês *68*
O *Roman de la Rose* *76*
Para uma história das mulheres na França e na Espanha. Conclusão de um colóquio *110*

ESTRUTURAS DE PARENTESCO
Estruturas familiares na Idade Média ocidental *120*
Estruturas familiares aristocráticas na França do século XI em relação com as estruturas do Estado *129*
A França de Filipe Augusto. As transformações sociais no meio aristocrático *137*

CULTURAS, VALORES E SOCIEDADE
Problemas e métodos em história cultural *146*
A história dos sistemas de valores *153*
O "Renascimento" do século XII. Audiência e patrocínio *167*
Reflexões sobre o sofrimento físico na Idade Média *189*
Memórias sem historiador *195*
Heresias e sociedades na Europa pré-industrial, séculos XI-XVIII *206*

Orientações da pesquisa histórica na França, 1950-1980 *217*
Notas *245*
Origem dos textos *249*
Sobre o autor *251*

Como indicado no título, este livro reúne ensaios. Que fique claro: esses textos curtos fazem, nas etapas sucessivas de uma obra em andamento, o balanço de um percurso. É preciso fazer isso de quando em quando antes de nos aventurarmos adiante. Essas páginas são como que notas de trabalho. Elas foram escritas entre 1967 e 1986, em circunstâncias diversas. Algumas por prazer. A maioria por ocasião desses encontros em que os historiadores periodicamente confrontam o resultado de suas pesquisas, criticando-se e confortando-se uns aos outros. O interesse de tais notas está em mostrar como prossegue, hesitante e fecunda, a exploração de um território pouco conhecido.

Essa Idade Média é resolutamente masculina. Pois todos os relatos que chegam até mim e me informam vêm dos homens, convencidos da superioridade do seu sexo. Só as vozes deles chegam até mim. No entanto, eu os ouço falar antes de tudo de seu desejo e, consequentemente, das mulheres. Eles têm medo delas e, para se tranquilizarem, eles as desprezam. Mas preciso me contentar com esse testemunho, deformado pela paixão, pelos preconceitos, pelas regras do amor cortês. Apresso-me a explorá-lo. Na verdade, eu gostaria de descobrir a parte oculta, a feminina. O que era a mulher nessa época longínqua, eis o que, nesses textos, me esforço por descobrir.

DO AMOR E DO CASAMENTO

O CASAMENTO NA SOCIEDADE
DA ALTA IDADE MÉDIA

COMO TODOS OS ORGANISMOS VIVOS, as sociedades humanas são o lugar de uma pulsão fundamental que as incita a perpetuar sua existência, a se reproduzirem no quadro de estruturas estáveis. A permanência dessas estruturas é, nas sociedades humanas, instituída conjuntamente pela natureza e pela cultura. O que de fato importa é a reprodução não apenas dos indivíduos mas também do sistema cultural que os reúne e que ordena suas relações. Aos preceitos do código genético individual acrescentam-se, portanto, os de um código de comportamento coletivo, de um conjunto de regras que aspiram a ser igualmente inquebráveis e que pretendem definir antes de tudo o estatuto respectivo do masculino e do feminino, repartir entre os dois sexos o poder e as funções, controlar em seguida esses eventos fortuitos que são os nascimentos, substituir à filiação materna, a única evidente, a filiação paterna, indicar finalmente, entre todas as uniões possíveis, as uniões legítimas, ou seja, as únicas consideradas suscetíveis de garantir convenientemente a reprodução do grupo — em resumo: regras cujo objetivo é claramente instituir um casal, oficializar a confluência de dois "sangues", e também (mais necessariamente) organizar, para além da conjunção de duas pessoas, a de duas células sociais, de duas "casas", a fim de que seja engendrada uma célula de forma semelhante. O sistema cultural a que me refiro é o sistema de parentesco, o código a que me refiro é o código matrimonial. No centro desses mecanismos de regulação, cuja função social é primordial, tem o seu lugar, com efeito, o casamento.

Regulação, oficialização, controle, codificação: a instituição matrimonial se encontra, por sua própria posição e pelo papel que ela assume, encerrada numa firme estrutura de ritos e de interditos: de ritos, pois que se trata de publicar, quero dizer, tornar público e, dessa forma, socializar, legalizar um ato privado; de interditos, pois que se trata de traçar a fronteira entre a norma e a marginalidade, o lícito e o ilícito, o puro e o impuro. Por um lado, esses interditos e esses ritos decorrem do profano. Por outro, eles decorrem do religioso, já que pela *copulatio* [cópula] entreabre-se a porta que dá para o domínio tenebroso, misterioso, terrificante da sexualidade e da procriação, isto é, para o campo do sagrado. O casamento se situa, consequentemente, no cruzamento de duas ordens, a natural e a sobrenatural. Em muitas sociedades, e especialmente na sociedade da Alta Idade Média, ele é regido por dois poderes distintos, parcialmente conjugados, parcialmente concorrentes, por dois sistemas reguladores que nem sempre atuam em consonância, uma vez que um e outro pretendem aprisionar fortemente o casamento no direito e no cerimonial.

A firmeza desse envoltório jurídico e litúrgico, a vivacidade dos comentários que ele inspirou, o desenvolvimento das reflexões ideológicas que tentaram justificar os seus rigores fazem com que a instituição matrimonial se preste, muito mais do que inúmeros fatos sociais, à observação dos historiadores da cristandade medieval. Eles podem captá-la, e de imediato, por meio de textos explícitos. Mas essa vantagem tem o seu avesso. O medievalista, cuja posição é muito menos segura do que a dos etnólogos que analisam sociedades exóticas e mesmo do que a dos historiadores da Antiguidade — pois a cultura que ele estuda é em grande parte a sua, quer ele se esforce por examiná-lo com um certo distanciamento, quer permaneça relutantemente prisioneiro de um ritual e de um sistema de valores que não apresentam diferenças fundamentais em relação àqueles que examina e que desejaria desmitificar —, só atinge a superfície do casamento, seus aspectos exteriores, públicos, formais. Do que preenche essa casca, no privado, no vivido, tudo ou quase tudo lhe escapa.

Parece-me portanto necessário, como advertência metodológica, pôr claramente em evidência os dois perigos que ameaçam nossos empreendimentos de elucidação, os dois desvios que a natureza das fontes pode, se não tomarmos cuidado, determinar no trajeto das nossas pesquisas. No primeiro desses erros de perspectiva o historiador cairá se ele se ativer, justamente, aos enunciados normativos, aos termos dos regulamentos, às fórmulas dos atos jurídicos, se ele se fiar no que dizem as palavras, se acreditar que elas efetivamente governaram o comportamento dos homens. Não esqueçamos jamais que todo preceito de lei ou de moral constitui apenas um elemento entre outros de uma construção ideológica edificada para justificar certas ações e para, numa certa medida, mascará-las; que, sob esse disfarce que garante a boa consciência, toda regra é mais ou menos transgredida, e que entre a teoria e a prática existe um espaço cuja extensão o historiador, assim como o sociólogo, mas com muito mais dificuldade do que este, deve esforçar-se por determinar. O véu interposto pelas fórmulas pode, aliás, enganar de maneira ainda mais insidiosa. Tomo por exemplo essas escrituras de doação ou de venda nas quais, durante o século XII, em certas províncias, faz-se menção, cada vez mais frequentemente, à esposa ao lado do marido. Deve-se ver nisso um sinal de uma efetiva promoção da mulher, de um afrouxamento da ascendência dos homens no recesso do lar, em resumo: da progressiva vitória do princípio da igualdade dos cônjuges que a Igreja, na mesma época, se esforça por tornar aceitável? Não é antes o caso de considerar que, tratando-se de direitos sobre bens, sobre uma herança, solicita-se a intervenção da esposa, não tanto pelo que ela detém mas em virtude do que ela garante e transmite, e que a lenta retração do monopólio do marido aumenta, mais do que as próprias prerrogativas deste, as dos homens de sua linhagem e de sua progenitura sobre a fortuna do casal? Quanto à segunda ilusão, o historiador cairá nela se adotar sem precauções o ponto de vista dos eclesiásticos, os quais redigiram quase todos os testemunhos ao nosso dispor; se ele vier, involuntariamente, a partilhar do pessimismo ou então do irenismo desses homens, a tomar por certo o que eles, na maioria celibatários ali que fingiam sê-lo, exprimiram sobre as realidades conjugais.

* * *

Os dois perigos que aponto são decisivos. Eles travaram e ainda travam o progresso da pesquisa. Por isso insisto na necessidade de atravessar a qualquer custo a espessura, a opacidade da camada de moralismo que cobre por inteiro nossos dados. Já que o casamento é um ato social e, sem dúvida, o mais importante de todos, já que se trata de um problema de história social, parece-me nocivo ao bom andamento da pesquisa que não sejam examinadas, na indissociável globalidade que constituem como sistema de valores e modo de produção, as representações ideológicas e as bases materiais sobre as quais as primeiras se sustentam. Para dizer a verdade a tarefa é difícil. Entretanto, pelo menos duas circunstâncias favorecem-na.

O período com que nos ocupamos não deixou apenas escritos normativos. Há referência ao casamento em outros documentos, que se tornam muito abundantes assim que se atravessa o Ano Mil. Em narrativas, crônicas, inúmeras narrações que, naturalmente, dizem pouca coisa mas pelo menos coisas concretas, e não muito deformadas — e em toda a literatura cortês de divertimentos, tão deformante quanto o discurso eclesiástico, prisioneira também de uma ideologia, mas de uma ideologia diferente, concorrente, permitindo assim uma outra perspectiva e, aqui e ali, fazer as correções indispensáveis.

Por outro lado, o período com que nos ocupamos viu desenvolverem-se no Ocidente as fases mais ou menos ásperas de um conflito entre dois poderes, de um confronto cuja melhor expressão encontra-se nas fórmulas gelasianas. Poder profano, sustentado pelas "leis", poder daqueles cuja missão é reafirmar essas leis e fazer com que sejam respeitadas, pelos modos de comportamento tradicional, mas repousando também sobre a disposição das relações de produção, o que faz com que a história do casamento não seja certamente a mesma nos diversos graus de hierarquia das condições sociais no nível dos senhores de um lado, no nível dos explorados do outro. Poder sagrado cuja autoridade anima e sustenta a infatigável ação dos sacerdotes no sentido de inserir o casamento na totalidade de um empreendimento de dominação dos costumes e de, nesse conjunto, situá-lo no seu justo lugar. Ora, essa própria dualidade, a alternância que ela mantém de rivalidades e de conivências, estimula o esforço de reflexão, o esforço de regulamentação, ao mesmo tempo que suscita, a despeito do fato de que todos os que escreveram então pertencessem à Igreja, uma diversidade de elucidações que, mesmo que nos limitemos à observação da superfície, do que não passa de uma moldura, dogmática, ritual, regulamentar, permite discernir menos imperfeitamente o que constitui o objeto da nossa pesquisa.

No decorrer dessa competição secular, o religioso tende a suplantar o civil. A época caracteriza-se por uma progressiva cristianização da instituição matrimonial. Insensivelmente, as resistências a essa aculturação se enfraquecem ou antes são forçadas a entrincheirar-se em posições novas, a se estabelecer fortemente aí e a aí preparar-se para ulteriores contraofensivas. Essa é a trama cronológica. Sobre ela, de maneira muito subjetiva, farei apenas algumas observações, imperfeitas, descontínuas, algumas das quais ajudarão talvez a orientar as discussões mas que não passam, em meu espírito, de meras sugestões de itinerário.

Coloquemos, portanto, em primeiro lugar, frente a frente, os dois sistemas de enquadramento, os quais, por seus objetivos, são quase inteiramente estranhos um ao outro: um modelo leigo, encarregado, nessa sociedade ruralizada, na qual cada célula tem raiz num patrimônio fundiário, de preservar, geração após geração, a permanência de um modo de produção; um modelo eclesiástico cujo objetivo, atemporal, é refrear as pulsões da carne, isto é, reprimir o mal, represando numa moderação estrita as irrupções da sexualidade.

Manter, de uma época para outra, o "estado" de uma casa: esse imperativo comanda toda a estrutura do primeiro desses modelos. Em proporção variável segundo as regiões, segundo as etnias, as tradições romanas e as tradições bárbaras se combinam nos materiais de que ele é construído; de qualquer maneira, no entanto, ele tem seu fundamento na noção de herança. Seu papel é assegurar sem prejuízo a transmissão de um capital de bens, de glória, de honra, e de garantir à descendência uma condição, uma "posição" pelo menos igual àquela de que se beneficiavam os ancestrais. Todos os responsáveis pelo destino familiar, isto é, todos os homens que detêm algum direito sobre o patrimônio e, à frente deles, o mais velho, a quem aconselham e que fala em nome deles, consideram consequentemente como seu direito principal casar os jovens e casá-los bens. Ou seja, por um lado ceder as moças, negociar da melhor maneira possível seu poder de procriação e as vantagens que elas podem legar à sua prole; por outro, ajudar os rapazes a encontrar esposa. A tomá-la alhures, numa outra casa, a introduzi-la nessa casa onde ela deixará de depender de seu pai, de seus irmãos, de seus tios, para ser submetida a seu marido, ainda que condenada a ser para sempre uma estrangeira, um pouco suspeita de traição furtiva nesse leito em que ela penetrou, onde ela vai preencher sua função primordial: dar filhos ao grupo de homens que a acolhe, que a domina e que a vigia. Na pessoa dessas crianças reúne-se o que ela trouxe e o que elas conservam de seu pai, a esperança de duas sucessões, a reverência para com duas linhagens de antepassados de onde são retirados, segundo regras de difícil reconstituição, os nomes dados a cada uma delas. A posição que elas ocuparão no mundo, as oportunidades que terão por sua vez de se casarem bem dependem das cláusulas da aliança concluída por ocasião do casamento dos seus pais. Daí a importância desse acordo, daí ser ele a conclusão de longas e sinuosas negociações nas quais todos os membros de cada uma das duas linhagens são implicados. Estratégia a longo prazo, previdente, o que explica que, com frequência, o arranjo entre as duas parentelas, as promessas trocadas precedem de muito a consumação do casamento. Estratégia que requer a maior cautela já que ela visa a conjurar, por meio de compensações ulteriores, o risco de empobrecimento que, numa sociedade agrária, as linhagens correm a partir do momento em que se tornam prolíficas. Parece claro que três atitudes principais orientam as negociações que se desenvolvem então como preâmbulo a todo casamento: uma propensão, consciente ou não, à endogamia, a encontrar esposas entre as primas, entre a descendência de um mesmo ancestral, entre os herdeiros do mesmo patrimônio, cuja união matrimonial tende assim a reunir os fragmentos esparsos em vez de dissociá-los ainda mais; a prudência, que implica não multiplicar demasiadamente os filhos e, portanto, limitar o número dos novos lares, manter assim no celibato uma parte notável da prole; a desconfiança por fim, a cautela nos meandros da negociação, a precaução de se garantir, o cuidado das duas partes em equilibrar as cessões consentidas e as vantagens esperadas. Como conclusão desses acertos, gestos e palavras públicas, um cerimonial também desdobrado. No início, as bodas, isto é, um ritual da fidelidade e do penhor, das promessas orais, uma mímica da desinvestidura e da tomada de posse, a entrega de garantias, o anel, as arras, as moedas; por fim, o contrato que, pelo menos nas províncias onde a prática da escrita não se perdeu inteiramente, o costume impõe que se redija. A seguir, as núpcias, ou seja, um ritual da instalação do casal no seu lar: o pão e o vinho partilhados pelo esposo e pela esposa, e o banquete concorrido que, necessariamente, enquadra a primeira refeição conjugal; o cortejo conduz a noiva até sua nova residência; lá, quando cai a noite, na câmara escura, no leito, a defloração, depois, de manhã, o presente pelo qual se exprimem a gratidão e a esperança daquele cujo sonho é ter, fecundando desde essa primeira noite a sua companheira, inaugurado já as suas funções de paternidade legítima.

Todos esses ritos são evidentemente revestidos de uma ética, e fico tentado a pôr em evidência três de seus aspectos mais importantes.

Essa sociedade não é estritamente monógama. Sem dúvida,

ela só autoriza uma esposa por vez. Mas não nega ao marido, ou antes a seu grupo familiar, o poder de romper a união de acordo com sua vontade, de afastar a esposa para buscar uma outra, de reiniciar, se necessário, a caça aos bons partidos. Todos os compromissos das bodas, o *sponsalicium*, o *dotalicium* têm, entre outras finalidades, a de proteger nos seus interesses materiais a esposa repudiada e a sua linhagem.

O campo da sexualidade masculina, nos limites da sexualidade lícita, não se restringe absolutamente ao quadro conjugal. A moral aceita, aquela que todos fingem respeitar, obriga evidentemente o marido a satisfazer-se apenas com sua esposa, mas não o força nem um pouco a evitar outras mulheres antes do casamento, durante o que é chamado no século XII de "juventude", nem depois, na viuvez. Numerosos indícios atestam o vasto e ostensivo desenvolvimento do concubinato, dos amores ancilares e da prostituição, assim como a exaltação, no sistema de valores, das proezas da virilidade.

Em contrapartida, para a moça, o que se exalta e o que toda uma teia de interditos procura cuidadosamente garantir é a virgindade e, no que diz respeito à esposa, a fidelidade. Porque o desregramento natural desses seres perversos que são as mulheres comporta o risco, não havendo vigilância, de introduzir no seio da parentela, entre os herdeiros da fortuna ancestral, intrusos, nascidos de outro sangue, clandestinamente semeados, da espécie desses bastardos que os celibatários da linhagem disseminam, com expansiva generosidade, fora da casa ou entre os serviçais.

Essa moral que esquematizo é doméstica. Ela é privada. As sanções que fazem com que seja respeitada também o são: a vingança de um rapto diz respeito aos parentes masculinos da moça, a vingança de um adultério, ao marido e a seus consanguíneos. Mas como é lícito chamar em socorro as assembleias de paz e a autoridade do príncipe, há lugar naturalmente para o rapto e para o adultério nas legislações civis.

Sobre o modelo proposto pela Igreja estamos muito mais informados graças a inúmeros documentos e estudos. Será suficiente sublinhar cinco de seus traços.

Toda a vertente ascética, monástica, da Igreja cristã, tudo o que a leva a desprezar, a recusar o mundo, mas também tudo o que, na bagagem cultural que herdou de Roma, vincula seu pensamento às filosofias da Antiguidade, a predispõe a condenar o casamento, cujo mal está em ser ao mesmo tempo mácula, perturbação da alma, obstáculo à contemplação, em virtude de argumentos e de referências da Sagrada Escritura, a maioria das quais já se encontra reunida no *Adversus Jovinianum* de são Jerônimo.

Todavia, já que os seres humanos, infelizmente, não se reproduzem como as abelhas e que para isso eles devem copular, e já que, dentre as armadilhas postas pelo demônio não há nenhuma pior do que o uso imoderado dos órgãos sexuais, a Igreja admite o casamento como um mal menor. Ela o adota, o institui — e facilmente, uma vez que foi admitido, adotado e instituído por Jesus — mas com a condição de que sirva para disciplinar a sexualidade, para lutar eficazmente contra a fornicação.

Para esse fim, a Igreja propõe primeiro uma moral da boa vida conjugal. Seu projeto: tentar retirar da união matrimonial essas duas corrupções maiores, a mácula inerente ao prazer carnal, as demências da alma apaixonada, desse amor selvagem no estilo de Tristão que os *Penitentiels* [Penitenciais] procuram sufocar quando eles perseguem os filtros e as outras beberagens sedutoras. Quando se unem, portanto, os cônjuges não devem ter outra ideia na cabeça além da procriação. Se eles se permitem sentir algum prazer na sua união, ficam logo "maculados": "transgridem", diz Gregório, o Grande, "a lei do casamento".[1] E mesmo que permaneçam insensíveis, devem se purificar se quiserem, a seguir, aproximar-se dos sacramentos. Que eles se abstenham de todo contato carnal durante os períodos sagrados, se não Deus se vingará; Grégoire de Tours adverte os seus ouvintes: os monstros, os estropiados, todas as crianças doentias, sabe-se muito bem, foram concebidos na noite de domingo.[2]

Quanto à prática social do casamento, a Igreja se esforça por retificar em vários pontos os costumes laicos. Assim fazendo, ela desloca sensivelmente os limites entre o lícito e o ilícito, ampliando por um lado a parte de liberdade e restringindo-a por outro. Os eclesiásticos trabalham assim no sentido de amansar os procedimentos conclusivos da união matrimonial no momento em que o horror do carnal os leva a enfatizar o compromisso das almas, o *consensus*, essa troca espiritual em nome da qual, depois de são Paulo, o casamento pode se transformar na metáfora da aliança entre Cristo e sua Igreja; isso os impele com efeito para um caminho que leva à libertação da pessoa frente às obrigações familiares, fazendo dos esponsais uma questão de escolha individual; que leva também, já que se proclama que a condição dos indivíduos não deve absolutamente embaraçar a união dos corações, a legitimar o casamento dos não livres e a emancipá-lo de todo controle senhorial. Inversamente, a Igreja reforça os entraves quando, lutando por uma concepção absoluta da monogamia, ela condena o repúdio, o segundo casamento, ela exalta a *ordo* [categoria] das viúvas; quando se esforça por impor uma noção desmesuradamente larga do incesto, quando multiplica os impedimentos em razão da consanguinidade e de toda forma de parentesco artificial.

Último ponto: os sacerdotes se intrometem pouco a pouco no cerimonial do casamento para sacralizar seus ritos, especialmente os das núpcias, acumulando em torno do leito nupcial as fórmulas e os gestos destinados a expulsar o satânico e a conservar os cônjuges na castidade.

Na longa história da progressiva e imperfeita inserção do modelo eclesiástico no modelo laico, o século IX aparece como um momento decisivo. Isso porque, de início, o renascimento da escrita vem afastar os véus que, nos tempos anteriores, ocultam quase inteiramente os fatos sociais dos olhos dos historiadores. Sobretudo porque essa época, na parte da Europa sujeita ao domínio carolíngio, conhece, em torno do rei sagrado, uma espécie de cooperação entre o poder civil e o poder religioso, os quais conjugam, por um momento, seus esforços no sentido de edificar, para uso do povo cristão, uma moral social menos distanciada das prescrições da Escritura. Trata-se, em primeiro lugar, de uma obra de reflexão sobre casos concretos, exemplares, a propósito de questões matrimoniais ocorridas na mais alta aristocracia do Império e pondo em jogo o que chamaríamos de política. A tarefa específica dos *oratores*, ou seja, dos bispos — que aplicam na elaboração conceitual do material patrístico a *sapientia* [sabedoria] da qual foram impregnados pela sagração —, é realizar, a fim de melhor guiar suas ovelhas, a análise do *nuptiale mysterium* [mistério nupcial], construir uma teoria do casamento com fins eminentemente pastorais e práticos. Paralelamente, trata-se de uma obra de codificação sobre essa margem ampliada na qual, sob o olhar do soberano que preside os tribunais gerais e os concílios, o profano e o sagrado se interpenetram então mais profundamente do que nunca. Não é o casamento, a partir de então, concebido como dependendo conjuntamente da *auctoritas* [autoridade] dos prelados e da *potestas* [poder] dos príncipes, e de um sistema de sanções do qual os dois poderes associados — Hincmar o diz expressamente a propósito do rapto de Judite — são hierarquicamente os ordenadores?[23]

Dessa aliança surge assim, quase concluído, esse edifício normativo do qual disse há pouco que só ele deveria ser considerado e que, de qualquer forma, merece grande atenção quando emerge bruscamente da noite das eras obscuras. Por um lado, ele é constituído de preceitos, de exortações a uma conduta melhor, propondo um modelo de vida cristã para uso dos *conjugati* [cônjuges], relegados de fato na concepção das *ordines* [ordens] ao grau mais baixo de uma hierarquia ternária de perfeições coroando primeiro a virgindade e depois a continência, mas aos quais pelo menos a salvação é prometida, ao contrário de todos os outros, os fornicadores, lançados, pelo fato de recusarem as disciplinas exclusivas de uma sexualidade conjugal indissolúvel e casta, às trevas exteriores. A essas admoestações acrescentam-se regras instituídas para manter a ordem social, prevenir, apaziguar as discórdias das quais a instituição matrimonial pode vir a ser a causa. Cabe ao rei promulgar essas regras e fazer com que sejam respeitadas. A solicitude dos príncipes deve proteger especialmente a viúva e o órfão, as duas vítimas da ruptura acidental do quadro conjugal. Observemos com a atenção que as capitulares e os cânones legislam antes de tudo a propósito do rapto e se restringem essencialmente à dimensão do casamento que participa do profano. Exceto num ponto: o incesto. Apenas nesse ponto, em que o soberano "proíbe diligentemente o que proíbe a lei do Senhor",[4] o modelo eclesiástico consegue tomar lugar no sistema de interdições e de sanções públicas. Mas é um ponto capital. Pois cuidar para que ninguém "ousasse macular-se ou macular a outrem por meio de núpcias incestuosas"[5] implicava que todas as *nuptiae* [núpcias], "as dos não nobres assim como as dos nobres",[6] fossem públicas; que elas não fossem nem *inexordinatae* e nem *inexaminatae** e, consequentemente, que um inquérito sobre o grau de parentesco dos esposos as precedesse.[7] Publicidade, inquérito — junto aos "parentes", aos "vizinhos", aos *veteres populi* [pessoas mais velhas] — mas, em primeiro lugar, junto ao padre, junto ao bispo, chamados assim, daí por diante, legalmente, a participar das cerimônias nupciais. Não apenas para benzer, para exorcizar, não apenas para moralizar, mas para controlar e para autorizar. Para julgar. Portanto, para dirigir.

Eu poderia entretanto insistir ainda mais no período seguinte, o dos séculos X, XI e XII? Eu assim espero, não apenas porque me sinto mais à vontade aí mas também, por um lado, porque parece-me que a principal flexão na história social do

---

* Nem fora da ordem, nem livres de exame. (N. T.)

casamento europeu se produz nesse momento e, por outro, porque uma documentação menos uniforme permite a partir de então percorrer o campo em quase toda a sua extensão e, portanto, colocar mais rigorosamente os problemas. Explicarei estas últimas reflexões, igualmente muito rápidas, muito subjetivas e que organizarei em três séries.

Insistirei de início no interesse em considerar as modificações que, na sociedade aristocrática desse período, afetam insensivelmente a estratégia matrimonial. As estruturas de parentesco parecem, de fato, transformar-se então nesse meio, pela lenta vulgarização do modelo régio, isto é, da linhagem, privilegiando na sucessão a masculinidade e a primogenitura. Esse movimento que aliás só é um aspecto do deslizamento geral pelo qual se dissocia e pouco a pouco se pulveriza o poder regalista de comandar, pelo qual se distribuem, se espalham por inúmeras mãos, até o último grau da nobreza, as virtudes, os deveres e os atributos régios, determina em relação ao casamento, no interior das células familiares, várias mudanças de atitude que implicam certas consequências. Pelo fato de que o patrimônio toma cada vez mais nitidamente o aspecto de um senhorio, pelo fato de que, a exemplo dos velhos *honores** ou dos feudos, ele suporta cada vez menos ser dividido e passar para um poder feminino, surge a tendência de excluir as filhas casadas da partilha de sucessão, entregando-lhes dotes. O que leva a linhagem a casar todas as filhas, quando pode. O que aliás aumenta a importância do dote, constituído de preferência de bens móveis e, logo que possível, de dinheiro, em correspondência ao que o marido oferece e que leva o *sponsalicium*, o *antefactum*, o *morgengabe* a dar lugar às arras. Essa evolução é geral. Podemos acompanhá-la detalhadamente, exposta à plena luz, na aristocracia

---

* Bens fundiários imperiais, com cujas rendas eram remunerados os condes, funcionários da Coroa. Designa igualmente os cargos desses funcionários. (N. T.)

genovesa do século XII, graças a um dos melhores estudos consagrados às práticas matrimoniais.[8] O temor de fragmentar a herança, uma reticência prolongada quanto à afirmação do direito de primogenitura, reforça inversamente os obstáculos ao casamento dos rapazes e faz do século XII, na França setentrional, o tempo dos "jovens", dos cavaleiros celibatários, expulsos da casa paterna, correndo atrás de prostitutas, sonhando nas diversas etapas de sua aventura errante em encontrar donzelas que, como dizem eles, os "apalpem",[9] mas primeiro em busca, ansiosa e quase sempre vã, de um estabelecimento que os transforme finalmente em *seniores*, em busca de uma boa herdeira, de uma casa que os acolha e onde, como se diz ainda hoje em certos locais no interior francês, eles possam "ser genros". Casar todas as filhas, manter no celibato todos os rapazes, exceto o mais velho; disso se segue que a oferta de mulheres tende a superar largamente a demanda naquilo que somos tentados a chamar de mercado matrimonial e que, consequentemente, aumentam as chances de que as linhagens encontrem um bom partido para o rapaz que destinam ao casamento. Assim se reforça ainda mais essa estrutura das sociedades nobres, na qual em geral a esposa sai de uma parentela mais rica e mais gloriosa do que a do seu marido — o que não deixa de repercutir nos comportamentos e nas mentalidades e de reforçar por exemplo esse orgulho testemunhado pelos escritos genealógicos, em relação à particular "nobreza" da ascendência materna.[10] Por fim, essas circunstâncias explicam o fato de, nas negociações matrimoniais durante o século XII, o senhor intervir com frequência cada vez maior junto aos pais e, por vezes, sua decisão suplantar a deles — seja porque ele sente o dever de encontrar esposas para os cavaleiros, os filhos de seus "amigos", que ele alimentou em sua casa e cujo bando tumultuoso acompanha seu filho mais velho nos redemoinhos da vida errante, seja porque sente o dever (e o direito, já que então seu próprio interesse está em jogo) de dotar as filhas de seu vassalo defunto, ou então o direito de casar de acordo com sua vontade, a fim de que o feudo seja bem servido, as viúvas e as órfãs dos seus feudatários. No nível da prática matrimonial, nessa época as mudanças só são perceptíveis na camada superior da sociedade. Mas é provável — e seria preciso que se desenvolvessem pesquisas conduzidas a partir dos costumes senhoriais, do estatuto da tenência, do direito de *formariage** — que movimentos, semelhantes ou diferentes, as tenham acompanhado no nível inferior do povo. Em todo caso, dessas modulações determinadas pelo que se transforma no plano das estruturas materiais, do domínio fundiário, do poder de comandar, da circulação monetária, das relações de produção enfim, ninguém pode se desinteressar se pretende compreender e situar em sua justa perspectiva as modificações, visíveis com nitidez muito maior, que afetam o arsenal dos regulamentos e das proclamações ideológicas.

Se na tensão que a leva a se reformar, a romper alguns de seus conluios com o poder leigo, a erigir-se em magistratura dominante, a Igreja intensifica, após o Ano Mil, a propósito da instituição matrimonial, seu esforço de reflexão e de regulamentação, é porque essa ação se vincula estreitamente ao combate que ela trava então em duas frentes: contra o nicolaísmo, a reticência dos clérigos em abandonar os laços conjugais, a reivindicação deles de também usar o casamento como um recurso, como um remédio contra a fornicação — e, nessa luta, a autoridade eclesiástica encontra apoio numa forte corrente de exigências leigas, que não admitem que o padre, que consagra a hóstia, esteja na posse de uma mulher, que as suas mãos, que executam o sacrifício, sejam manchadas pelo que parece, e não apenas aos teóricos da Igreja, como a poluição maior, a que afasta mais resolutamente o sagrado —, e, por outro lado, contra o hiperascetismo, a convicção de que todo contato carnal é fornicação, que leva à recusa radical do casamento. Este perigo está também presente no próprio interior da instituição eclesiástica, no seu

---

* Casamento entre pessoas de dois senhorios diferentes. (N. T.)

lado monástico, mas o lento recuo do monasticismo durante o século XII tende a diminuí-lo. Ao mesmo tempo que, em contrapartida, ele se desenvolve largamente nas alas avançadas de movimentos de purificação, muitos dos quais se erguem contra a Igreja, na germinação de seitas para as quais a procriação é um mal. Primeiro impulso no segundo quartel do século XI, desde Orléans e Arras até Monteforte, segundo impulso, sensível após 1130, mais virulento e que não cede, multiplicando o número dos que professam, a crer em Raul Ardent, "que é tão grande crime possuir a sua mulher quanto a sua mãe ou filha",[11] dos que se lançam em todas essas comunidades mistas de abstinência que os mexericos complacentemente difundidos entre os ortodoxos caracterizaram como o covil de todas as infâmias.

Face a esses dois desvios, e na linha direta dos empreendimentos moralizadores dos bispos carolíngios, a Igreja, nos últimos anos do século XI e durante todo o século XII, se esforça, portanto, por aperfeiçoar a inserção do casamento cristão nas ordenações globais da cidade terrestre. Clarificando a teoria das *ordines*, esforçando-se por colocá-la em prática — basta-me a esse respeito indicar as páginas admiráveis que os documentos do Lácio inspiraram a Pierre Toubet —, propondo a célula conjugal como quadro normal de toda vida laica. Completando, subsequentemente, o círculo de regras e de ritos, acabando por fazer do casamento uma instituição religiosa — e o lugar que lhe é reservado se alarga sem cessar nas coleções canônicas, depois nos estatutos sinodais, enquanto, desde o final do século XI, se distingue a edificação progressiva, no norte e no sul, de uma liturgia matrimonial pela qual o essencial do ritual até então doméstico e profano é chamado a transferir-se para a porta da igreja e para o seu interior. Conduzindo enfim ao seu termo a construção de uma ideologia do casamento cristão. Esta repousa, em parte, contra o catarismo,* na justificação, na

---

* Heresia dualista que considerava o mundo material criação demoníaca. Floresceu especialmente na Lombardia e no Midi francês. (N. T.)

eliminação da culpa do ato carnal — e seria conveniente seguir atentamente essa corrente de pensamento, meio clandestina, meio condenada, que parte de Abelardo e de Bernard Silvestre. Mas ela se erige essencialmente numa notável empresa de espiritualização da união conjugal. Seus aspectos, múltiplos, são muito bem conhecidos, desde o surto do culto de Maria que termina por fazer da Virgem mãe o símbolo da Igreja, ou seja, a Esposa, passando pela literatura mística do tema nupcial, até essa pesquisa obstinada através dos textos e de suas glosas, cujo termo é a inclusão do casamento entre os sete sacramentos. Na rota, o esforço conjugado dos canonistas e dos comentadores da *divina pagina* colocou no centro da operação matrimonial o consentimento mútuo ou antes os dois compromissos sucessivos entre os quais Anselme de Laon é o primeiro a estabelecer a distinção: *consensus de futuro, consensus de presenti*:[12] para Hugnes de Saint-Victor, que retoma Pedro Lombardo, é a *obligatio verborum* [compromisso verbal] que funda a conjugalidade. O que é naturalmente um meio de melhor dissociar o amor espiritual da sexualidade e mesmo de reaproximar-se, como faz Graciano, dos rigores de são Jerônimo. Mas que permite também a Hugnes de Saint-Victor falar do amor como do *sacramentum* do casamento e afirmar claramente na sua *Lettre sur la virginité de Marie* [Carta sobre a virgindade de Maria], e desta vez ajustando-se ao impulso do século XII e o que ele exalta de responsabilidade pessoal, que o homem toma mulher "para ser unido a ela de maneira única e singular no amor compartilhado".[13]

Finalmente, toda essa evolução, a mais conhecida, da qual os dirigentes da Igreja são os promotores, deve ser posta em relação com o que se pode descobrir sobre o que pensam nesse momento os leigos. É preciso reconhecer: descobre-se muito pouco, por fragmentos esparsos, que chegam tarde, que não esclarecem mais do que o século XII e as atitudes das camadas dominantes. Não desprezemos entretanto esses poucos testemunhos. O que eles revelam? Basicamente quatro aspectos.

* * *

Uma distância, estreita mas sensível, se mantém entre o modelo prescrito pela Igreja e a prática. Tomo por exemplo o caso dos ritos. Pode-se ler na *Historia comitum Ghisnensium* [História dos condes de Guînes], composta bem no início do século XIII pelo padre Lambert d'Ardres, uma das raríssimas descrições precisas de um casamento, o de Arnoud, filho primogênito do conde de Guînes, que teve lugar em 1194.[14] A conformidade é perfeita entre o esquema de conjunto revelado pelas fontes normativas e o desenrolar dessa cerimônia, cindida em duas etapas distintas, a *desponsatio* e as *nuptiae*. Após longos anos de "juventude", de busca infrutífera e de desilusões, Arnoud descobriu por fim a herdeira, *unicam et justissimam heredem* [única e legítima herdeira] de uma castelania contígua ao pequeno principado do qual ele é herdeiro: é a mais evidente qualidade dessa moça. Com os quatro irmãos que dominam, na indivisão, a linhagem desta última, seu pai, o conde, levou avante as negociações, fez romper o noivado anterior que prometia a seu filho uma aliança menos proveitosa, obteve o consentimento dos prelados, do bispo de Thérouanne, do arcebispo de Reims, a suspensão pelo vigário-geral da excomunhão que pesava sobre o seu filho por causa de uma viúva espoliada, e fixou por fim o *dos*, ou seja, o montante das arras. Primeira fase, decisiva e que basta para concluir o *legitimum matrimonium* [matrimônio legítimo]. Faltam as núpcias. Elas têm lugar em Ardres, na casa do novo casal. "No início da noite, quando o esposo e a esposa foram reunidos no mesmo leito, o conde", prossegue Lambert, "chamou um outro padre, meus dois filhos e a mim" (em 1194 o padre Lambert é casado, dois de seus filhos são padres, o que deixa manifesta nesse ponto também a distância entre a regra e a sua aplicação); ele ordenou que os recém-casados fossem devidamente aspergidos com água benta, o leito incensado, o casal abençoado e confiado a Deus — tudo isso na estrita observância das instruções eclesiásticas. Todavia, no final, o conde toma a palavra; ele invoca o Deus que abençoou Abraão e sua progênie, ele pede Sua bênção para os cônjuges "a fim de que estes vivam em Seu divino amor, perseverem na concórdia e que sua posteridade se multiplique na duração dos dias e nos séculos dos séculos". Essa fórmula é bem a que os rituais do século XII propõem nesta província da cristandade. O importante é que seja o pai quem a pronuncie, que o pai, e não o sacerdote, seja aqui o principal oficiante.

Considero como segundo aspecto significativo a repercussão na literatura de divertimento de um espírito antimatrimonial que se expressa no mesmo momento em certos textos de clérigos, assim como no *Policraticus*, onde se vê bem que o casamento com a mais casta das esposas não passa, para João de Salisbury, de um mal menor, que merece indulgência apenas. Naturalmente, é preciso considerar que os poemas, as canções, os romances compostos na língua das assembleias cortesas nunca fizeram mais do que dispor um cenário gratuito para um jogo mundano, cujas regras então se organizavam, que servia de compensação irrisória para as frustrações dos cavaleiros forçados ao celibato pelas disciplinas das linhagens. Esse jogo se desenvolve em torno da mais arriscada das aventuras pois que, transgredindo os interditos, afrontando as vinganças mais cruéis, ela consiste em conquistar a esposa do senhor, a dama, desafiando os ciumentos. Por aí, evidentemente, é proclamada, como pela Heloísa da *Historia calamitatum* [História de minhas calamidades], a superioridade do amor livre, em definitivo menos continuamente luxurioso, menos "adúltero" do que o ardor dos maridos excessivamente apaixonados por suas esposas. Mas, por esse viés cujos caminhos são preparados por essa literatura, trata-se, num plano e segundo um propósito totalmente diferentes, dessa mesma espiritualização, dessa mesma liberação do casamento a cujo advento os doutores da Igreja, no mesmo momento, se dedicam. Exaltar um amor mais independente das contingências materiais, uma união cujo símbolo é semelhante, um anel, mas levado, diz André le Chapelain, no dedo mínimo da mão esquerda, o que escapa com mais facilidade às sujeiras, reclamar contra todas as pressões sociais o direito de escolher, não é com efeito encontrar-se com a reivindicação das autoridades eclesiásticas de uma superioridade do *consensus* sobre todas as intrigas e manhas das estratégias familiares? O amor que permite escolha da lírica cortês pretende bem, ele também, unir em princípio dois seres e não duas parentelas, duas heranças, duas redes de interesses. O monge Henri de Lausanne, perseguido como herético porque pretendia igualmente liberar a instituição matrimonial de todos os impedimentos impostos pelos decretos conciliares, pregava algo diferente em Mans, em 1116, quando exigia que se afastassem dos casamentos todas as transações de dinheiro e que eles fossem fundados exclusivamente sobre o consentimento mútuo?

De fato, e eis aqui uma outra característica, o que prevalece após 1160 na ideologia profana tal como é expressa pela literatura de corte, é bem o valor afirmado do amor conjugal. Ele está no centro de *Erec et Enide*, mas também de todos os romances de Chrétien de Troyes que temos conservados, isto é: os que agradaram. Permanece — e nesse ponto ainda confluem o pensamento laico e o dos clérigos — o veio antifeminista, mas agora transferido para o interior do casal, animado pelo medo da esposa, da tríplice insegurança que, sendo inconstante, luxuriosa e feiticeira, sente-se, sabe-se que é portadora. O acento não deixa de ser posto sobre o respeito à união matrimonial e sobre as riquezas afetivas que ela contém. Assim na literatura laudatória, se o impudor dos heróis é facilmente confessado durante o tempo em que eles permanecem privados de esposas, logo que se casam, e enquanto as mulheres vivem ao lado deles, só há lugar para o amor que eles têm por elas, para essa afeição que faz abater o conde Baudoin de Guînes quando morre sua companheira, após quinze anos de casamento e pelo menos dez maternidades. Esse homem duro e sanguíneo, que só vive a cavalo, guarda o leito por muitos dias; ele não reconhece mais ninguém, seus médicos desesperam de salvá-lo:[15] ele cai nessa mesma loucura que arrebata Yvain quando a sua mulher o repele; ele fica assim definhando durante meses — antes de partir, restabelecido, viúvo e novamente fogoso, em perseguição às jovens criadas.

Um último ponto, fundamental em minha opinião: parece que nesse mesmo momento, no último terço do século XII, alguns sinais revelam que a restrição ao casamento dos filhos começa a se abrandar nas famílias aristocráticas. Outros filhos, além do primogênito, são autorizados a casar-se; eles são estabelecidos, preparam-se para eles habitações onde vão criar raízes os ramos assim separados do velho tronco que a prudência das linhagens havia durante dois séculos pelo menos mantido ereto, plantado sozinho no centro do patrimônio. Para confirmar essa impressão, é preciso avançar a pesquisa, construir genealogias precisas, consultar a opinião dos arqueólogos, os quais também veem, a partir dessa data, multiplicarem-se junto aos antigos castelos as novas fortalezas. É preciso ainda indagar sobre as razões desse afrouxamento, procurá-las em parte no crescimento econômico, no desenvolvimento de uma riqueza que, a partir dos principados cujo aperfeiçoamento do sistema fiscal aumenta então os recursos, espalha-se por toda a nobreza, buscá-las também no meio de todas as brandas inflexões que vêm insensivelmente modificar as atitudes mentais. Os caminhos da exploração estão inteiramente abertos — e também nesse campo de uma sociologia do casamento medieval recoberto ainda por brumas espessas. Mas, à medida que a penumbra se dissipa, aclara-se por sua vez o que conhecemos melhor, e no entanto muito imperfeitamente, esse direito, essa moral, toda a espessura desse envoltório normativo.

O QUE SE SABE DO AMOR NA FRANÇA NO SÉCULO XII?

NÃO FALAREI DO AMOR A DEUS. E, no entanto, como não falar disso? Certas razões, imperiosas, deveriam levar a começar por aí. Com efeito, se na evolução da cultura europeia existe uma inflexão, eu diria mesmo uma curva, e decisiva, no que diz respeito à ideia que os homens fizeram do sentimento que chamamos de amor, é nos textos dos pensadores da Igreja que nós, os historiadores, podemos discerni-la em primeiro lugar.

Homens que meditavam sobre as relações afetivas entre o Criador e as criaturas, na França setentrional exatamente, e no limiar do século XII, na escola capitular de Paris, em Saint--Victor, em Clairvaux, em outros mosteiros cistercienses, e por aí, o movimento estendendo-se logo à Inglaterra — esses homens, arrastados pelo movimento de renascimento que levava à assídua leitura dos grandes textos do classicismo latino, atingidos também pela progressiva interiorização do cristianismo, nas repercussões da Cruzada e na atenção mais contínua aos ensinamentos do Novo Testamento — esses homens de fato se afastaram com rapidez de uma concepção egocêntrica do amor, a da tradição patrística, a de Agostinho e a do Pseudo--Dionísio, para imaginá-lo, inspirando-se em Cícero e em seu modelo da *amicitia* [amizade], como um impulso voluntário para fora de si, esquecido de si, desinteressado, e conduzindo, por uma evolução, uma depuração gradativa, até a fusão no outro.

Ora, por um lado, os frutos dessa reflexão não permanecem encerrados no claustro ou na escola. Eles se espalharam por todos os lados na sociedade aristocrática, de início em virtude dessa osmose que, graças a uma estreita convivência doméstica entre clérigos e leigos, levava, nas casas nobres, as duas culturas, a eclesiástica e a cavalheiresca, a interpenetrar-se, e, mais tarde, no decorrer do século XII, pelo esforço deliberado para educar o povo fiel, exortando-o, admoestando-o, o povo fiel. (Muitos textos que nos informam sobre a evolução do amor que o cristão deve dedicar ao seu Deus foram escritos para servir, precisamente, a essa educação.)

Por outro lado — e é o que principalmente importa aqui — a meditação dos teólogos e dos moralistas sobre a *caritas* [caridade] predispõe logo, e naturalmente, pelo simples jogo das metáforas propostas pela Sagrada Escritura, ao prolongamento de uma meditação sobre o casamento, sobre a natureza e a qualidade da relação afetiva no interior do par conjugal.

Mas não falarei do amor a Deus, e por um sério motivo. Porque não sou historiador da teologia nem da moral, porque outros, que tinham condições de fazê-lo, falaram fartamente disso, esquadrinhando os textos. Sou historiador da sociedade feudal. Busco compreender como essa sociedade funcionava, e, para isso, me interrogo sobre os comportamentos e sobre as representações mentais que governaram esses comportamentos. Devo, desde o início, definir claramente o quadro de uma pesquisa cujos resultados apresento aqui. Não tenho a intenção de situar a evolução do amor no plano de uma simples história dos sentimentos, das paixões, das "mentalidades", de caráter autônomo, isolada dos outros componentes da formação social, desencarnada. Trata-se, muito pelo contrário — e só o papel fundamental concedido à Encarnação pelos teólogos do século XII já me levaria a fazê-lo — de inserir essa evolução na materialidade das relações de sociedade e do cotidiano da vida. Essa pesquisa decorre diretamente da que empreendi recentemente sobre a prática do casamento. Ela serve de prelúdio à exploração de um domínio pouco conhecido no qual começo a me aventurar, prudentemente, quando coloco o problema da condição da mulher na sociedade que chamamos de feudal. Por conseguinte, falarei daquele amor do qual a mulher é o objeto, do qual ela mesma é animada, e no seu legítimo lugar, na célula de base da organização social, ou seja, no quadro conjugal. Minha questão, precisa, será: o que sabemos do amor entre esposos na França do século XII?

Não sabemos nada e, acredito, jamais saberemos alguma coisa sobre a imensa maioria dos lares: na França setentrional dessa época recuada, a conjugalidade popular escapa totalmente à observação. As poucas luzes se dirigem todas para o cume do edifício social, para os grandes, os ricos, a mais alta aristocracia, os príncipes. Fala-se deles. Eles pagam, e caro, para que se fale deles, para que a sua glória seja celebrada e para que os seus adversários sejam denegridos. Todos são casados, necessariamente, já que a sobrevivência de uma casa depende deles. Algumas figuras de esposas destacam-se então, junto a eles, da sombra. Casais. E sobre o sentimento que os unia, às vezes se diz aqui e ali algumas palavras.

Mas esses testemunhos — e os melhores vêm da literatura genealógica, dinástica, que se desenvolve nessa região na segunda metade do século XII — se limitam todos ao que as conveniências impunham então que se exprimisse. Eles permanecem na superfície, só mostram a fachada, as atitudes de dissimulação. Quando o discurso é agressivo, dirigido contra poderes concorrentes, o marido que se quer desconsiderar é primeiro chamado de traído e objeto de chacota; diz-se dele, por outro lado, no latim desses textos, todos redigidos na linguagem hierática dos monumentos da cultura, *uxorius*, isto é, dominado pela esposa, desvirilizado, destituído de sua necessária preeminência; e essa fraqueza é denunciada como consequência da *puerilitas* [puerilidade], da imaturidade. Com efeito, o homem que toma mulher, qualquer que seja sua idade, deve comportar-se como *senior* [mais velho, senhor] e manter essa mulher sob rédeas, sob seu estrito controle. Inversamente, quando o discurso glorifica o herói, isto é, o comanditário ou então os seus ancestrais, quando ele é elogioso, seu autor evita evocar desentendimentos, ele insiste na perfeita *dilectio* [afeição], esse sentimento condescendente que os senhores devem dirigir aos que protegem e que o esposo tem pela esposa, sempre bela, sempre nobre e por ele deflorada; se fica viúvo, ele é mostrado, assim como o conde Baudoin II de Guînes, definhando de pesar, inconsolável. Assim, um véu é estendido diante da verdade das atitudes. Serve de cortina, nesse gênero de textos, a ideologia da qual eles são a expressão e que, nesse estágio da sociedade, no decorrer do século XII, se estabelece, em certos pontos decisivos, em coincidência com a ideologia dos clérigos.

Há acordo, em primeiro lugar, nesse postulado, obstinadamente proclamado, de que a mulher é um ser fraco que deve necessariamente ser subjugado porque é naturalmente perversa, que ela está destinada a servir o homem no casamento e que o homem tem o poder legítimo de servir-se dela. Em segundo lugar, vem a ideia, correlata, de que o casamento forma o embasamento da ordem social, e que essa ordem se funda sobre uma relação de desigualdade e de reverência que não difere do que o latim dos escolásticos chama de *caritas* [caridade].

Entretanto, no momento em que, solicitando indícios mais explícitos sobre o concreto da prática matrimonial, esforçamo-nos por ultrapassar as aparências, romper essa casca de ostentação e atingir os comportamentos na sua sinceridade, percebemos que, ao desenvolvimento da *caritas* no seio da conjugalidade, opunham-se então robustos obstáculos. Eu os organizo em duas categorias.

Os mais rudes dizem respeito às condições que presidiam a formação dos casais. Nesse meio social é um fato evidente que todos os casamentos eram arranjados. Os homens falavam entre si, os pais ou então os homens em posição paterna, assim como o senhor do feudo a propósito da viúva ou das órfãs do vassalo defunto. Com frequência expressava-se também o próprio interessado, o *juvenis*, o cavaleiro em busca de se estabelecer, não dirigindo a palavra àquela que desejava atrair para seu leito, mas falando a outros homens. Coisa séria, o casamento é assunto masculino. Naturalmente, a partir de meados do século XII, a Igreja fez admitir na alta aristocracia que o vínculo conjugal se estabelece por consentimento mútuo, e todos os textos, especialmente a literatura genealógica, afirmam claramente este princípio: a que é entregue, aquela que um homem dá em casamento a um outro homem, tem uma palavra a dizer. Ela a diz? Na verdade, não faltam alusões às jovens insubmissas. Mas tais reivindicações de liberdade são denunciadas como censuráveis no momento em que a jovem recusa aceitar aquele que foi escolhido para ela, em que afirma amar um outro, no momento em que ela fala precisamente de amor — e logo o Céu a castiga. Ou então essas resistências são objeto de louvor quando se trata de um outro amor, o amor a Deus, quando as núpcias são repelidas por um desejo de castidade. (Ainda que os dirigentes da parentela não pareçam muito inclinados a respeitar essas disposições do espírito: as sevícias que infligiu à mãe de Guibert de Nogent a família de seu falecido marido que queria, contra o seu desejo, casá-la novamente não foram muito menos violentas — embora tenham sido menos eficazes —, do que as que Christine, a reclusa de Saint-Albans, teve de suportar.) As mulheres estão normalmente sob o poder dos homens. A regra estrita era que as moças fossem entregues. Bem cedo.

Extrema precocidade dos *sponsalia*, cerimônia pela qual concluía-se o pacto entre as duas famílias, o consentimento mútuo expresso e, quando a mocinha era jovem demais para falar, um simples sorriso de sua parte servia como sinal suficiente de sua adesão. Mas igualmente precocidade das núpcias. A moral, o costume, autorizavam retirar a criança, a partir dos doze anos, do universo fechado, reservado na casa às mulheres, onde ela havia sido criada desde seu nascimento, para conduzi-la com grande pompa a um leito, para colocá-la nos braços de um velhote que ela jamais vira ou então de um adolescente pouco mais velho do que ela e que, desde que ele próprio havia saído, por volta dos seus sete anos, das mãos femininas, só vivera para se preparar para o combate pelo exercício do corpo e na exaltação da violência viril.

Numa pesquisa tão hesitante sobre a pré-história do amor, o historiador é de fato obrigado a levar em consideração essas práticas e imaginar sua inevitável repercussão sobre a afetividade conjugal. Evidentemente, ele não sabe quase nada desse primeiro encontro sexual (que, no entanto, era quase público); entretanto, no grande silêncio dos documentos, aparecem alguns indícios de suas consequências funestas: uma dispensa concedida pelo papa Alexandre, autorizando o novo casamento de um rapaz que havia mutilado irremediavelmente a jovem rapariga abandonada às brutalidades da sua inexperiência; mais frequentemente, no espírito dos maridos (e, convém notar, a reação afetiva deles é a única a ser por vezes levada em conta), essa brutal reviravolta do desejo (*amor*), transformado em ódio (*odium*) na primeira noite de núpcias; tantas alusões, em relação ao pouco que se revela dessas coisas, à impotência do noivo, a fiascos dos quais o que mais repercussão teve foi o do rei Filipe II da França diante de Ingeborg da Dinamarca.

Contusões tão fortes assim talvez fossem excepcionais. Devemos entretanto considerar o quarto dos esposos, essa oficina, no coração da residência aristocrática, onde se forjava o novo elo da cadeia dinástica, não como o lugar desses insípidos idílios retratados hoje na França pela impetuosa e inquietante floração do romance histórico, mas sim como o campo de um combate, de um duelo, cuja aspereza era muito pouco propícia ao estreitamento entre os esposos de uma relação fundada sobre o esquecimento de si, a preocupação com o outro, essa abertura de coração exigida pela *caritas*.

Obstáculos de outro gênero eram erguidos, pelos próprios moralistas da Igreja, inocentemente, por tantos padres obcecados pelo medo da feminilidade. No movimento da pastoral, eles se esforçavam por reconfortar essas mulheres vítimas da conjugalidade, que parece terem sido tão numerosas nessa época, nesse meio social, feridas, abandonadas, repudiadas, humilhadas, surradas. Dentre as cartas de orientação espiritual dirigidas às esposas, destaco uma, do final do século XII. Ela provém da abadia de Perseigne, um desses mosteiros cistercienses onde se trabalhava então no ajustamento de uma moral para uso dos leigos, onde se afinavam, para as equipes de pregadores seculares, os instrumentos de uma exortação edificante. O abade Adam, nessa epístola cuidadosamente polida, tenta consolar e orientar a condessa do Perche. Esta, inclinada sem dúvida a se retirar, a se recusar, mas hesitante, perguntava-se quais são os deveres da mulher casada, até onde ela deve dobrar-se às exigências do esposo, qual é exatamente o montante da dívida, do *debitum*, já que é por esse termo de uma desoladora secura jurídica que o discurso moralizante definia o fundamento do *affectus* [afeto] conjugal. O diretor se esforça por iluminar essa consciência inquieta. Há, diz ele, na pessoa humana, a alma e o corpo. Deus é proprietário de ambos. Mas, segundo a lei do casamento que Ele mesmo instituiu, Ele concede ao esposo (da mesma maneira pela qual era concedida uma tenência feudal, isto é, abandonando o uso e conservando sobre o bem um poder eminente) o direito que Ele detém sobre o corpo da mulher (o marido está assim na posse desse corpo, ele se torna o usufrutuário, autorizado a servir-se dele, a explorá-lo, a fazê-lo dar fruto). Mas, prossegue Adam de Perseigne, Deus guarda para Si a alma: "Deus não permite que a alma passe para a posse de outrem".

No estado conjugal o ser se encontra portanto partilhado. Que a condessa do Perche não se esqueça: ela tem na realidade dois esposos, que ela deve equitativamente servir, um investido de um direito de uso sobre seu corpo, o outro senhor absoluto de sua alma; entre esses dois esposos não há ciúme algum se a mulher tem o cuidado de dar a cada um o que lhe é devido: "Seria injusto transferir o direito de um ou de outro para um uso estranho".

Que fique claro: a injustiça, a recusa de justiça estaria no fato de que, profundamente ferida, incapaz de vencer sua repugnância, a esposa se esquivasse, recusasse o corpo ao marido, não pagasse sua dívida. (Observemos que Adam de Perseigne não leva em conta, em momento algum, que a mulher possa ser ela própria a solicitante, que ela esteja, ela também — e é no entanto o que diz o direito canônico — em posse do corpo do seu marido, na posição de reclamar o que lhe é devido.) Mas haveria injustiça também se ela entregasse ao esposo, ao mesmo tempo que seu corpo, também a sua alma. E eis aqui a conclusão desse pequeno tratado moral: na verdade, tu não tens o direito de recusar. Todavia, "quando o esposo de carne se une a ti, põe a tua alegria (essa palavra, deliberadamente escolhida, pertence ao vocabulário das núpcias; ela serve no vocabulário da cortesia para celebrar o prazer carnal), põe a tua alegria na satisfação em permanecer ligada, espiritualmente, ao teu esposo celeste". Insensível, portanto. Sem nenhum frêmito da alma.

Ora, essa carta, tal como nos chegou, não tinha uma destinação íntima. Ela fora escrita para circular, para que a mensagem fosse largamente difundida, como num sermão, para que ensinasse como amar no casamento a todas as princesas, às damas do seu círculo, preocupadas com sua frigidez ou com os seus impulsos de desejo. De fato, o eco fiel dessa exortação pode ser encontrado em muitos textos, especialmente nessas biografias de mulheres santas, que a preocupação em corrigir a conduta dos leigos, mostrando-lhes o exemplo das virtudes, fez com que se multiplicassem no final do século XII. Assim encontro a mesma ideia e quase os mesmos termos na *Vida* de santa Ida de Herfeld, a qual foi "muito atenta (ela também, enquanto se unia ao seu marido) no sentido de dar a Deus o que Lhe era devido, conservando na sua justa medida seu amor segundo a carne, a fim de que seu espírito (trata-se bem, como se vê, da mesma partilha) não fosse absolutamente maculado por um comércio frívolo".

Fica claro portanto que, no espírito dos eclesiásticos, cuja influência, no decorrer do século XII, aumenta em virtude da lenta difusão das práticas de penitência privada, no caso das mulheres, esses seres frágeis, o impulso da alma, voluntário, para fora de si, isto é, o amor tal como é definido pelos pensadores sacros, só pode, segundo a justiça, dirigir-se para Deus. Nem todas as moças, evidentemente, devem ser consagradas, abandonadas inteiramente ao amante divino. É preciso que algumas sejam cedidas a um homem mas que, nesse caso, elas permaneçam fiéis a esse amor primordial, sem desviar-se em nada, que elas evitem dar-se integralmente. O dever delas não é partilhar seu amor mas partilhar a si mesmas. Dissociação, desdobramento da pessoa: de um lado (do lado do terrestre, do carnal, do inferior), a obediência passiva; do outro, o impulso para o alto, o ardor, o amor em resumo. Desdobramento no casamento, mas só da figura feminina. É proibido imaginar que o homem tenha, nas paragens celestes, uma outra companheira a quem, no ato sexual, permaneça, para retomar as palavras de Adam de Perseigne, espiritualmente fixado. O homem só tem uma esposa. Ele deve tomá-la como ela é, fria no pagamento do *debitum* [dívida], e lhe é proibido excitá-la.

Será temerário pensar que, por vezes, os maridos ficavam exasperados ao sentir, entre suas mulheres e eles, não a presença do esposo celeste mas a do padre? Quantos homens, nas casas, não ficavam gritando (como aquele que Guibert de Nogent pretende persuadir-nos de que era louco), a propósito de uma esposa obstinadamente arredia: "os padres fincaram uma cruz nos rins dessa mulher"? Felizmente para nossa informação, entre os clérigos que usavam então da pena, alguns exprimiam outra moral, a das cortes. É o caso de Gislebert, cônego de Mons, cujo testemunho passo a utilizar, e que é exatamente contemporâneo do de Adam de Perseigne.

Um *curialis* [cortesão], justamente, um desses intelectuais que, cada vez mais numerosos, punham seu talento a serviço dos príncipes. Criado desde a infância na casa dos condes de Hainaut, lá desempenhara funções ligadas à escrita, estreitamente vinculado ao conde Baudoin V, seu companheiro. Quando este morreu em 1195, Gislebert precisou abandonar a corte, afastado pelos camaradas do novo conde; retirado, ele decidiu compor uma crônica do principado, para glória de seu protetor defunto. Ele cobre este último de todos os méritos e louva-o particularmente por ter casado tão bem os filhos. De longa data, ele havia feito acordo com os dirigentes da casa da Champagne: seu filho mais velho aí escolheria esposa, no momento em que tivesse idade para tanto. O que se produziu em 1185. As núpcias tiveram lugar.

Gislebert registra a idade dos cônjuges: Baudoin (o futuro imperador de Constantinopla) tinha treze anos, Marie, doze anos. Depois, numa frase, ele descreve o comportamento dos recém-casados. O olhar de Gislebert é frio, agudo, o de um administrador atento ao lado concreto da vida; esse olhar é crítico, ele não ama Baudoin VI, que o expulsou do seu posto. O que diz ele?

Ele aborda, de início, a questão da juventude dos esposos: ela "muito jovem"; ele "mui jovem cavaleiro". Justamente por serem jovens, a resolução que tomaram pareceu estranha, inconveniente, condenável. Viu-se, com efeito, Marie fechar-se, retirar-se para a devoção, para a oração, a oração da noite, a das monjas e das reclusas, as abstinências, o jejum. Permanecendo como ela havia vivido no convento doméstico de onde ela saíra, impondo-se uma disciplina conveniente às virgens ou às viúvas, e não às esposas. Perfeitamente indecente pareceu a todos esse retiro, esse refúgio onde uma recém-casada decidia enclausurar-se, em atitude de penitência certamente, mas sobretudo em posição de defesa contra os assaltos que a repugnavam.

Pois o marido não se desviara, muito pelo contrário. Nessa mesma frase, Gislebert mostra-o inteiramente devotado ao amor. De forma deliberada, esse bom escritor que é o autor da *Chronique de Hainaut* [Crônica de Hainaut] não fala de *caritas*, ele escolhe o termo *amor*, porque trata-se bem disso, do desejo, ardente, premente, o qual, segundo as conveniências cortesas, convém a um *juvenis miles* [jovem cavaleiro]. Entenda-se bem o sentido da expressão: na época, chamava-se "jovem" a um homem solteiro, um cavaleiro que não está ainda casado. Tal desejo, com efeito, é muito ardente por não ser satisfeito. O *amor*, de que se trata aqui, não convém — e isso é o essencial — ao homem em posse de uma esposa. Pareceu ridículo que o jovem Baudoin, após as núpcias, ficasse diante de sua mulher na postura de um homem solteiro, sentindo desejo, que ele não satisfizesse no leito nupcial esse desejo ou que ele não o acalmasse alhures, que ele permanecesse, Gislebert insiste, "ligado a uma só mulher", a sua, a qual se recusava. Segue-se esta observação:

tal atitude entre os homens é inteiramente insólita. Elogio? Absolutamente. Muito pelo contrário: no meio cortês do qual o cônego de Mons é o porta-voz fiel e lúcido, essa atitude faz daquele que a tem um objeto não de admiração mas de escândalo e, mais ainda, de escárnio. Ria-se, em Mons e em Valenciennes, desse adolescente que o casamento vinha colocar entre os *seniores*, que deveria desde então conduzir-se como *senior*; ria-se dele porque ele havia respeitado as intenções de continência de sua esposa, porque ele não a tomara pela força; ria-se sobretudo porque ele não transportava sua paixão para outros lugares, porque — o texto que eu utilizo o repete — ele se "contentava só com ela". Um original. Ridículo.

Eu disse há pouco que, no estado conjugal, a pessoa feminina era partilhada. Constato agora que a pessoa masculina também se desdobra, mas com um desdobramento diferente; o que pode haver num homem de desejo, de impulso, de amor não se desafoga, como deve fazer o amor feminino, na sublimação, no espiritual. Escapa também à sujeição matrimonial, mas sem abandonar o século, a terra, o carnal. Desvia-se para o jogo, para os espaços desembaraçados da gratuidade, da liberdade lúdica. E eis-nos diante das próprias palavras que o autor, provavelmente masculino, das cartas atribuídas a Heloísa, empresta a esta última: "amorem conjugio libertatem vinculo preferebam".* De qualquer forma, o casamento não é o lugar do que se define então como o amor. Pois é proibido ao esposo e à esposa lançarem-se um ao outro no ardor e na veemência. É com certeza o que pretende expressar esse capitel esculpido na nave da igreja de Civaux no Poitou: veem-se aí os dois cônjuges lado a lado, mas de frente, sem se olhar: ela olha para o Céu e ele... para quem olha ele? Para a *meretrix*, o amor venal, para a *amica*, o amor livre, o amor jogo.

Essa constatação não deve surpreender. Philippe Ariès, Jean-Louis Flandrin observaram, há muito, que em todas as

---

* Preferia a liberdade de amor ao vínculo do casamento. (N. T.)

sociedades, com exceção da nossa, o sentimento que liga o homem e a mulher não deve ser da mesma natureza no interior e fora da célula conjugal. Pelo fato de que a ordem social repousa inteiramente sobre o casamento, do casamento ser uma instituição, um sistema jurídico que liga, aliena, obriga enfim a que seja assegurada a reprodução da sociedade nas suas estruturas, especialmente na estabilidade dos poderes e das fortunas, não lhe convém acolher a frivolidade, a paixão, a fantasia, o prazer; e quando ele começa a acolhê-los, não é porque essa instituição já perdeu suas funções e tende a desagregar-se? O casamento impõe o sério, a compostura. O que é dito por Montaigne: no casamento, ligação "religiosa e devota", o prazer deve ser "contido, sério, e unido a alguma severidade", a volúpia, "prudente e conscienciosa". O que é colocado por Laclos, sob a pena da marquesa de Merteuil, na carta 104 das *Liaisons* [Ligações]:* "Não é que eu desaprove que um sentimento honesto e doce venha embelezar o vínculo conjugal e suavizar, de alguma forma, os deveres que ele impõe [a marquesa escreve para uma outra mulher]; mas não é ele que o deve criar". *Affectio, dilectio*, sim. Mas não amor. Com relação a esse ponto, no século XII, todos os homens, homens da Igreja, homens da corte, estavam de acordo.

Evocar essa dissociação, esse escoamento do amor para fora do par conjugal, me conduz, para concluir, a levar em consideração esses ritos da sociabilidade aristocrática ordenados em torno de um sentimento que os especialistas da literatura medieval chamaram de amor cortês. Sobre isso nada disse ainda. E não direi muito mais do que disse sobre o amor a Deus porque não sou historiador da literatura e porque outros falaram excessivamente desse amor e sobretudo porque podemos nos perguntar se esse sentimento teve existência fora dos textos literários e

* Trata-se das *Ligações perigosas* de Choderlos de Laclos (1782). (N. T.)

porque é certo, em todo caso, que as reviravoltas da cortesia só eram, nessa época, um simulacro mundano, uma vestimenta aparatosa lançada sobre a verdade das atitudes afetivas. Mas, enfim, o que eu acabo de propor quanto ao amor conjugal me obriga a três breves observações relativas ao "amor delicado", que me parecem capazes de ajudar a compreender melhor as palavras que o descrevem, assim como a situá-lo melhor entre os comportamentos sociais desse tempo.

Parece-me, em primeiro lugar, que o lugar dado ao casamento na organização da sociedade feudal pelas práticas da aliança e pela moral construída para justificar tais práticas explica bastante bem o fato de que todos os poemas e todas as máximas situem o amor cortês fora do campo matrimonial, já que o "amor delicado" (eu não falo do amor tenebroso, fatal, no estilo de Tristão, que é coisa bem diferente) é um jogo cujo terreno deve ser o das aventuras da liberdade e não o das obrigações e das dívidas.

Um jogo — esta é a minha segunda observação — que, como disse em outro lugar, tinha um papel fundamental, paralelo ao do casamento, na distribuição dos poderes no seio das grandes casas principescas. Eu disse também que se tratava de um jogo de homem, especificamente masculino, como aliás é masculina toda a literatura que expõe suas regras e que praticamente só exalta os valores viris. Nesse jogo, a mulher é um chamariz. Ela preenche duas funções: por um lado, oferecida até um certo ponto por aquele que a mantém em seu poder e que conduz o jogo, ela constitui o prêmio de uma competição, de um concurso permanente entre os homens jovens da corte, atiçando entre eles a emulação, canalizando sua força agressiva, disciplinando-os, domesticando-os. Por outro lado, a mulher tem a missão de educar esses jovens. O "amor delicado" civiliza, ele constitui uma das engrenagens essenciais do sistema pedagógico do qual a corte principesca é o centro. É um exercício necessário da juventude, uma escola. Nessa escola, a mulher ocupa o lugar do mestre. Ela ensina melhor porque estimula o desejo. Convém portanto que ela se recuse e sobretudo que seja inacessível. Convém que ela seja uma esposa e, melhor ainda, a esposa do senhor da fortaleza, a sua dama. Por isso mesmo, ela está em posição de domínio, esperando ser servida, dispensando parcimoniosamente seus favores, numa posição homóloga àquela em que está instalado o senhor, seu marido, no centro da rede dos verdadeiros poderes. De maneira que, na ambivalência dos papéis atribuídos às duas pessoas do par conjugal, este amor, o *amor* dos textos, o verdadeiro, o desejo contido, aparece de fato como escola da amizade, dessa amizade da qual se pensa, nessa mesma época, que ela deveria estreitar o laço vassálico e consolidar assim as bases políticas da organização social. E podemos nos perguntar, partindo de pesquisas recentes que buscam descobrir tendências homossexuais sob a trama dos poemas de amor cortês, se a figura da *domina* [senhora] não se identifica, com efeito, com a do *dominus*, seu marido, chefe da residência.

Dessa forma, chego à minha última reflexão. A hierarquia é necessária. A relação pedagógica, a confusão entre a imagem da dama e a do senhor, a lógica do sistema enfim impõem que o amante esteja em situação de submissão. Mas deve-se observar que, necessariamente, esse amante é um *juvenis*. Os homens casados estão necessariamente fora do jogo. O que não cessam de repetir Marcabru, Cercamon. Eu lembro aqui o juízo de Guilherme de Malmesbury acerca do rei Filipe I da França, casado, o qual, perseguindo uma mulher que desejava, se conduzia como um jovem: "Não andam bem juntos e não permanecem num mesmo lugar a majestade e o amor". O *amor*, o "amor delicado", esse jogo educativo, é reservado aos homens celibatários. E, pouco a pouco, as formas literárias fazem deslizar os desfiles corteses para o lado dos ritos pré-nupciais: eles já estão bem estabelecidos aí no início do século XIII, quando Guillaume de Lorris compõe o primeiro *Roman de la Rose*.

Os *seniores* [senhores], no entanto, Gislebert de Mons nos informa, não tinham o costume de contentar-se com uma só mulher. O lugar reservado aos bastardos do senhor na literatura genealógica o confirma. Eles são complacentemente enumerados pelos escritores contratados, já que o senhor desejava que fossem igualmente celebradas as proezas sexuais de seus avós e as suas próprias. Quando Lambert d'Ardres evoca a expansiva petulância genésica do conde Baudoin II de Guînes, ele afirma no entanto que os filhos deste nascidos fora do casamento — eles eram 33, misturados aos seus irmãos e irmãs legítimas, chorando nas exéquias do pai defunto — haviam sido gerados todos ou antes das núpcias, nos impudores lícitos da juventude ou após a dissolução do laço conjugal, na liberdade recuperada da viuvez. Gislebert de Mons é mais cínico: seu herói, o conde de Hainaut, casara-se cedo demais, tornara-se viúvo muito tarde; ele havia, evidentemente, conhecido, enquanto estivera casado, muitas outras mulheres além da esposa. Essas companheiras adicionais são todas consideradas, assim como as companheiras legítimas, como belas (o que é uma desculpa), nobres (as conveniências o exigem) e, com frequência, virgens (o que realça a proeza). No entanto, em parte alguma se diz que elas foram cortejadas, que antes de apossar-se delas o sedutor celebrou-lhes as liturgias do "amor delicado". Ele fornicava. Isso porque esse homem não era mais um "jovem", porque era um marido. Mas o casamento, porque era o que era, porque lhe faltava por definição a possibilidade de ser o lugar do arrebatamento dos corpos, preenchia mal a função de apaziguamento que Paulo lhe atribui na primeira Epístola aos Coríntios. Baudoin de Guînes, Baudoin de Hainaut, e tantos outros com eles, apesar de estarem casados, ainda ardiam.

A MATRONA E A MALCASADA

NA FRANÇA SETENTRIONAL, o conflito entre duas concepções do casamento, a dos leigos, a dos dirigentes da Igreja, atravessa uma fase aguda durante o meio século que enquadra o Ano Mil. O episcopado acaba, então, de se reformar. Suas estruturas intelectuais se reforçam, sustentadas pelo trabalho contínuo dos canonistas. Os bispos se empenham em remodelar a moral social, visando essa instituição maior que é a conjugalidade. Eles proíbem o casamento aos eclesiásticos porque a abstinência sexual pode lhes parecer a garantia de uma superioridade que deve colocar os clérigos no ápice da hierarquia das condições terrestres. Inversamente, os bispos prescrevem aos leigos o casamento e isso para melhor controlá-los, enquadrá-los, represar-lhes a devassidão. Mas eles lhes impõem a formação de casais segundo princípios e regras que a evolução do ritual e da reflexão religiosa sacraliza progressivamente. Eles afirmam a indissolubilidade do vínculo conjugal; eles impõem a exogamia em nome de uma concepção desmesurada do incesto; eles repetem que a procriação é a única justificativa para a cópula; eles sonham em eliminar desta última todo o prazer. Na verdade, essa ordem que os prelados se obstinam em fazer com que seja aceita não se defronta com a desordem. Ela se choca com uma ordem diferente, uma outra moral, outras práticas, igualmente regulamentadas de forma estrita, mas não edificadas para a salvação das almas, e tendendo a facilitar a reprodução das relações de sociedade na permanência de suas estruturas. Essa moral profana, essas práticas matrimoniais profanas tornaram-se também mais rígidas no final do século XI, pelo menos na classe dominante, na aristocracia, a única parte da sociedade leiga cujos comportamentos podem ser vislumbrados, sob o efeito das mudanças que afetaram a distribuição dos poderes. Face às admoestações dos bispos, os nobres e os cavaleiros consequentemente reagem. Não é só que eles queiram gozar a vida. Quando são chefes de família, responsáveis pelo destino de uma linhagem, eles acham legítimo repudiar livremente suas mulheres se elas não lhes dão herdeiros masculinos, esposar suas primas se essa união permite reagrupar a herança. Quando são solteiros, acham legítimo praticar livremente os ritos eróticos próprios da "juventude". Assim, com o avanço da reforma gregoriana, agrava-se o confronto entre os dois sistemas éticos. Entre os detentores do poder religioso, alguns chefes — o papa, de longe; seus legados, mais próximos; no lugar, alguns integristas, como Yves de Chartres — conduzem asperamente a luta. Eles a travam em vários níveis. Assim, forçam os grandes, que dão o exemplo, e para começar o rei, a seguir as suas instruções — e são casos espetaculares, como a excomunhão, três vezes renovada, do soberano capeto Filipe I. Assim, eles difundem por toda parte um modelo de conjugalidade — e isso é o desenvolvimento de uma pastoral do bom casamento. Entre os instrumentos mais eficazes dessa propaganda, em todo o caso entre os que o historiador pode mais facilmente alcançar, figuram as narrativas edificantes, as biografias de alguns heróis cujos fiéis foram levados a imitar-lhes a conduta e que acabaram, dessa forma, colocados entre os santos.

Numa primeira abordagem, as vidas dos santos carecem de atrativos. Isso decorre da rigidez desse gênero literário, do peso da tradição formal. Mas se tomarmos esses textos pelo que são, isto é, por armas (das mais afiadas) de uma luta ideológica, eles se mostram muito instrutivos. Eles revelam como a lembrança da realidade vivida é manipulada em favor de uma causa, desarticulada, remontada finalmente a fim de pôr em cena um doutrinamento. Eu escolhi dois desses textos, um redigido no início (1084), outro no final (1130-6) desse período decisivo da história do casamento na nossa cultura. Ambos provêm da mesma região: as fronteiras ocidentais do principado flamengo, entre Boulogne e Bruges. Ambos saem de oficinas do mesmo tipo, os *scriptoria** de mosteiros beneditinos. Cada um propõe uma mulher à veneração dos fiéis. Ambos apresentam portanto uma imagem exemplar da condição feminina. Ambos exortam a uma vivência da conjugalidade do modo como os homens da Igreja desejavam que os leigos aceitassem vivê-la. Eles fazem aparecer as duas posições antagônicas, pelo que dizem, o que silenciam, pela maneira através da qual retificam o vivido, embelezam-no ou o tornam feio.

Melhor começar pelo texto mais recente: é o menos rico e, paradoxalmente, o mais tradicional. Ele relata os méritos da condessa Ida de Boulogne. No mosteiro de Vasconviliers, que essa mulher renovara e povoara com bons monges, cluniacenses, onde seu corpo, após duras disputas, havia sido colocado, onde, portanto, em torno de sua sepultura, entre as liturgias funerárias, uma devoção se firmara, essa biografia foi composta uns vinte anos após a morte (1113) da heroína.[1] Conforme as regras, a narrativa começa com as "infâncias", com todos os sinais anunciadores de uma existência excepcional, especialmente essas virtudes que se transmitem pelo sangue nas linhagens de boa raça: depois ela passa para a vida adulta, para os prodígios que a marcaram; ela atinge a morte; e termina com os milagres realizados *post mortem*. Tudo isso formando um dossiê bem ordenado de provas (inclusive esse odor de santidade que emanou do sepulcro quando, numa data imprecisa, ele foi aberto) destinadas a justificar a oficialização de um culto, já que a hierarquia se mostrava com efeito mais meticulosa então no que diz respeito aos processos de canonização.

---

* Sala dos mosteiros beneditinos destinada à cópia de manuscritos. (N. T.)

* * *

Nascida por volta de 1040, Ida era uma dama muito ilustre. Filha mais velha do duque da Baixa-Lorena, um príncipe de primeira grandeza, e de uma mãe "não menos eminente", ela se encontrava por seu nascimento favorecida pela *potestas* [poder] e pela *divitia* [riqueza], os dois atributos da nobreza. Tudo a predispunha à magnanimidade. Num perfeito respeito à ordem estabelecida que supõe que, providencialmente, os nobres, os ricos, sejam bons, que reconhece correlações naturais entre a hierarquia dos valores temporais e a dos valores espirituais, essa *vita* de espírito cluniacense evita sugerir que Ida tenha jamais pensado em rebaixar-se em relação à sua posição dominante, que ela tenha querido sofrer corporalmente, que ela tenha se imposto mortificações. Essa santa não é nem uma mártir, nem uma asceta, nem um desses insensatos que querem a qualquer preço ser pobres. É uma esposa, satisfeita. A moral aqui pregada é a de uma realização da feminilidade no casamento.

O momento em que, em 1057, na idade certa, Ida, de virgem que era, se torna esposa, constitui, portanto, a etapa principal dessa biografia. Seu autor toma o cuidado de mostrar que a passagem se operou segundo as conveniências sociais e morais. Na boa ordem. O homem que deflorou Ida era, como convinha, do seu nível, um "herói", "mui nobre de raça", "do sangue de Carlos Magno", "de mui extraordinário renome", e vemos aqui o acento posto ao mesmo tempo sobre a necessidade da isogamia e sobre o papel do renome, que permite "que os valentes se unam". De fato, foi a reputação dessa moça, o que lhe foi relatado sobre os seus costumes, a sua beleza, mas sobretudo sobre "a dignidade da sua raça" que seduziu Eustache II, conde de Boulogne.[2] Ele era viúvo, de uma irmã de Édouard le Confesseur. Ele não tinha herdeiro masculino legítimo. Era-lhe absolutamente necessário uma mulher. Ele a obteve, mas decentemente. Nada de rapto, nada de sedução. Ele enviou mensageiros ao casamenteiro, o pai. Este pediu conselho. Ida foi "cedida" por seus parentes. Depois conduzida, escoltada por membros das duas casas, até Boulogne onde a esperava o esposo. Foi lá que tiveram lugar as núpcias, solenemente. *"Pro more ecclesiae catholicae"*,* diz o texto: alusão à bênção nupcial? Em 1130 esse rito se havia implantado nessa região; nada indica que ele já tivesse sido introduzido em 1057. Desde então, vê-se Ida, *conjux* [cônjuge], exibir a sua *virtus in conjugio* [virtude no casamento], aparecer consequentemente como o padrão das boas esposas. Em primeiro lugar, sujeita a seu marido, que a sustentou, a guiou, conduziu-a para o bem; ela foi devota, mas "de acordo com seu homem e com a vontade deste": como imaginar que uma mulher alcance a santidade contra a vontade de seu esposo? Obediente portanto, mas igualmente discreta (da *discretio* cluniacense) no governo da casa, na maneira de tratar os hóspedes, mostrando-se, em relação aos nobres, familiar e, no entanto, "casta". A castidade faz, com efeito, o bom casamento. Assim, "segundo o preceito apostólico", foi, "usando do homem como se não o tivesse", que Ida deu à luz. Pois seu principal mérito foi ser mãe. Ela pôs no mundo três filhos (das filhas o texto não diz uma palavra): o segundo foi Godefroi de Bouillon, o último Baudoin, rei de Jerusalém. Incontestavelmente, as atenções de que foi objeto na altura de seus sessenta anos, o odor de santidade que se espalhou em torno do túmulo, Ida os deveu ao destino de seus dois filhos, ao fato de que os dois primeiros soberanos da Terra Santa haviam saído do seu ventre. A santidade da união conjugal se mede, com efeito, pela glória dos homens que são fruto dela. Dessa glória, Ida tinha sido advertida desde a adolescência. Uma noite, "enquanto estava abandonada ao sono", ela vira o sol descer do Céu e permanecer por um momento no seu regaço. A hagiografia aprecia os preságios, ela evoca naturalmente os sonhos. Estes, na verdade, se colorem perigosamente de erotismo pré-púbere. O escritor monástico percebe-o bem. Ele o evita. Ida dormia, diz ele, mas com o es-

* De acordo com o costume da Igreja católica. (N. T.)

pírito voltado "para as coisas celestes". Esse sonho não a arrastava portanto para baixo, para o prazer. Ele anunciava que a virgem seria mãe, que o fruto do seu ventre seria abençoado. Ele anunciava uma maternidade santa. A *vita* inteira se organiza como uma celebração do parto.

Genus, gignere, generositas [linhagem, dar à luz, generosidade]: essas palavras dão o ritmo à primeira parte da narrativa. Observemos sua conotação carnal: elas insistem no sangue, no bom sangue, na raça. Ida teve por função — como todas as moças que os ritos matrimoniais introduziam nas casas nobres — formar, "pela clemência de Deus", um elo da cadeia da genealogia.[3] Ela pariu, ela criou homens. Não é por ter criado espiritualmente seus filhos, por tê-los instruído, preparado pela educação para as proezas que os ilustraram que ela é louvada. É por tê-los aleitado, recusando que lhes fosse dado leite de um outro seio, de maneira que eles não fossem "contaminados por maus costumes".

Também se diz que essa função de gestação prossegue sob outra forma quando, por volta de 1070, tendo-se tornado viúva, Ida ficou "privada do conforto de um homem". "Satisfeita, entretanto, com a nobreza de seus filhos [...] enriquecida pelo amor celeste." Sob a autoridade do mais velho de seus filhos varões, Eustache III, que sucedeu ao pai na direção da casa, suas virtudes se perpetuaram. Prolificação, sobretudo. Elas não emanavam mais, todavia, de sua carne. Ida pariu, daí por diante, por sua riqueza e, mais precisamente, por seu dinheiro. Após a morte do marido e do pai, ela entrara em acordo com sua parentela no sentido de liquidar seus bens próprios, trocando-os por moeda. Dessa moeda, cuja fonte era ainda o *genus* paterno, ela se serviu para gerar novos filhos, estes espirituais: monges. Não agiu sozinha, evidentemente, mas sempre de acordo com o homem sob o poder do qual ela se havia acomodado. Com o "conselho" de seu filho, com sua "ajuda", ela fecundou a região de Boulogne, reconstruindo, restaurando, fundando sucessivamente três mosteiros. Mosteiros de homens: carnal ou não, só conta a parte masculina da progênie. Ela própria não se fez monja. Na verdade, "tendo desaparecido seu marido mortal, ela foi tida como unida ao esposo imortal por uma vida de castidade e de celibato". E, de fato, ela se libertou pouco a pouco da tutela de seu filho, agregando-se a uma outra família, espiritual: Hugues de Cluny adotou-a "como filha". Mas ela permaneceu, como era devido, em estado de subordinação, sujeita ainda a homens. E, quando ela veio se estabelecer junto ao último mosteiro que havia erigido, a Capelle Sainte-Marie, junto à porta, cercada de suas companheiras, foi ainda sob o domínio do abade. Salmodiando, mas "moderadamente". Criadora sobretudo. Criando os pobres. Criando a comunidade monástica. "Servindo" nos homens, como é bom que as mulheres não deixem de fazê-lo.

Que a *virtus* principal dessa santa fosse a maternidade, percebe-se ainda nas particularidades de dois dos milagres que lhe são atribuídos. Ela operou o primeiro em vida, no mosteiro da Capelle. Entre as pessoas que viviam graças a ela, encontrava-se uma menina surda e muda; num dia de festa, no ofício das matinas, a mãe da criança a tinha levado à igreja, na comitiva da condessa. Fazia frio, a menina tremia. Ela se abrigou sob a capa de Ida. Foi como se o odor das vestes a fizesse renascer: ela se pôs a ouvir, a falar. Suas primeiras palavras? *Mater, mater* [Mãe, mãe]. Provida, pelo abade, de uma prebenda, a miraculada no entanto pecou: ela própria concebeu, pariu, perdendo não apenas sua virgindade mas também sua pensão e sua saúde. Entretanto Ida a tirou por duas vezes da enfermidade na qual por duas vezes ela recaíra, purificando essa maternidade pecaminosa da qual a moça se tornara culpada, voltando a ser enfim, por duas vezes, criadora, já que a cada renascimento a prebenda foi restituída. O outro milagre teve lugar sobre seu túmulo, sem dúvida pouco tempo antes da redação da *vita*. Ainda desta vez uma mulher se beneficiou dele: era a filha de Eustache III, a própria neta de Ida, Mathilde. Atingida por uma má febre, "confiante e certa da santidade da bem-aventurada", ela fora até o sepulcro. Era a primeira peregrina. Ela foi curada, sua avó predileta derramando seus poderes taumatúrgicos sobre a própria linhagem, essa espécie de árvore de Jessé, saída de seu ventre generoso.

Nada, evidentemente, é excepcional nessa vida de princesa: era normal, no final do século XI, que moças dessa situação social esposassem valentes guerreiros, dessem à luz outros e, tornando-se viúvas, dispensassem seus benefícios a mosteiros com o consentimento do filho mais velho, que elas se associassem finalmente às liturgias monásticas. Nada é excepcional, a não ser ter posto no mundo Godelroi de Buillon.[4] Se dois dos filhos de Ida não tivessem sido tão ilustres, por acaso teriam sido disputados, em 1113, os seus despojos mortais, teria sido mais tarde aberto seu túmulo, ter-se-ia ouvido, por volta de 1130, a declaração de sua santidade? Desse reconhecimento oficial a instigadora foi sem dúvida essa mesma Mathilde que, do além-túmulo, sua avó havia curado. Herdeira do condado de Boulogne, ela esposara Étienne de Blois. Sua outra avó era Margarida da Escócia, já tida por santa, e cuja biografia mais antiga, datando de 1093-5, mostrava-a aceitando casar-se somente com o propósito de ser mãe. O culto de santa Margarida estava sendo desenvolvido, ao mesmo tempo que o de Édouard le Confesseur,[5] por Edith-Mathilde, esposa do rei Henrique I e irmã da mãe de Mathilde de Boulogne. Esta, no momento em que se pensava em transferir para Boulogne a sé do bispado de Morinie, encomendou a biografia de Ida aos monges de Vasconviliers.

Parece-me que estes ficaram um pouco embaraçados, incomodados por só encontrar na documentação, como principal argumento de santidade, atitudes procriadoras. Adivinha-se isso no prólogo, que se esforça por justificar a opinião preconcebida. O mundo, diz o autor, caminha para seu declínio. Os ataques do Maligno se multiplicam. A quem recorrer a não ser às orações ou aos méritos dos santos? Por felicidade, a Providência distribuiu a santidade através de todos os "graus" do corpo social. Entre os santos encontram-se até mesmo mulheres. E até mulheres casadas. Com a condição, evidentemente, de que elas sejam mães. Pode ocorrer que elas sejam "inscritas no livro da vida em razão de seus méritos e *dos de seus filhos*". O biógrafo julga todavia necessário, para vencer as últimas reticências, mostrar o que há de bom no estado matrimonial. Para legitimar o casamento, ele cita Paulo (*"melius est nubere quam uri"*, é melhor casar do que abrasar), o casamento é remédio para a concupiscência; ele lembra que, "segundo a lei", é a fecundidade prolífica que o exalta; ele afirma por fim que o casamento deve ser vivido na castidade, "sem o que não há nada de bom" — "é verdade que a virgindade é boa; mas está demonstrado que a castidade após a procriação é grande". Uma vez dispostos esses princípios como defesa, é permitido a um beneditino estabelecer que uma esposa pode ser santa. O que ele faz sem se precipitar, discretamente, no estilo dos cluniacenses, com um agudo senso da oportunidade social. Ele propõe uma imagem da boa conjugalidade inteiramente conforme ao ensinamento da Escritura e de santo Agostinho. Todavia, já que a biografia serve aos interesses de uma casa da mais alta nobreza, ele toma o cuidado de evitar excessiva discordância entre o exemplo proposto e o sistema de valores que serve de referência para a alta aristocracia. As duas morais se ajustam aqui, a da Igreja, a das linhagens. Eu não falo somente de uma celebração do poder e da riqueza ilustrada por cada um dos gestos da heroína. Faz-se com que os dois modelos de comportamento coincidam, principalmente em dois planos. Quando, de início, se afirma que a condição da mulher é ser dominada, por seu pai que a cede a quem lhe agrada, por seu marido que a governa e vigia, depois pelo mais velho dos seus filhos e quando, por fim, empurrando este último para fora da casa a mãe que o estorva, é recebida pelos religiosos do mosteiro familiar, que, entre outros, têm o papel precisamente de acolher as mulheres da linhagem, marginalizadas quando deixaram de ser úteis. Por outro lado, o acordo se faz sobre o princípio de que a esposa está destinada a cooperar para a glória da linhagem dando-lhe filhos, que sejam homens e que sejam valorosos. Proclamar assim conforme ao plano divino a imagem da feminilidade e da conjugalidade, formada no início do século XII por todos os chefes de casas nobres, não era o melhor meio de fazê-los admitir ao mesmo tempo, discretamente, de passagem, sem insistir, que o pacto conjugal devia ser concluído de acordo "com os costumes da Igreja católica" e que era desejável que os esposos mostrassem pelo menos as aparências da castidade?

Cerca de cinquenta anos antes, uma imagem havia sido apresentada por um outro, ou antes por dois outros textos, já que duas versões sucessivas datando do século XI foram conservadas da mesma *vita*. Essa imagem é diferente. Pois o sistema de representações ao qual ela quer ajustar-se não é, creio eu, aristocrático, mas popular. Na verdade, a heroína dessa narrativa, Godelive, é bem-nascida, "de pais célebres". Ela tem um nome tudesco;* o segundo biógrafo acha até necessário traduzir: *cara Deo* [amada por Deus]. Esse nome casa perfeitamente com uma santa, tão perfeitamente que se pode perguntar se a denominação, se o próprio personagem não são míticos. Tranquilizemo-nos: Godelive existiu de fato. As indicações fornecidas sobre sua ascendência são de incontestável precisão: seu pai, Heinfridus, de Londefort no Boulonnais, é igualmente citado por documentos da época. Era um cavaleiro de Eustache de Boulogne, o marido de Ida. A raça, aqui, é de um grau menos elevado. Essa gente, no entanto, está muito acima do povo. Eles estão estabelecidos para além do estrito limite traçado, entre dominantes e dominados, pelo modo de produção senhorial. Falei

* Germânico. (N. T.)

em popular porque a biografia que analiso não foi redigida a pedido de uma família ilustre pelos monges de um mosteiro familiar. A devoção de que Godelive foi objeto nasceu na aldeia da Flandres marítima onde ela estava enterrada, Ghistelle, a dez quilômetros de Bruges. O mais antigo biógrafo o diz: ele escreve "sob a pressão de numerosos fiéis". Ele não mente. O que relata das formas de devoção das quais o túmulo é lugar, dos prodígios cujos sinais lhe foram mostrados, atesta que o culto efetivamente brotou no campesinato. Ele viu a terra vizinha da sepultura maravilhosamente transformada em pedras brancas. Ele viu essas pedras, que, "por devoção", as pessoas tinham carregado para casa, transformadas em gemas. Ele viu doentes febris vir beber água do charco onde Godelive tinha sido mergulhada. Disseram-lhe que alguns ficaram curados. Os dirigentes da Igreja acabaram dobrados por esse fervor. Eles cederam. Em 1084, o bispo de Noyon-Tournai, Radebod II, no próprio momento em que confiava a santo Arnulf de Soissons a igreja de Oudenbourg para estabelecer aí beneditinos vindos de Saint--Bertin — e com o mesmo objetivo, ou seja, fortalecer, nos confins de sua diocese, as estruturas eclesiásticas — procedeu, a 30 de julho, em Ghistelle, à elevação das relíquias de uma mulher que morrera lá, talvez catorze anos antes. Todavia o prelado quis que a lenda fosse retificada, a fim de que servisse à empresa de moralização de uma população ainda muito selvagem. A manipulação é evidente. Permanecem entretanto traços da narrativa primitiva. Muito nítidos na versão da *vita* que os bolandistas* publicaram,[6] a partir de um manuscrito proveniente da abadia de Oudenbourg, posterior (mas pouco, ao que parece) à canonização. Mais nítidas ainda no texto completado por esse remanejamento, no relato redigido, pouco antes da intervenção do bispo de Noyon, e no sentido de prepará-la, por Drogon, monge de Bergues-Saint-Winock.[7]

---

* Continuadores de Jean Bolland, jesuíta que deu início à vasta coletânea dos *Acta Sanctorum* (1630). (N. T.)

* * *

Oficialização, reordenação. Até que ponto foi levada? O fluxo de religiosidade que a elevação das relíquias tinha por objetivo represar não era de início muito heterodoxo? A hipótese foi formulada, prudentemente, por Jacques Le Goff, quando eu comentava esse texto em meu seminário. Não há feiticeiras, observava ele, ou quase nenhuma, nos textos do século XI. Não será porque a Igreja incorporava então essas mulheres, pelo menos aquelas cuja lembrança permanecia viva entre os humildes, pois que elas haviam perecido tragicamente, mortas pelos ministeriais, pelos agentes repressivos do poder civil? Não eram elas sistematicamente exorcizadas pela "conversão" do seu renome? Transformadas em santas? Não estou seguro de que se deva avançar muito nessa conjectura. Mas não há dúvida de que a canonização de Godelive realizou-se talvez para esvaziar o que havia de contestação no culto que lhe era prestado. Dois dos quatro milagres registrados pelo primeiro biógrafo são de natureza a permitir tal suposição. Godelive era curandeira. Ela curava paralisias. Eis que ela veio em socorro de um homem e de uma mulher que o Céu havia punido por terem trabalhado num período proibido pela autoridade eclesiástica. O homem ceifava sábado à tarde: sua mão ficou presa nas espigas; a mulher, num dia de festa, após a missa, remexia um caldeirão de tintura com um bastão: este colou-se à sua mão. O fato de que Godelive tinha libertado essas duas mãos trabalhadoras, anulando os efeitos da ira divina, situava-a do lado do povo. Ela triunfara sobre as maldições fulminadas pelos padres. Não se celebrava nela a campeã de uma resistência à opressão clerical? Isso leva a detectar, sob as frases edificantes, lenificantes da *vita*, os fragmentos de um discurso diferente, popular. Mantém-se o fato de que o discurso original foi remodelado numa direção principal: ajudar a propagar, assim como a biografia de santa Ida, mas talvez num outro campo social, a moral eclesiástica do casamento.

Numa tipologia da santidade, a filha de Heinfridus, cavaleiro de Boulogne, ocuparia um lugar entre os mártires. Igualmente entre as virgens? É o que afirmaram os bolandistas, Sua virgindade, escrevem eles, não pode ser posta em dúvida: em Ghistelle, sempre foi tida como virgem. Ora, procura-se em vão, nos dois textos do século XI, o que poderia vir a sustentar essa afirmação. Essas narrativas nada dizem sobre a virgindade: para seu autor (o que é notável), não é esse o traço que importa. Eles insistem no martírio. Mas no martírio de uma esposa. Godelive é uma malcasada, vítima de um mau casamento. Os hagiógrafos proclamaram isso bem alto, sendo a sua intenção, entre outras coisas, fazer sobressair, em negativo, o que deve ser o casamento para que seja bom.

A palavra *virgo* [virgem] é aplicada a Godelive apenas uma vez, para qualificar seu estado antes que seus pais a dessem a um marido. Seu destino, como o ele todas as moças, era ser casada ao sair da *pueritia* [infância]. Ao contrário de Ida, no entanto, empregaram-se procedimentos pervertidos. Desde o início, desde a *desponsatio*, desde a conclusão do pacto. Essa virgem era devota, como o são todas as santas na sua infância. Requisitada no entanto por um bando de pretendentes. Inflamados de "amor", dizem os dois textos. Fiéis aos modelos leigos que remanejam, eles dão, com efeito, lugar ao desejo físico, à atração pelo corpo feminino: as duas versões da *vita* insistem nos encantos da jovem moça. Seu único defeito era ser morena, com cabelos e sobrancelhas negras. Mas logo Drogon corrige: sua carne parecia mais branca em virtude disso, "o que é apreciável, agrada nas mulheres e honra muitas delas". Um desses *juvenes*, Bertolf, era "poderoso", de "raça ilustre pela carne", oficial do conde de Flandres na região de Bruges.[8] Foi ele quem a conquistou. Não que a própria Godelive o tenha escolhido. Ela não tinha o direito. O pretendente não falou com ela mas com seus pais, os senhores, que a cederam. O acordo foi falseado por duas razões: de início, Bertolf havia seguido apenas sua "vontade". Sua mãe deveria repreendê-lo por isso, por não ter pedido conselho a ela mesma e a seu pai, e essas críticas atingiam o alvo: o bom casamento não é assunto individual mas de família; se não é órfão de pai, como era Eustache II de Boulogne, o rapaz deve também recorrer aos seus pais. Segundo vício: o pai e a mãe de Godelive "preferiram Bertolf por causa do seu *dos* [dote]"; ele era mais rico. Casamento por dinheiro, mau casamento: o que percebemos aqui é a expressão da sabedoria popular.

Começando mal, a união foi pervertida ainda mais na segunda de suas fases conclusivas. Após os esponsais, Bertolf conduziu Godelive para sua casa, isto é: para a casa de sua mãe. Talvez repudiada, esta vivia longe de seu marido, hospedando seu filho ou então hospedada por ele; este, de qualquer forma, podia tomar mulher; na casa, o leito matrimonial estava vago. Mas aí vivia também sua mãe, o que não facilitava as coisas. Surge aqui um outro tema, clássico, das queixas da malcasada. Durante a viagem (bastante longa: de Boulogne às vizinhanças de Bruges; foi preciso dormir no caminho), o Inimigo bruscamente golpeou o espírito do noivo: ele teve "ódio" de sua mulher. Pensamos naturalmente no caso de Filipe Augusto diante de Ingeborge: não no fiasco (a rainha da França negou firmemente), mas numa imediata repulsa. Bertolf foi fortalecido nessa atitude pelo discurso que sua mãe lhe fez ao chegar. "Todas as sogras, escreve Drogon, odeiam a nora" (é o povo ainda que fala pela sua boca, por provérbios, como de hábito), "elas desejam ardentemente ver o filho casado mas tornam-se logo ciumentas, dele e de sua esposa." Essa mulher, ao mesmo tempo que censurava o filho por não tê-la consultado, criticava-o por ter escolhido dessa forma: a moça que ele trazia era estrangeira, e além disso era morena: "Não havia gralhas o suficiente aqui para que tu fosses buscá-las *in alia patria* [em outra terra]?". Bertolf então se eclipsou, recusando tomar parte no cerimonial das núpcias. Durante os três dias de festa rituais, ele ficou ausente sob pretexto de ir ao mercado, e por razões de justiça. Salvaram-se as aparências, fingiu-se alegria. No entanto, os ritos estavam invertidos: foi uma mulher, sua mãe, que fez o papel do esposo. Transgressão da ordem moral, da ordem sexual: peripécia inverossímil, das que formam a trama dos contos maravilhosos.

A união acabou de se corromper nos tempos que se seguiram às cerimônias nupciais. Assim que retornou, Bertolf voltou a partir e foi hospedar-se desta vez em casa de seu pai. Na morada conjugal sua mulher permaneceu, abandonada. Ela preencheu da melhor forma que pôde seu papel, administrou a casa, governou os domésticos. *Desolata*, todavia. Uma solidão mais pesada à noite: então, ela orava; de dia, fiava e tecia. Ela ocupava o tempo à maneira das monjas, preocupada em vencer, pelo trabalho e pela oração, a ociosidade, inimiga da alma. O autor (beneditino) da segunda versão insiste nesse fato: "Com a ajuda desse escudo, ela repelia os dardos dos devaneios que perturbam a adolescência". O cuidado do hagiógrafo, trabalhando por tornar a primeira *vita* mais convincente, é, portanto, no sentido de assegurar que, tendo sido deixada sozinha, essa moça não se tornou nem um pouco impudica, afirmando que nenhum mexerico foi jamais difundido a seu respeito. Precauções necessárias: segundo a opinião comum, a mulher, a mulher jovem sobretudo, naturalmente viciosa, não cai ela no pecado, isto é, na luxúria, assim que deixa de ser vigiada? É por isso justamente que o esposo deve ficar junto à sua mulher. O texto desenvolve aqui a exortação aos maridos: eles devem ficar lá, tanto na adversidade quanto na prosperidade, suportar o sofrimento, obrigados que são, *de jure* [juridicamente], a sustentar sua companheira, a viver com ela "pacientemente" até a morte, já que são dois numa só carne e, mais ainda, já que formam um só corpo pela "cópula conjugal" (essa referência aos efeitos da *copulatio* dá a entender que Godelive, aos olhos dos promotores de sua santidade, se tornara plenamente mulher).

Embora perverso, o vínculo não foi, no entanto, desfeito. Bertolf recebia agora conselho de seus dois pais. Ele procurava desvencilhar-se de sua mulher. É bastante notável que a ideia, simples, de repudiá-la não chegou nem a passar de leve, segundo essas narrativas edificantes, pelo espírito de todos esses malvados. Já se havia tornado inconveniente, nesse meio de pequena aristocracia, expulsar de casa, *motu proprio*, a esposa? De fato, projetou-se apenas *deturpare* [desonrar] a recém-casada. Mais precisamente, segundo as palavras de Bertolf, "retirar-lhe sua cor". Ela foi posta a pão e água enquanto os serviçais se empanturravam. Godelive não se enfraqueceu muito: complacentes, algumas vizinhas e mulheres de sua parentela abasteciam-na às ocultas (nada de milagres, nada de intervenção do Céu, mas ação, como nos contos populares, de personagens bem terrestres). Todavia, fatigada de tantas injúrias, ela foge. É o que se esperava dela: deixar a casa era um erro e esse erro deveria perdê-la. O monge Drogon não se dá conta. Mas seu colega, que aperfeiçoa a primeira redação, julga bom reconhecer que Godelive transgredia assim o "preceito evangélico", a proibição de separar o que Deus uniu. Como admitir isso da parte de uma mulher que se procurava transformar em santa? Vem então a desculpa: o "tremor da carne", que abalou muitos mártires. Acréscimos dessa espécie levam a pensar que a reputação de Godelive, de início, entre os sábios, não estava tão garantida a ponto de não ser preciso escorá-la com argumentos. O que conduziu a reescrever, aumentando-a, a primeira biografia. Esfomeada, descalça, Godelive se encaminhou para a terra natal. Não sozinha, mas com um companheiro: porque as mulheres que não são desavergonhadas não vão pelos caminhos sem escolta. Ela reclamou justiça, mas junto a seu pai: não convém com efeito à mulher, sempre em minoridade, defender ela própria seus direitos; ela os delega a um homem: se não é seu marido ou seu filho, é um homem de sua linhagem. Heinfridus a acolheu, decidiu queixar-se ao senhor do mau esposo, o conde da Flandres, de quem Bertolf era ministerial.

Nesse ponto, as duas narrativas hagiográficas mudam de ritmo, param de pregar uma moral, falam de direito. Do novo direito que a Igreja, no final do século XI, procurava fazer com que fosse admitido pela sociedade civil. Ambas as versões proclamam, e a segunda de maneira mais veemente, a competência exclusiva da justiça episcopal em matéria de casamento. Não conheço outro caso em que essa reivindicação tenha sido, na França setentrional, exposta de maneira tão explícita anteriormente a esse duplo manifesto inserido numa história de esposa desonrada. Habilmente, o monge Drogon coloca na boca do próprio conde, de um conde de outrora, um discurso que na realidade se endereça ao conde do momento, Robert le Frison, para incitar este último a conduzir-se bem e, tal como se supõe que seu predecessor o tenha feito, restringir suas prerrogativas. Ouve-se então o bom príncipe proclamar que ele renuncia a julgar, que compete ao bispo da diocese cuidar desse tipo de caso. Porque eles são, diz ele, "de cristandade".[9] Os que "se desviam da santa ordem" devem ser recolocados pelo prelado na via reta ("forçados" pela *discretio ecclesiastica* — pelo anátema, esclarece a versão recente, indicando de forma mais nítida que essas causas devem ser decididas e reguladas "somente" diante dos juízes da Igreja). "Eu sou apenas", confessa o conde, "o auxiliar, o *adjutor*" (*vindex*, diz a segunda versão, como se dizia do rei da França, golpeando com a espada temporal os que Deus, por meio de sua Igreja, havia condenado). *Auctoritas* por um lado, *potestas* por outro (o monge de Oudenbourg, que entende disso, põe lado a lado aqui os dois termos): essa partilha perfeitamente gregoriana afirma a superioridade do espiritual sobre o temporal e situa o poder jurisdicional dos bispos no prolongamento das disposições da Paz de Deus que tinham sido introduzidas nessa região na geração precedente.

O bispo de Tournai julgou que Bertolf devia retomar sua esposa. Nada de adultério com efeito, nenhuma referência à impotência do marido, nenhuma dúvida sobre a consumação do casamento. De acordo com as normas enunciadas nas coleções canônicas, não se podia decretar o divórcio. Convinha, nesse caso, reconciliar os esposos, recolocá-los juntos. Bertolf se submeteu — segundo a versão retocada — por medo sobretudo das sanções seculares, porque ele era perverso — mas contra a vontade e, em seu ódio, em seu desgosto, só viu uma saída, o crime. Começa aqui a paixão de Godelive. Paixão, paciência e lenta progressão espiritual. A esposa não é mais maltratada corporalmente. Bertolf prometeu não mais maltratá-la. Mas ela permanece abandonada, até mesmo por seu pai. Desprovida de homem. O que parece escandaloso. Os "amigos", os parentes do marido, se melindram com isso. Eles o criticam — Godelive, excelente parceira da "associação conjugal", "proíbe que se fale mal do seu homem". Eles a lastimam, especialmente por não gozar dos "prazeres do corpo" — ela responde: "Eu faço pouco do que deleita o corpo". Constância jubilosa; e, pouco a pouco, a esposa exemplar chega a professar o desprezo do mundo, revestindo-se dos traços, das atitudes que se emprestam à Virgem Maria. As palavras do *Magnificat* se insinuam nas conversas que ela mantém, especialmente com os religiosos de Saint-Winock que vão visitá-la, os quais ela edifica, ela uma mulher fraca, mostrando-lhes o exemplo da continência e da submissão. Repercutindo com os ecos das liturgias marianas e do texto evangélico, a narrativa conduz ao martírio.

Bertolf preparou seu golpe. Ele se juntou com dois de seus servos, pedindo conselho nesses ignóbeis, uma outra forma de perversão. Uma tarde, antes do pôr do sol, Godelive o vê retornar para ela. Estupefata. Ele sorri, toma-a em seus braços, dá-lhe um beijo, faz com que se sente ao seu lado sobre a mesma almofada (nessa postura que os fabricantes de imagens parisienses vão, no século XIV, emprestar aos amantes corteses sobre o marfim dos tampos de espelhos e das caixas de perfume). O homem atrai para si sua mulher. Temerosa, ela se afasta de início, depois se abandona, obediente e disposta a ceder, quando o senhor o exige, a todos os deveres da conjugalidade. Bem próximo, Bertolf a seduz: "Tu não estás habituada à minha presença, nem a ser alegrada pelos doces propósitos e pela volúpia partilhada da carne [...]" (as palavras, o prazer: trata-se bem das duas fases sucessivas do divertimento, do jogo do amor, tal como ele deve ser ritualmente conduzido). Ele não sabe como seu espírito foi dividido; é o Maligno, ele crê. Mas

> eu vou pôr um fim de verdade ao divórcio do espírito, tratar-te como uma esposa querida e, abandonando pouco a pouco o ódio, reconduzir à unidade nossos espíritos e nossos corpos [...] eu encontrei uma mulher que se diz capaz de nos unir por um firme amor, de fazer com que nos amemos continuamente, e mais do que jamais dois cônjuges se adoraram.

Os dois servos a conduzirão a essa feiticeira. E então Godelive: "Eu sou a serva do Senhor. Eu confio Nele. Se isso pode ser feito sem crime, eu aceito". E o hagiógrafo exclama: quanta virtude! A Deus de início ela se recomenda, temendo ser separada Dele por magia. Entretanto, por essa mesma razão, "ela escolhe o casamento, a fim de não ser separada do Senhor que une os casais".

A crer no padre Coens, editor da versão antiga, a cena teria tido lugar a 30 de julho de 1070: no dia 17, o conde Baudoin morre e seus súditos se dividem: a população da Flandres marítima (do lado de Bertolf) toma partido em favor de Robert le Frison; a de Boulogne (do lado de Godelive), em favor da viúva. Uma grande perturbação. O momento é perfeito para agir. Quando chega a noite — o tempo da desgraça, o tempo do mal —, os dois servidores vêm capturar a dama. Eles a escoltam. Paródia do cortejo nupcial, oscilando para o maléfico, no coração da noite, no momento em que o imaginário dos contos populares situa as perversidades mais negras, e conduzindo, em sentido inverso, do leito até a porta, não para um marido mas para uma mulher, pior do que a sogra e verdadeiramente feiticeira. Godelive é estrangulada, mergulhada na água como num novo batismo, sacralizando essa água, tornando-a maravilhosa. Ela é finalmente recolocada no leito e vestida de novo. De manhã, as pessoas da casa encontram-na, aparentemente intacta. Logo, entretanto, as primeiras dúvidas: a suspeita, murmurada apenas, porque nasce entre os mais pobres. Logo também o milagre: a multiplicação dos pães na refeição funerária, em favor ainda dos pobres. Logo, por fim, o culto: a água que cura — sempre os pobres — e as pedras que se tornam gemas.

Um culto que despreza os dois poderes. O do bispo: o poder estranho da martirizada torna sem efeito os interditos que ele promulga, as sanções que ele concebe. O do conde: o perverso nessa história, o carrasco, não é, com seus sargentos, seus sectários, um funcionário do conde encarregado de fazer cumprir as exações? Sem seguir Jacques Le Goff até o fim de suas hipóteses, pode-se discernir nas formas primitivas dessa devoção e nas estruturas originais dessa lenda um protesto em favor dos oprimidos, de todas as vítimas inocentes. A heroína pertence, na verdade, à classe dos que se aproveitam do sistema senhorial. As sevícias que lhe são infligidas atingem sua honra, as atenções que são devidas à sua classe. Entretanto, é uma mulher, um ser dominado, e seu marido faz com que passe fome como ele faz passar fome, no exercício de seu ofício, os dependentes do senhorio. Esse culto, essa narrativa emanam provavelmente do povo, no sentido social, conflituoso dessa palavra. Vemos nele uma das formas que, num momento de convulsão da sociedade senhorial, a luta de classes tomou entre os camponeses livres e rebeldes da Flandres marítima. Algum tempo mais tarde, por ocasião de uma reconciliação dos grandes da Flandres, organizada pelo flamengo santo Arnoulf,[10] o conde, abrindo então um inquérito sobre os assassinatos cometidos na região de Bruges, e o bispo, fundando então a abadia de Oudenbourg, entraram em acordo no sentido de neutralizar essa devoção, de utilizá-la para escorar a ordem estabelecida. Foi assim que uma vida de santa substituiu a história tocante de uma malcasada.[11]

A ordem estabelecida não exigia apenas que os cultos desencaminhados fossem reconduzidos à ortodoxia. Ela exigia que, na formação de casais, fossem observadas as regras prescritas. Os dois poderes se entendiam para impor essas normas. A narrativa das infelicidades de Godelive veio portanto sustentar uma admoestação no sentido de que as pessoas se casassem bem. A exortação assim difundida prefigura a que deveria transmitir uns cinquenta anos mais tarde a *vita* da condessa Ida. Lembrando que o vínculo conjugal, do qual o próprio Deus é apresentado como o "conjuntor", não pode ser rompido. Que diz respeito aos pais, não aos jovens, concluir o pacto, mas que eles devem levar em consideração mais os costumes do que a fortuna e evitar a *invidia*, esse ciúme que destrói as alianças. Quase não há necessidade, de tal forma a coisa parece natural, de mostrar a esposa obediente, como havia sido Maria. Acrescenta-se o conselho, mas a meia-voz, de desprezar a carne em nome de um objetivo de vida devota fundado, como, outrora, as propostas dos heréticos, e como, em breve, as propostas das beguinas, sobre o trabalho manual, a abstinência, o medo de ter prazer. De maneira muito forte, pelo contrário, afirma-se — a conivência entre os dois poderes permanecia tão estreita nesse ponto? — que o privilégio de avaliar o casamento pertence aos clérigos. Eis aí, nessa região e nesse meio século, o fundo da doutrina que os monges, moderadamente, são encarregados de anunciar.

Sobre esse fundo, os dois discursos cujo sentido e intenção tentei resgatar revestem-se de matizes particulares. Ambos falam de mulheres. Tomar como porta-vozes da ideologia eclesiástica figuras femininas apresentava uma dupla vantagem. Era arrebanhar essa metade dos fiéis com a qual a Igreja não havia se preocupado muito até então e cujo peso começava-se agora a avaliar melhor. Era sobretudo pôr em cena personagens naturalmente passivas sobre as quais podiam se imprimir fortemente os princípios de uma submissão esperada de todos os leigos. Mas se o tom dos dois discursos difere sensivelmente, atribuo tal diferença ao fato de que um se inclina para os dominantes, o outro para os dominados. Uma vez que, na biografia da esposa feliz, a condessa Ida, a exortação se dirige, como quase todas as desse tempo cujos traços guardamos, aos que comandam, às poderosas linhagens, aos chefes das casas, ela insiste na função genética, eu diria mesmo genealógica, do corpo feminino. Enquanto, pelo fato de ser talvez contada ao povo, ou em todo caso provir dele, a história de Godelive, a esposa infeliz, enfatiza principalmente o amor. É notável que os termos derivados da palavra *amor* ocupem tanto espaço nessa *vita* quanto os que provêm da palavra *genus* na de Ida. Esse amor se mostra respeitoso, naturalmente, das relações de subordinação necessária que a Providência instituiu entre os dois sexos. O amor do marido por sua mulher se chama *estima*, o da mulher por seu marido se chama *reverência*. Repete-se, no entanto, que o homem e a mulher devem ser unidos tanto na carne quanto no espírito. Esse amor, eles o fazem — e não se ouve dizer nada ou quase nada sobre a "castidade". É um amor do corpo assim como do coração. Isso leva a valorizar os atrativos da carne feminina. Isso autoriza igualmente, enfim, a estabelecer esse amor em sua plenitude, a recorrer se necessário aos sortilégios. Arrastado pelo que brotava da sensibilidade popular, o bispo de Noyon-Tournai, quando elevou as relíquias dessa morena de pele clara e deleitável, se aventurava, sem o perceber, muito mais longe do que, por muito tempo, iriam seus confrades.

A PROPÓSITO DO AMOR CHAMADO CORTÊS

É COMO HISTORIADOR, mais precisamente como historiador das sociedades medievais, que me aproximo de um objeto histórico, mas que é de início um objeto literário, dessa coisa estranha, o amor que nós dizemos cortês e que os contemporâneos de sua primeira manifestação chamavam de "amor delicado". Eu gostaria de submeter à reflexão algumas proposições quanto ao que se pode entrever da realidade das atitudes descritas, na segunda metade do século XII, na França, pelos poemas e obras romanescas, interrogando-me sobre as correspondências entre o que essas canções e esses romances expõem e, por outro lado, a verdadeira organização dos poderes e das relações de sociedade.

Tenho, assim, a impressão de aventurar-me imprudentemente, e isso por duas razões: de início porque só tenho, dessas formas literárias, um conhecimento, por assim dizer, de segunda mão: a seguir e sobretudo, porque encontro imediatamente esta questão, à qual para os tempos antigos é tão difícil dar resposta: que tipo de relações uma literatura desse gênero, uma literatura de sonho, de evasão, de compensação, pode manter com os comportamentos concretos? Pelo menos um fato é certo. Essa literatura foi aceita, sem o que nada restaria dela (embora a realidade da transmissão manuscrita nos leve a perguntar se a aceitação foi tão rápida). Mas houve aceitação e, consequentemente, jogo de reflexos, dupla refração. Para que fossem escutadas, era de fato preciso que essas obras, de alguma forma, estivessem em relação com o que preocupava as pessoas para as quais elas eram produzidas, com a sua situação real. Inversamente, elas não deixaram de influir sobre a conduta daqueles que lhes davam atenção. Isso autoriza o historiador a confrontar o conteúdo dessas obras com o que ele pode conhecer, por outros testemunhos, das estruturas e da evolução da sociedade feudal. Eu me arrisco portanto a fazê-lo.

Reduzo, de partida, à sua expressão mais esquemática o modelo inicial correspondente ao amor chamado cortês, sem levar em consideração os deslizamentos que o deformaram no curso do século XII. Eis o quadro: um homem, um "jovem", no duplo sentido dessa palavra, no sentido técnico que tinha na época — isto é, um homem sem esposa legítima —, e, depois, no sentido concreto, um homem efetivamente jovem, cuja educação não havia sido concluída. Esse homem assedia, com intenção de tomá-la, uma dama, isto é, uma mulher casada, portanto inacessível, inconquistável, uma mulher cercada, protegida pelos interditos mais estritos erguidos por uma sociedade baseada em linhagens cujos fundamentos eram as heranças transmitindo-se por linha masculina e que, consequentemente, considerava o adultério da esposa como a pior das subversões e ameaçava com castigos terríveis o seu cúmplice. Portanto, no próprio coração do esquema, o perigo. Em posição necessária. Isso porque, por um lado, todo o picante do assunto vinha do perigo afrontado (os homens dessa época julgavam, com razão, mais excitante caçar a mulher madura do que a inexperiente) e porque, por outro lado, tratava-se de uma prova no curso de uma formação contínua e, quanto mais perigosa a prova, mais ela era formadora.

O que acabo de dizer situa muito precisamente, parece-me, esse modelo de relação entre o feminino e o masculino. O amor delicado é um jogo. Educativo. É o correspondente exato do torneio. Assim como no torneio, cuja grande voga é contemporânea da manifestação do erotismo cortês, o homem bem-nascido arrisca sua vida nesse jogo, põe em aventura seu corpo (eu não falo da alma: o objeto cujo lugar tento reconhecer foi forjado então para afirmar a independência de uma cultura, a da gente da terra, arrogante, erguida resolutamente, na sua alegria de viver, contra a cultura dos sacerdotes). Assim como no torneio, o jovem arrisca a vida na intenção de completar-se, de aumentar seu valor, mas também de tomar, conquistar seu prazer, capturar o adversário após lhe ter rompido as defesas, após o ter desmontado, derrubado, revirado.

O amor cortês é uma justa. Mas, diferentemente desses duelos travados entre guerreiros, seja no meio dos afrontamentos tumultuosos opondo os competidores, seja nos campos cerrados dos ordálios judiciários, a justa amorosa opõe dois parceiros desiguais, um dos quais, por natureza, está destinado a cair. Por natureza. Física. Pelas leis naturais da sexualidade. Pois trata-se bem disso, que o véu das sublimações, todas as transferências imaginárias do corpo para o coração não chegam a dissimular. Não nos enganemos. A obra admirável de André, capelão do rei de França Filipe Augusto, é intitulada por seu tradutor francês Claude Buridant *Traité de l'amour courtois* [Tratado do amor cortês]. Mas uma jovem medievalista americana, Betsy Bowden, escolheu um título mais adequado, *The art of courtly copulation* [A arte da cópula cortês], e, muito recentemente, Danièle Jacquart e Claude Thomasset propuseram ler esse texto como um manual de sexologia. De fato, os exercícios lúdicos a que me refiro exaltavam esse valor que a época colocava no ápice dos valores viris — isto é, de todos os valores: a veemência sexual, e, para que se avivasse o prazer do homem, ele o convidava a disciplinar seu desejo.

Refuto sem hesitação os comentadores que viram no amor cortês uma invenção feminina. Era um jogo de homens e, entre todos os textos que convidavam a ele, há poucos que não sejam, no fundo, marcados por traços perfeitamente misóginos. A mulher é um engodo, análogo a esses manequins contra os quais o novo cavaleiro se lançava, nas demonstrações esportivas que se seguiam às cerimônias de sua sagração. Não era a dama convidada a enfeitar-se, a disfarçar e a revelar os seus atrativos, a recusar-se por longo tempo, a só se dar parcimoniosamente, por concessões progressivas, a fim de que, nos prolongamentos da tentação e do perigo, o jovem aprendesse a dominar-se, a controlar seu próprio corpo?

Prova, pedagogia, e todas as expressões literárias do amor cortês devem ser colocadas na corrente do vigorosíssimo impulso de progresso cuja intensidade culminou durante a segunda metade do século XII. Elas são ao mesmo tempo o instrumento e o produto desse crescimento que liberava rapidamente a sociedade feudal da selvageria, que a civilizava. A proposta, a aceitação de uma nova forma de relações entre os dois sexos só se compreendem tomando por referência outras manifestações desse fluxo. Eu não penso (o que talvez venha a surpreender) numa particular promoção da mulher. Com efeito, eu não creio muito nisso. Houve, de fato, promoção da condição feminina mas, ao mesmo tempo, igualmente viva, uma promoção da condição masculina, de maneira que a distância permaneceu a mesma, e as mulheres continuaram sendo ao mesmo tempo temidas, desprezadas e estritamente submissas, do que aliás a literatura de cortesia dá testemunho em alto grau. Não, eu penso nesse movimento que fez então com que o indivíduo, a pessoa, se libertasse do grupo, do gregário: penso naquilo que, emanando dos centros de estudos eclesiásticos, consistia numa espécie de troco entregue à sociedade mundana, por um lado reflexões dos pensadores sacros sobre a encarnação e sobre a *caritas* [caridade], por outro o eco um pouco falseado de uma leitura assídua dos clássicos latinos.

Evidentemente, os heróis masculinos propostos como modelos pelos poetas e narradores de corte foram admirados, foram imitados na segunda metade do século XII. Os cavaleiros, pelo menos no círculo dos maiores príncipes, aceitaram o jogo. A coisa é segura: se Guillaume le Maréchal, ainda solteiro, foi acusado de ter seduzido a esposa de seu senhor, é porque tais proezas não eram excepcionais. Os cavaleiros aceitaram o jogo porque as regras deste ajudavam a colocar melhor, se não a resolver, alguns problemas de sociedade, ardentes, que se punham na época e sobre os quais eu gostaria de dizer em algumas palavras de que modo, em minha opinião, seus dados se articulavam com as propostas do "amor delicado".

Começarei pelo privado, isto é, pelas questões levantadas quanto às relações entre o homem e a mulher pelas estratégias matrimoniais conduzidas na sociedade aristocrática. Já escrevi de diversas maneiras sobre essas estratégias e sobre a moral que as sustentava. Resumindo, afirmarei apenas que elas me parecem ter preparado diretamente o terreno para a justa entre o jovem e a dama. As severas restrições à nupcialidade dos rapazes multiplicavam, com efeito, nesse meio social, os homens não casados, ciumentos dos que tinham uma esposa no leito, frustrados. Não evoco as frustrações sexuais — elas encontravam com facilidade formas de extravasamento. Evoco a esperança obsedante de se apossar de uma companheira legítima, a fim de fundar sua própria casa, de se estabelecer, e os fantasmas de agressão e de rapto alimentados por essa obsessão. Por outro lado, os acordos de casamento se concluíam quase sempre sem levar absolutamente em conta os sentimentos dos noivos; na noite de núpcias, uma criança jovem demais, apenas púbere, era entregue a um rapaz violento que ela jamais vira. Intervinha, finalmente, essa segregação que, passada a idade de sete anos, instalava rapazes e moças em dois universos totalmente separados. Tudo se aliviava, portanto, para que se estabelecesse, entre os cônjuges, não uma relação calorosa, comparável ao que é para nós o amor conjugal, mas uma ligação fria de desigualdade: estima condescendente, no melhor dos casos, da parte do marido, reverência amedrontada, também no melhor dos casos, da parte de sua mulher.

Ora, essas circunstâncias tornavam desejável a edificação de um código cujos preceitos, destinados a aplicar-se no exterior da área da conjugalidade, viessem a ser uma espécie de complemento do direito matrimonial, e se construíssem paralelamente a este. Rüdiger Schnell mostrou, na Alemanha, magistralmente, que a intenção de André le Chapelain foi transferir para o domínio do jogo sexual todas as regras que os moralistas da Igreja acabavam de adaptar a propósito do casamento. Tal código era necessário para refrear a brutalidade, a violência nesse progresso, por mim evocado, em direção à civilidade. Esperava-

-se que esse código, ritualizando o desejo, orientasse para a regularidade, para uma espécie de legitimidade, as insatisfações dos esposos, de suas damas, e sobretudo dessa inquietante multidão de homens turbulentos que os costumes familiais forçavam ao celibato.

Função de regulação, de ordenação, e isso me leva a dar atenção a outra categoria de problemas, os que dizem respeito à ordem pública, problemas políticos propriamente falando, que a codificação das relações entre os homens e as mulheres podiam ajudar a resolver. Esse amor, os historiadores da literatura corretamente o chamaram cortês. Os textos que nos fazem conhecer suas regras foram todos compostos no século XII em cortes, sob a observação do príncipe e para corresponder à sua expectativa. Num momento em que o Estado começava a libertar-se do emaranhado feudal, em que, na euforia provocada pelo crescimento econômico, o poder público se sentia novamente capaz de modelar as relações sociais, estou convencido de que o mecenato principesco favoreceu conscientemente a instituição dessas liturgias profanas cujo exemplo era dado por um Lancelot, um Gauvain. Pois era um meio de reforçar o domínio da autoridade soberana sobre essa categoria social, então a mais útil talvez à reconstituição do Estado, mas a menos dócil, a cavalaria. O código do "amor delicado" servia, com efeito, aos objetivos do príncipe, de duas maneiras.

Porque, de início, ele realçava os valores cavalheirescos, ele afirmava no domínio das ostentações, das ilusões, das vaidades, a preeminência da cavalaria, minada, de fato, insidiosamente, pela intromissão do dinheiro, pela ascensão das burguesias. O "amor delicado", praticado na *honestas* [honra], foi apresentado, com efeito, como um dos privilégios do homem cortês. O vilão era excluído do jogo. O "amor delicado" se tornou assim critério maior de distinção. Era demonstrando sua capacidade de transformar a si mesmo por um esforço de conversão análogo àquele que todo homem devia realizar se quisesse, subindo um degrau na hierarquia dos méritos, introduzir-se numa comunidade monástica, era fornecendo a prova de que podia convenientemente jogar esse jogo, que o novo-rico, o comerciante enriquecido nos negócios, conseguia fazer-se admitir nesse mundo particular, a corte, fechada, da mesma forma que o jardim do *Roman de la Rose* era cercado por um muro. Entretanto, no interior dessa clausura, a sociedade cortês era diversa. Contando com essa diversidade, o príncipe procurava controlá-la mais firmemente, dominá-la. O papel desses princípios era então acusar a distância entre os diferentes corpos que se afrontavam em torno do senhor. Na sua extrema "delicadeza", o amor não podia ser o do clérigo, nem o do "plebeu" como diz André le Chapelain, isto é, do homem de dinheiro. Ele caracterizava, entre as pessoas da corte, o cavaleiro.

No próprio seio da cavalaria, o ritual cooperava de outro modo, complementar, para a manutenção da ordem: ele ajudava a controlar a parte de tumulto, a domesticar a "juventude". O jogo do amor, em primeiro lugar, foi educação da medida. Medida é uma das palavras-chaves de seu vocabulário específico. Convidando a reprimir os impulsos, ela era em si fator de calma, de apaziguamento. Mas esse jogo, que era uma escola, trazia consigo também o concurso. Tratava-se, superando os concorrentes, de ganhar o prêmio do jogo, a dama. E o *senior*, o chefe da fortaleza, aceitava colocar sua esposa no centro da competição, em situação ilusória, lúdica, de preeminência e de poder. A dama recusava seus favores a um, concedia-os a outro. Até certo ponto: o código projetava a esperança de conquista como um miragem nos limites imprecisos de um horizonte artificial. "Fantasias adulterinas", como diz G. Vinay.

A dama tinha assim a função de estimular o ardor dos jovens, de apreciar com ponderação, judiciosamente, as virtudes de cada um. Ela arbitrava as rivalidades permanentes. Ela coroava o melhor. O melhor era quem a tinha servido melhor. O amor cortês ensinava a servir e servir era o dever do bom vassalo. De fato, foram as obrigações vassálicas que se viram transferidas para a gratuidade do divertimento mas que, num certo sentido, adquiriam assim mais acuidade, já que o objeto do serviço era uma mulher, um ser naturalmente inferior. O principiante, para adquirir mais domínio sobre si mesmo, via-se obrigado, por uma pedagogia exigente, e muito eficaz, a humilhar-se. O exercício que lhe era solicitado era o da submissão. Era também o da fidelidade, do esquecimento de si.

Os jogos do "amor delicado" ensinavam, na verdade, a *amistat*, como diziam os trovadores, a amizade, a *amicitia* segundo Cícero, promovida, com todos os valores do estoicismo, pelo Renascimento, por esse retorno no humanismo clássico que marcou o século XII. Desejar o bem do outro mais do que o seu próprio, era isso que o senhor esperava de seu homem. Evidentemente — basta reler os poemas e os romances para convencer-se disso — o modelo da relação amorosa foi a amizade. Viril.

Isso nos leva a interrogar sobre a verdadeira natureza da relação entre os sexos. A mulher era algo além de uma ilusão, uma espécie de véu, de biombo, no sentido que Jean Genet deu a esse termo, ou antes um intermediário, a mediadora. Pode-se perguntar se, nessa figura triangular, o "jovem", a dama e o senhor, o vetor maior que, abertamente, se dirige do amigo para a dama, não ricocheteia nesse personagem para voltar para o terceiro, seu alvo verdadeiro, e até mesmo se ele não se projeta na direção deste sem desvio. As observações formuladas por Christiane Marchello-Nizia num belo artigo nos obrigam a colocar a questão: nessa sociedade militar, o amor cortês não foi na verdade um amor de homens? Eu darei com facilidade pelo menos uma fração de resposta: servindo à sua esposa, era (estou persuadido) o amor do príncipe que os jovens queriam ganhar, esforçando-se, dobrando-se, curvando-se. Assim como sustentavam a moral do casamento, as regras do "amor delicado" vinham reforçar as regras da moral vassálica. Elas sustentaram assim, na França, na segunda metade do século XII, o renascimento do Estado. Disciplinado pelo amor cortês, o desejo masculino não foi então utilizado para fins políticos? Eis uma das hipóteses da pesquisa, incerta, hesitante, que empreendo.

O *ROMAN DE LA ROSE*

Os HISTORIADORES DA IDADE MÉDIA há pouco tempo se puseram a escarafunchar a terra. Em certos pontos do solo, nas turfeiras, nas camadas de argila, nas areias, efetivamente consegue-se, às vezes, recolher os restos, fossilizados durante milênios, acumulados em camadas sucessivas, do pólen e dos esporos da flora circundante. Esses depósitos constituem espécies de arquivos microscópicos da natureza vegetal. Examiná-los, datar cada uma de suas amostras, medir a parte relacionada com cada formação botânica é chegar à visão clara de uma história da qual só havia então traços indistintos e descontínuos, a história de uma paisagem e de sua progressiva domesticação: no norte da França, do século IX ao início do XIII, na medida em que uma leve oscilação climática, ínfima e no entanto de grande consequência sobre o estado muito rudimentar das técnicas agrícolas, tornava os verões um pouco menos úmidos, os invernos um pouco mais suaves, a floresta, o mato, os terrenos incultos recuaram incessantemente diante dos campos e dos vinhedos. O movimento, de início hesitante, se precipitou após o Ano Mil. Cem anos mais tarde, ele alterava tudo. Milhares e milhares de famílias de camponeses, aventurando-se nas fronteiras das charnecas e dos pântanos, extirparam, queimaram, drenaram, abriram sulcos, plantaram cepas, empurrando sempre para mais longe as áreas improdutivas. Se evoco em primeiro lugar esse longo empreendimento, essas intermináveis fadigas, é porque elas resultam, entre 1220 e 1230, no vergel do *Roman de la Rose* e porque, sem elas, o botão não se teria jamais aberto. Pois as relações sociais se baseavam, nesse tempo, no modo de produção senhorial, isto é, em desigualdades rudes, num sistema cada vez mais aperfeiçoado de taxas e de dívidas que entregavam nas mãos de alguns felizardos todo o fruto das conquistas rústicas. O que nós chamamos de feudalismo deixava os trabalhadores quase nus, a fim de que belos cavaleiros, de mãos brancas, pudessem deitar suas amigas sob a romaria primaveril e fazer com elas, com certo refinamento, o amor.

Em lugar algum da Europa o crescimento rural fora mais vivo do que na Île-de-France, e o poder político mais vigoroso, de recursos mais abundantes, o mais capaz de conversar em torno de si a fecundidade de todas as criações do espírito, acabara por fixar-se no meio desses campos prósperos. A primeira parte do *Roman* foi escrita aí, nos triunfos da Paris capetíngia, logo após Bouvines, logo após as cavalgadas que curvaram o Languedoc sob o domínio francês, no advento de um rei bem jovem que logo seria chamado são Luís e que seria o árbitro de todas cristandade. No momento em que, em Notre-Dame, a "arte da França", o gótico, mostrava-se em sua plenitude, em que se desenvolviam as polifonias de Pérotin, em que os mestres começavam a revelar aos estudantes maravilhados o corpo inteiro, admirável, perturbador, da filosofia grega. No momento em que já se poderiam perceber os sinais precursores de um rápido retardamento da expansão agrária. Mas ninguém se preocupava com isso, no bem-estar e na felicidade em que o labor dos camponeses e a generosidade do rei vitorioso mantinham os aristocratas.

Coloquemos portanto a obra de Guillaume de Lorris no cume de um edifício cultural cuja construção avançara durante séculos, cujos primeiros envasamentos tinham sido postos na orla dos progressos agrícolas. Para captar o sentido pleno da obra e compreender seu destino, é preciso recuar até as bases dessa cultura que os contemporâneos, com acerto, definiram como sendo a cultura das cortes. "Cortesia": vamos partir desse termo românico e dos dois termos latinos dos quais ele deriva. Um, *curtis*, designa a residência nobre no centro de um grande domínio; o outro, *curia*, um "parlamento", um grupo de homens reunidos em torno de seu chefe para discutir com ele, ajudá-lo, por meio de conselhos, a resolver as questões comuns. O encontro desses dois vocábulos reflete bastante bem o que foi o feudalismo, que se enraíza ao mesmo tempo no senhorio rural e na companhia militar. O feudalismo é a fragmentação do poder. O movimento que o faz tomar corpo estava em marcha desde o final do século IX, quando, nas regiões que formaram a França, os reis carolíngios perderam o controle da nobreza. Magnatas, até então representantes do soberano, alguns aventureiros também, implantaram nessa ocasião dinastias autônomas nos principais pontos de apoio da defesa pública. Entre as vinte, trinta aldeias que circundavam essas fortalezas, os senhores proclamaram a si mesmos como tendo sido encarregados por Deus de defender o povo e de dirigi-lo. Os possuidores das mais belas terras, os que viviam cercados por uma tropa de servidores e de tenentes, que tinham tempo para armar-se convenientemente e treinar, lazer para alternadamente ocupar-se da guarda dos castelos e seguir em expedições longínquas, constituíram em torno da fortificação e de seu senhor um pequeno esquadrão de guerreiros permanentes. Esses cavaleiros, esses "chevaliers" como se dizia, se arrogaram o monopólio da ação militar. Os "pobres", os que deviam trabalhar com suas mãos, penar sobre suas terras ou sobre as de outrem, os desarmados, os vulneráveis, tiveram de comprar, dos guerreiros, a sua proteção. Por volta do Ano Mil, um corte muito nítido atravessava assim o corpo social, isolando dos guerreiros os camponeses. Estes, os "vilões" — a gente da *villa*, e, por essa palavra, numa época em que as aglomerações urbanas se haviam quase inteiramente dissolvido na ruralidade, entendia-se tanto a cidade [*ville*] quanto a aldeia [*village*] —, eram julgados, punidos, comandados, explorados. O chefe guerreiro lhes tomava tudo o que eles tinham poupado sem conseguir dissimular, as raras moedas que haviam ganho. E ele as gastava com os cavaleiros, seus homens. Pois a equipe de combate não apenas escapava das taxas como também partilhava os lucros. Na verdade, ela também se encontrava sujeita ao senhor, mas por obrigações honrosas, as criadas pelo contrato vassálico — e os ritos de homenagem, mais especialmente o beijo na boca, ao qual os vilões não tinham direito, deixavam clara a igualdade substancial que havia entre o senhor e os seus companheiros de guerra. Para eles, nada de serviço, se não de armas e de conselho, prestações nobres estas últimas e merecendo recompensa: o senhor feudal que queria ser amado tinha de mostrar-se pródigo; de suas mãos abertas as riquezas deviam se distribuir sem cessar por entre seus vassalos. Para eles nada de obrigações, a não ser as de uma moral cujos pilares, as virtudes da lealdade e da valentia, vieram a sustentar o sistema inteiro dos valores aristocráticos e o espírito de corpo do qual eles formavam a estrutura. Os guerreiros enfrentavam a morte (era o que afirmavam) a fim de proteger os padres e os trabalhadores. Esse sacrifício lhes garantia serem salvos pelas orações dos primeiros, alimentados pelas taxas dos outros. Dava-lhes o direito de não fazer nada, a não ser seu ofício de combatente e de rir a partir do momento em que o perigo se afastava. Nós tocamos aqui nos alicerces sobre os quais se construiu o primeiro *Roman*, nessa barreira intransponível erguida entre os vilões e o mundo cortês, essa muralha atrás da qual se oculta cuidadosamente o jardim dos prazeres e cuja ociosidade conserva a porta estreita.

A partida, portanto, teve lugar na violência e na rusticidade, na poeira das galopadas, nas fogueiras acesas diante das torres de macieira para forçar a rendição dos sitiados, nos golpes de espada, nos elmos rachados, nos tumultos. Um universo guerreiro, veemente, masculino, que outros homens, os clérigos, se esforçavam, pelo terror e pelas bênçãos, para acalmar um pouco os cavaleiros e impedi-los de fazer um mal excessivo. Ora, o poema de Guillaume de Lorris é de uma delicadeza refinada, e *Oiseuse* [Ociosa], uma mulher, que não teme ser atacada, que procura agradar, é bem-sucedida e conserva os homens em seu poder. Esse refinamento e essa intromissão dos valores femininos datam do século XII, da época vigorosa dos êxitos agrícolas. Desde 1100, o senhorio rendia o suficiente para dar aos homens de guerra os meios e o gosto de se civilizarem, de se afastarem um pouco das rapinas e das pilhagens e, simultaneamente, de evitarem a prostração diante dos religiosos. Já não havia mais na França muitos castelos onde os filhos do senhor não fossem educados por preceptores. Os quais eram padres. Eles serviam, na residência nobre, para celebrar a missa, enterrar os mortos, repelir as forças do mal por meio de fórmulas mágicas. Suas próprias funções exigiam que soubessem ler um pouco de latim e que tivessem passado pela escola. Eles não haviam esquecido tudo. A maioria era capaz de ensinar ao menos a escrita; alguns utilizavam seu saber para tornar menos selvagens os jogos de corte e, recordando alguns versos de Ovídio, de Estácio ou de Lucano, poliam as arestas das canções de divertimento. Um número cada vez maior de cavaleiros pôde gabar-se de serem eles próprios "letrados"; suas esposas, suas filhas o foram mais cedo talvez, e mais. Palavras, tomadas dos dialetos falados cotidianamente mas pouco a pouco estilizadas, ajustadas a melodias e compondo, cada vez se distanciando mais da fala popular, a linguagem distinta da aristocracia, transformaram-se, propriamente falando, em literatura. Esta se inaugura, entre nós, por obras-primas, cânticos que haviam com justiça provocado a admiração, que haviam sido julgados dignos de serem transcritos em pergaminho, como só ocorria até então com as Escrituras, seus comentários e os clássicos da latinidade. Por meio dessa literatura, fortificou-se a ideologia cavalheiresca. Intelectuais — isto é, eclesiásticos — cooperaram para edificá-la. Mas eles viviam na casa de um príncipe, buscavam satisfazer suas preferências e era uma festa profana que enfeitavam. A visão do mundo que esses poemas propunham e da qual todos os nobres compartilharam escapou, portanto, ao domínio da moral da Igreja. Desde que adquiriu vigor, a cultura cortês se afirmou de forma resolutamente autônoma em relação à cultura dos padres, superior, anteriormente formada, mas de cuja influência ela se obstinava em escapar — agressiva portanto, desprezando as pregações de penitência, as renúncias, convidando a gozar de todos os prazeres do mundo. Eis porque o primeiro *Roman* expulsa ao mesmo tempo do jardim a Pobreza, virtude maior da outra moral, e a Hipocrisia, isto é, a devoção. Duas mulheres, mas envelhecidas, descarnadas, destruídas pelo espírito monacal e que é preciso afastar do jogo.

Desde 1100, a prosperidade favorecia também o renascimento dos Estados, portanto a restauração na cristandade de uma espécie de paz. As cruzadas represavam a turbulência cavalheiresca, impeliam-na para fora. No interior, a guerra tendia a adquirir insensivelmente o aspecto de um jogo, regulamentado, codificado, e as batalhas, o de reuniões esportivas, de combates de amadores que se escalonavam, em datas previstas, de um lugar para outro, durante toda uma estação. Nos torneios, essas batalhas simuladas, tão violentas quanto as verdadeiras, lançando assim uns contra os outros os bandos barulhentos, furibundos, ávidos por pegar tudo, armas, cavalos, enfeites, o próprio adversário para submetê-lo a resgate, mas de onde, por princípio, o ódio estava excluído, a cavalaria encontrou ao mesmo tempo as condições para distrair-se, prosseguir seu treinamento e reforçar o sentimento de sua superioridade social. Sabiam-no bem os príncipes que levavam consigo em viagem, em cada primavera, os guerreiros de sua província. Esta encontrava temporário alívio nisso e aqueles retornavam aguerridos, e ainda por cima carregados com o produto do saque e cheios de glória. A "França" — ou seja, a Île-de-France e suas vizinhanças — foi a terra de eleição desses exercícios, em que os valores ligados às proezas foram exaltados, onde, desde o final do século XII, a "cortesia" impunha que se deixasse as damas designar e coroar os vencedores. No primeiro plano desses grandes espetáculos em que se transformavam os torneios, brilhava nitidamente a "juventude". Essa palavra indicava então o grupo dos cavaleiros que haviam terminado seu aprendizado, recebido por volta dos vinte anos, solenemente, as armas e as insígnias de sua função, mas que não tinham ainda encontrado meios de se estabelecerem, de se instalarem em seus próprios senhorios e que, enquanto esperavam, competiam em torneios. Considerada por todos como a "flor" da cavalaria, essa classe etária — numerosa já que a "juventude" se prolongava sempre por vários anos e, com frequência, não terminava — formava o melhor público dos literatos, ao qual eles se esforçavam por agradar. Pelo fascínio que exercia seu estilo de existência, pela nostalgia de seus prazeres conservada pelos que não compartilhavam mais deles e pelo tenso ardor, atiçado entre ela, pelo apetite por arrebatar aquilo de que se julgava privada, a "juventude" governou a evolução dos valores aristocráticos. Em 1225, ela a governava ainda. A primeira parte do *Roman de la Rose* foi escrita, também, por "jovens". Seu autor, o herói com o qual ele se identifica proclamam bem alto sua "juventude". Eles veem esta última conduzindo o balé cujas figuras se desdobram no vergel fechado. Sobre a "juventude" e as singularidades de seu comportamento devemos portanto dirigir toda a atenção.

E, de início, sobre o que institui as duas: sobre uma forma de educação. É isso o mais importante: o *Roman* não se apresenta ele mesmo como uma obra de iniciação, uma "arte" de se conduzir adequadamente, de progredir na perfeição de um estilo? O lugar natural dessa formação era a "corte", a residência do senhor, o grupo de rapazes de que se cercava o descendente dos chefes castelões do Ano Mil. Acolher, alimentar em sua casa os filhos de seus feudatários constituía, com efeito, um de seus primeiros deveres, um dos que eram impostos pelo contrato vassálico. Um dever e um direito: era uma das formas de sua generosidade, era também o seguro meio de garantir, sobre a geração em ascensão, o domínio dos seus sucessores. Os jovens lhe eram enviados muito cedo, ao sair da infância; eles se iniciavam na luta a cavalo em companhia dos rapazes do senhor. Este os "sagrava", fornecia-lhes equipamento militar ao mesmo tempo em que armava seus filhos, depois os "retinha", como se dizia, por longos anos ainda, até que viessem a suceder ao pai no seu feudo. A corte era, de início, apenas isso. Uma espécie de colégio, a escola da cavalaria. Mas essa escola era muito longa, a maioria não saía jamais dela. A corte reunia, para seu fim, aos adolescentes aprendizes, bom número de companheiros já maduros, antigos alunos que se tornavam, por falta de algo melhor, monitores. Sob essa forma, ela se transportava, no tempo oportuno, para o campo de batalha ou do torneio, os mais jovens em posição de "escudeiros", conduzindo os animais de reforço, levando as armas dos mais velhos e instruindo-se ao vê-los combater.

Quer ela se envolvesse nos tumultos do combate, quer se entregasse aos divertimentos da paz, era o senhor quem, com seu dinheiro, a sustentava. A corte dependia de sua generosidade. O que explica a situação desse valor no coração da ética cavalheiresca, no centro das perfeições imaginárias cuja imagem Guillaume de Lorris se esforça por apresentar, o elogio ininterrupto da magnanimidade senhorial e a condenação, a expulsão para as trevas exteriores, das atitudes das quais ela é a negação, a avareza e a cobiça. A cortesia, e por meio dela toda a sociedade aristocrática, repousava sobre a generosidade, e os clérigos da corte, complacentemente, fingiam confundir esta última com a caridade do cristianismo, com o desprezo pelas riquezas que os sábios da Antiguidade pagã haviam celebrado. É possível ver, nesse ponto preciso, a articulação das estruturas econômicas e da ideologia: os vilões produzem a riqueza, o senhor, legitimamente, se apossa dela, mas ele não poderia guardá-lo para si; ele deve redistribuí-la por toda a cavalaria, e, de início, pela juventude. Dessa redistribuição a corte é o órgão — o que a corte do rei da França continuou sendo até 1789 — e o motor, a generosidade. Por meio dela, os "jovens" são mantidos em dependência — e sente-se, por causa disso, a corte toda invadida pela inveja dirigida contra os que são donos do próprio dinheiro, pela impaciência por suceder, por dispor finalmente de um bem, de rendas que não venham mais de um patrão, de quem é preciso suportar os humores, mas sim de camponeses, que podem ser maltratados, por uma guerra surda contra os *seniores*. Essa palavra é rica de ressonâncias: ao mesmo tempo que os providos, ela designa — e aí está seu sentido primitivo — os mais velhos, marcando bem, na textura da sociedade cortês, a confusão entre posição econômica e classe etária. A juventude, portanto, se impacienta. Mas ela é domada pela generosidade. Pois o senhor distribui os prêmios. Ele organiza uma competição, um concurso que não se interrompe enquanto dura a educação cavalheiresca, que se prolonga bem para além da sagração na interminável esperança de estabelecimento que se segue a ela. Os ganhadores, os que os senhores ajudam a sair mais cedo da juventude, a instalar-se primeiramente em situação senhorial, são os mais leais, os mais ousados em cavalgadas, os mais ardentes em envolver-se numa sequência de provas, de aventuras que, também elas, não têm fim. A generosidade, portanto, mantém em expectativa. Em contrapartida, não lhe reconhecem limites: os "jovens" pedem, cada vez mais, o direito de devorar inteiramente tudo o que o senhorio produz e, mais ainda, de dissipar os bens do senhor na gratuidade dos adereços e dos jogos.

Dentre esses jogos, os do amor, durante todo o século XII, alargaram, sem cessar, seu domínio. Desafiando a exortação dos padres à continência, a cavalaria não parou de erotizar-se. Por duas razões. A primeira é que, tendo os guerreiros se civilizado e saído com mais frequência de sua armadura, as figuras femininas avançaram passo a passo para a frente da cena cortês. Mais decisiva é a segunda, que procede de uma certa disposição das relações de parentesco. Para não multiplicar os rebentos, que dissociariam a herança e criariam o risco de levar os descendentes muito numerosos à degradação, as linhagens prudentemente evitavam casar os filhos. Era melhor que um só filho tivesse descendência, o mais velho. Os outros permaneciam "bacheliers", solteiros — a não ser que seu senhor, concedendo-lhes um feudo, casando-os com a herdeira de um vassalo defunto lhes fornecesse as bases para a fundação das suas próprias casas, sem que o patrimônio ancestral fosse amputado. Aos jovens, essa dádiva parecia a mais invejável recompensa. Para ela tendia toda a emulação da qual a corte era o teatro. Mas ela era mesquinhamente distribuída. A cavalaria, na sua maioria e no que ela tinha de mais vivaz, de mais ativo, viveu portanto no celibato. Não, na verdade, sem mulheres: a generosidade dos senhores devia cuidar também para que os castelos fossem povoados de moças complacentes. As frustrações da juventude não eram de ordem sexual — a não ser pelo fato dessa longa permanência, na existência cavalheiresca, de uma sexualidade adolescente, de instabilidade e de vagabundagem. Se a corte foi o lugar do desejo, foi o do desejo de casar. Pois o casamento significava a independência finalmente conquistada: o estabelecimento vinha do casamento. *Senior*, que se opõe a *juvenis*, designava também o homem casado. E aqui que se enraizavam as cobiças e esse ciúme do qual sentimos animados todos os homens, em relação por vezes ao pai, com frequência ao irmão mais velho, e sempre ao "senhor", seu benfeitor, o chefe da habitação que os mantinha reunidos. Este, toda noite, no meio deles — na grande sala comum em que se ocultava, ainda no final do século XII, tudo o que, na vida cortês, não se desenvolvia ao ar livre, nas justas, na floresta mágica e abundante em caça, no vergel —, reencontrava-se, no leito, com sua esposa. A dama — *domina*: é o feminino de "senhor". Aumentava a tentação de apossar-se dela ou de, pelo menos, vencendo todos os rivais, brilhar a seus olhos e conquistar seus favores. Assim, a competição cortês se desdobrou. Abriu-se espaço para outro divertimento, cujo campo se ampliava, simétrico ao dos torneios. Ele pedia armas diferentes, outros assaltos, outros desfiles, outros desvios. Mas a regra era semelhante: tratava-se de ganhar o prêmio por um bom, por um longo serviço, leal, e que triunfasse sobre as ciladas de uma aventura. Aqui a dama era ao mesmo tempo o juiz e o objeto. Assim como seu marido, ela devia ser generosa. Era preciso dar, ela mesma dar-se, por etapas. Sua generosidade parecia tão necessária quanto a de seu senhor e dono. A ambos se recusava, para que não desabasse todo o edifício da sociedade cortês, o abandono à avareza, ela deixando de se prestar a esses jogos, ele mantendo-a longe deles. Desses jogos, todavia, malgrado as aparências, o senhor era o condutor. Ele presidia esse novo concurso. Ele se servia dele, assim como do primeiro, para domesticar sua juventude. Pelas miragens do adultério não se podia acalentar os cavaleiros com a ilusão de suplantar os mais velhos, os ricos, os poderosos? À sua agressividade se oferecia uma espécie de válvula de escape, uma compensação lúdica, já que o amor cortês, envolvimento livremente escolhido, fiel, como a amizade que o vassalo e o senhor deviam um ao outro, mutuamente, rejeitava todas as astúcias, as intrigas que, nos acordos entre os líderes das linhagens, serviam de prelúdio às uniões matrimoniais. Por fim, as leis do novo divertimento, relacionadas com o sistema de educação, introduziam a medida, o domínio de si, a discrição, essa virtude semimonástica, entre os valores essenciais da moral cavalheiresca. O que ajudava bastante a reprimir as turbulências. Não nos devemos enganar. Por um lado, o amor cortês, pela sujeição simulada do cavaleiro em relação à dama eleita, por suas longas etapas, suas satisfações quiméricas e graduais, foi o remédio ideológico mais eficaz para as contradições internas da sociedade aristocrática. Por outro, ele jamais deixou de ser um jogo de homens. O senhor, de longe, dissimulado, governava o encadeamento de suas peripécias, assim como governava de longe a aparente espontaneidade dos torneios. A fim de ter paz e de conduzir à sua maneira os assuntos sérios. As mulheres, aí, foram só figurantes. Chamarizes. Em todo caso, simples objetos. Todos os poemas do amor cortês foram cantados por homens e o desejo que eles celebraram foi sempre um desejo masculino. A primeira parte do *Roman* descreve o sonho de um homem. A Juventude é aí, sob o seu disfarce, masculina; e a Rosa, um fantasma, um simples reflexo do Amor, isto é, do desejo do homem.

Todo o prazer pertence, portanto, aos cavaleiros. Duas palavras bastam para defini-lo, duas palavras consonantes, conjugadas, indissociáveis, que exprimem juntas a esperança de gozar e o gosto de ser jovem: *joi* e *joven*. Essas duas palavras saem dos dialetos do Midi. No Sul, com efeito, as modas amorosas tinham nascido, nas cortes em que, por volta de 1100, o duque da Aquitânia reunia uma juventude menos violenta, e não no meio dos campos mas nas cidades, onde, como em Poitiers por exemplo, as formas urbanas implantadas por Roma sobreviviam melhor, onde chegavam também alguns ecos da alta cultura da Andaluzia muçulmana. O erotismo cortês permaneceu durante meio século uma particularidade da cultura meridional. Depois, quando o progresso agrícola transferiu os centros de desenvolvimento para o norte do Loire, ela se difundiu aí. Princesas, com certeza, ajudaram em sua difusão, Leonor da Aquitânia, quando ela esposou Henrique Plantageneta, conde de Anjou, duque da Aquitânia, rei da Inglaterra, e depois suas filhas, casadas com grandes senhores feudais de "langue d'oui". Estes reforçavam seus principados, sonhavam escapar ao controle monárquico, rivalizavam com a potência capetíngia. Os jogos de amor inaugurados nas cortes poitevinas lhes pareceram capazes de manifestar sua independência em relação à cultura da realeza, a qual, fiel às tradições carolíngias, permanecia bastante militar e litúrgica, protegida contra as tentações de modernidade por uma espessa muralha de clérigos e de monges. Face ao rei, senhor dos senhores, o conde da Champagne, o conde da Flandres se apresentavam, de boa vontade, como príncipes da juventude, como promotores da cortesia e da conquista, prometida por ela, de todas as alegrias do mundo visível. O enxerto mais vigoroso se fixou nas cortes feudais mais suntuosas, mantidas por Henrique Plantageneta e por seus filhos. Desde 1160, todos os prestígios da literatura cavalheiresca irradiavam delas. Foi preciso uma geração a mais, que Filipe Augusto tivesse vencido o conde da Flandres e o rei da Inglaterra, anexado ao seu domínio a Normandia, o Anjou, o Poitou, e que Paris ultrapassasse todas as demais cidades do Ocidente para que o "amor delicado" fosse plenamente aceito na Île-de-France.

Quando Guillaume de Lorris decide ensinar as regras desse amor, ele se vincula, consequentemente, a uma corrente poderosa, muito segura, cuja direção deve seguir. Trinta anos antes, André le Chapelain havia escrito um tratado do amor, sem dúvida já em Paris, a cidade culta, em todo o caso em latim, a língua das escolas, e num tom bastante pedante, o da dialética escolar. Diante de um público menos restrito e que espera ser fascinado, Guillaume de Lorris, a fim de expor sua arte de amar, escolhe utilizar a linguagem das cortes, o "romance". Essa palavra já designava também um gênero literário, a narrativa de uma sucessão de aventuras. O *Roman* é bem isso. Educativo evidentemente, como os da Távola Redonda, balizando o itinerário de um progresso e servindo de guia em direção a essas melhores maneiras pelas quais se obtém sucesso no mundo. Assim como Chrétien de Troyes, seu modelo, Guillaume oferece como exemplo da perfeição cortês um herói viajante, que vai de descoberta em descoberta e força os obstáculos um por um. E embora o enfoque tenha mudado, as matas de Brocéliande tenham dado lugar à ordenação de uma flora domesticada, pacificada, pronta para o divertimento, embora os personagens que o herói cruza no caminho não sejam mais encantadores, anões ou cavaleiros sem rosto, mas, personificados, os valores do sistema, o *Roman*, assim como os precedentes nos quais se inspira, pretende bem apresentar um espelho à sociedade mundana e a imagem que ela espera de si mesma. A imagem de uma segregação, isolando o bem do mal e rejeitando o que todos desprezam ou temem. Um muro contínuo assim é erguido. No exterior, existência alguma. Não se vê nada de vivo, mas apenas efígies, emblemas, manequins sem espessura e sem corpo, como os que são queimados em São João, nas festividades. Pregada à muralha como sinais de um exorcismo, a corte dos não valores simboliza o aniquilamento daquilo que os felizardos do mundo gostariam bem de não ver mais nem de distinguir, de olhos fechados, com as narinas tapadas, tudo o que os ofusca e que viria macular sua alegria. O vergel é depurado disso. Ele só é povoado por seres despreocupados cuja companhia graciosa imita as relações imaginárias, o simulacro de sociedade cujas cortes dão o espetáculo e que esconde dos olhares as asperezas, as tensões da vida. Uma festa, cujo preço ninguém quer saber e nem quem a paga. Juventude, Amor — *joi* e *joven* —, são os seus reis, e Generosidade a organizadora. Ela afasta vilões e velhotes. Para a dança, ela forma casais. Mas a Rosa — ou antes o botão, apenas despontando da infância — está lá para ser colhida, e as defesas que ela esboça não têm outro papel no jogo senão dar-lhe mais atrativo, prolongar por um momento a espera e dispor as provas na ordem requerida pela pedagogia do prazer. Todo o cenário é erguido para que seja expulsa a preocupação. A dos pobres. A da morte e do que se abre diante dela. De religião, traço algum. É como se os padres não existissem. "Não há maior paraíso do que dispor de sua amiga": não se poderia falar mais claro. O que é com efeito o vergel senão o paraíso profanado? As pessoas que por lá passeiam têm a beleza dos anjos, elas cantam como os serafins o fazem nos mais altos céus. Mas o canto delas não se eleva para Deus. O amor que ele celebra é físico. Seu objetivo é "donoier", entendamos: obter prazer. Quadrado como são os claustros nas abadias cistercienses, o vergel é sua negação — disposto não para os impulsos da alma mas para exaltar Regozijo, isto é, alegria de existir, de captar o agradável do mundo visível. É preciso ir mais longe, perguntar se Guillaume de Lorris não dá prosseguimento, ele próprio, ao combate contra os sermões do cristianismo, se o castelo em forma de cruz onde Belo Acolhimento está aprisionado e cujo assédio se empreende — essa fortaleza modelo que se parece com os castelos mais novos — não é o símbolo da Igreja e das coações que ela quer impor. A Igreja (o que é pior) é simplesmente esquecida. Abre-se o campo, inteiramente livre, para a sensualidade tranquila. Ela transborda de todo o poema. Ela jorra mais viva a cada descrição de adereços, de joias, de carne feminina. Saudemos portanto a fidelidade perfeita do primeiro romance aos modelos da cultura cortês. Ele os completa.

Todavia, quando chegou por fim a se insinuar na cultura parisiense, o "amor delicado" foi na verdade capturado, domesticado, forçado a dobrar-se a outras leis, portanto a modificar seu aspecto, num certo sentido. Pois a sociedade aristocrática que se reunia em Paris não se parecia inteiramente com as da Aquitânia, da Champagne ou da Normandia. Ela era menos estritamente fechada. Sobre ela repercutiam fortes impulsos que vinham dessa grande encruzilhada onde alguns mercadores já faziam fortuna e impacientavam-se por serem aceitos na companhia dos nobres, das vastas oficinas intelectuais, as mais audaciosas do mundo, que rapidamente se propagavam sobre as encostas da montanha Sainte-Geneviève, e dos órgãos do governo real onde os peritos em direito e em finanças se destacavam. É por isso que a cultura cavalheiresca, ao termo de sua formação bastante lenta e da trajetória que a havia levado dos Estados feudais periféricos ao coração da província capetíngia, se dobra no poema de Guillaume de Lorris sob três inflexões pelas quais se marcam, principalmente, seus aperfeiçoamentos finais. Todas as três vão num mesmo sentido, o de uma atenuação, de um aplanamento do que ainda havia de áspero na cultura aristocrática. Sob o olhar do rei, as asperezas se reduzem, e perdem seu rigor três dos antagonismos que haviam até então isolado a sociedade cortês, erguendo sua flor, a juventude, contra os homens de escola, contra os homens casados, contra os homens novos.

A Igreja é renegada na primeira parte do *Roman*. Mas não a clerezia, isto é, o saber que a Universidade dispensa. Guillaume de Lorris, de quem não se sabe nada, havia, evidentemente, seguido longamente as lições desta. Haviam comentado diante dele os poetas latinos. Ele quis ser um novo Ovídio. Não apenas se esforçar por imitá-lo como os antigos escolares que outrora faziam carreira nas cortes. Mas rivalizar com ele, usar para isso de todos os artifícios da gramática e da retórica. Sob sua aparente ingenuidade, sob sua amável facilidade, a obra é, na verdade, muito culta. Escrita para todos os públicos, para ser compreendida em vários níveis, como os *auctores*, sacros ou profanos, o eram pelos mestres, dedicados a descobrir, uns após os outros, sob a superfície do discurso, os sentidos múltiplos de que os vocábulos estão preenchidos. As palavras do *Roman* são, também elas, ao mesmo tempo, abertas e encobertas. A obra se oferece à glosa, a essa espécie de comércio amoroso pelo qual o leitor pacientemente afasta os revestimentos superpostos e avança em direção à significação profunda do texto. Nas escolas, as melhores, as das margens do Sena ou do Loire, Guillaume, por outro lado, se habituara à observação dos movimentos do coração, a esse inventário das paixões que a escolástica vinha elaborando desde o início do século XII. A análise psicológica mostrava, de agora em diante, tanto refinamento que o vocabulário romance se revelava acanhado demais para comunicar sua experiência. Por essa razão e pelo fato de que os artifícios do teatro começavam a superar todos os outros quando se tratava de transmitir um saber, Guillaume emprega a alegoria da qual os professores, por falta de algo melhor, não hesitavam, eles próprios, em se servir. Ele encarrega personagens de representar a abstração, de imitar os sutis andamentos do amor, o despertar da sensualidade juvenil, esse trajeto que, a partir do desejo ingênuo de possuir, leva, pela descoberta progressiva das belezas do corpo e da alma, até o abandono de si mesmo, uma elevação por gradação, que não é basicamente diferente da busca da verdade cujo lugar privilegiado eram as escolas. Essas escolas, as parisienses, eram, finalmente, as da lucidez. Elas haviam ensinado aos artistas a livrar da sombra a igreja românica. A inundá-la de luz, a purgá-la dos monstros e das quimeras, a substituir, nos capitéis dos pilares, pelos entrelaçamentos verdadeiros das folhas e das flores, a pululância obscura das vegetações oníricas. Elas convidavam agora os poetas a abrir, também eles, os olhos para o real. A magia não é inteiramente banida do *Roman*. Sua fonte, assim como aquela cuja proximidade fazia tremer os cavaleiros errantes dos romances bretões, é um sortilégio, ela subjuga por meio de atrativos sedutores. E quem sabe se, dando prosseguimento ao seu poema, Guillaume de Lorris não o teria aventurado por um momento pelas províncias do amor sombrio? Ele também narra um sonho. Entretanto, a luz que banha esse sonho não deixa nenhum lugar para as incertezas. Clara, franca como sobre um jardim numa manhã de maio. Uma vez que o encontro das duas culturas dominantes, a dos clérigos e a dos cavaleiros, não fora, em lugar algum, levada mais longe do que no círculo do rei da França, ao mesmo tempo sacerdote e guerreiro, a arte de Guillaume de Lorris, autônoma e mais do que nunca liberada de toda influência clerical, não hesita em se alimentar de todos os frutos do Renascimento que se forjara, no século XII, nas escolas das catedrais da Île-de-France.

Por uma abertura semelhante e pelo efeito do crescimento econômico, via-se também a assimilação, na região parisiense, essa zona de vanguarda, do que havia de excessivamente tenso na sociedade das cortes, entre os "jovens" e os mais velhos, os que detinham o poder e as esposas. No seio do vergel, todo mundo é rico. Não se percebe nada das frustrações que outrora haviam conduzido os trovadores a proclamar bem alto o amor inconciliável com a fortuna, a reservar aos mais desprovidos, isto é, aos "jovens", as proezas e as vitórias nas justas eróticas. Nunca se trata também do casamento. Nem para condená-lo, nem para ensinar a trair, nem para admiti-lo. Guillaume de Lorris não diz uma palavra. Ele é a favor, ele é contra, como o era violentamente o "amor delicado" nas suas primeiras expressões? Para dizer a verdade, o casamento pertence ao real, ao qual o primeiro *Roman* volta as costas. Assim como tudo o que mantém alguma relação com a moral da Igreja, assim como tudo o que se quer esquecer ao passar pela porta, com o risco de reencontrá-lo ao terminar o sonho, o casamento está totalmente ausente. E a Rosa está bem longe de se ter aberto. O objeto da demanda, a imagem vislumbrada no espelho da fonte e que faz nascer o desejo, não é o corpo de uma mulher, da mulher de um outro; é o de uma adolescente. Ela tem a idade em que as moças são prometidas. E o amor de escolha, cujo crescimento o poema descreve passo a passo, se assemelha muito àquele com o qual a época começava a sonhar, a essa inclinação recíproca que se tornava de bom tom considerar como condição prévia, necessária a toda união matrimonial, e sobre o qual ninguém ousava mais dizer, mesmo nos divertimentos de corte, que ele não deveria sobreviver muito tempo ao casamento. O aumento dos lucros senhoriais, os favores reais, as recompensas que se ganhavam servindo ao Estado aumentavam, com efeito, o bem-

-estar das famílias nobres. Elas mostravam menos reticência, no início do século XII, em deixar propagar-se a descendência. Elas não se recusavam mais com tanta obstinação a casar os caçulas que não faziam carreira eclesiástica. Uma mudança profunda se operava então nas estruturas da sociedade aristocrática. Ela libertava insensivelmente a cavalaria da tirania cultural dos celibatários. Concedia-se menos valor exemplar à marginalidade. O poder se inquietava menos com a turbulência da juventude. Do velho conflito entre os "jovens" e os outros ficava um modelo de comportamento sentimental. Nada obrigava a considerá-lo por muito mais tempo como exterior à conjugalidade. A alta sociedade, por tudo o que a transformava, era levada a não mais dissociar o belo amor do casamento.

Uma outra fronteira se eclipsava, a que cercava estritamente o pequeno grupo dos homens de guerra. Não se erigia mais como princípio, em Paris em todo caso, que ela coincidisse com o recinto, sempre bem alto, mais escarpado talvez, que impedia os vilões de se aproximar. O cenário do *Roman* é um vergel, não um castelo, nem a floresta dos combates arturianos. Nada de cavalos, nada de couraças. Toda a aparência de violência, os arroubos, as maldições, as bazófias, perturbariam a festa cortês. A distinção não se funda mais sobre os feitos e proezas mas sobre o cuidado que se tem em polir a própria linguagem, em cuidar do corpo, da cabeleira, da elegância e da discrição dos gestos. Dez anos, quinze anos após Bouvines, a cavalaria aparece no *Roman* desarmada, como se esquecesse suas origens militares e o fato de que o ofício das armas enobrece. Por uma razão evidente: desse ofício ela acaba de perder o monopólio; pessoas modestas, cada vez mais numerosas, também o praticam, e muito bem, soldados, mercenários, que os príncipes gostam de contratar porque põem mais empenho na obra. Importa, consequentemente, distinguir por outros critérios as pessoas de condição. Precisamente pela habilidade em praticar os jogos do amor. Aos vilões o porte de armas não é mais recusado mas sim a graça, a roupa, a compostura pelas quais se ganha o coração das belas. O Amor não os deve admitir em sua vassalagem.

O que significa que a sociedade mundana permanece mais do que nunca na defensiva, fechada, esforçando-se por desmontar as tentativas de intromissão, por desmascarar o novo-rico através da incorreção de suas maneiras, apontando sua grosseria ingênua que transparece sempre sob o verniz muito recente. Enquanto esses novos-ricos, com efeito, começam a demonstrar arrogância, burgueses e soldados mercenários enriquecidos já compram senhorios, administram por sua vez a justiça, recebem homenagem de feudatários, organizariam também suas cortes se não fossem impedidos, forçam em todo caso a porta da corte do rei e dos príncipes, sonhando passar por nobres e dissimulando como podem a origem plebeia, enquanto o movimento acelerado das riquezas, em nenhum lugar mais vivo do que na cidade onde o rei reside com mais frequência, torna a nobreza de sangue mais consciente dos perigos que ameaçam as bases materiais de sua preeminência, Guillaume de Lorris não propõe nada além do que a formulação poética de um código de decoro. Sobre o respeito aos bons costumes estabelece-se, de agora em diante, a verdadeira barreira social. Ela é estanque? Quem povoa o recinto por ela circunscrito? Todos os cavaleiros, naturalmente. Mas seguramente clérigos também, dos quais nem todos saem da nobreza. E talvez até burgueses. Destes, Chrétien de Troyes fazia pouco abertamente. André le Chapelain, contudo, já havia mostrado "plebeus" dirigindo galanteios a nobres damas. Sem conseguirem, é verdade, seduzi--las mas também sem se cobrirem de ridículo. Quanto a Guillaume de Lorris, ele evita precisar a qualidade daquele que fala em seu nome. Ele sabe muito bem que o escritor que se preocupa em ter sucesso, em agradar aos grandes e criar um público, deve situar entre esse público e o resto um desnível abrupto, mas evitar, nas alturas em que complacentemente instala seus leitores, marcar entre eles as diferenças de forma viva demais. Não seria conveniente, no que irresistivelmente a corte vai se tornando, censurar muito abertamente os filhos dos plebeus. Há alguns muito bem situados e todos fingem ter esquecido suas origens.

Não é por acaso que o imaginário da cavalaria chega, na França, à sua mais perfeita expressão na narração de um sonho, que esse sonho é parisiense e de uma sociedade que se obriga à indiferença, que se acredita protegida contra todos os perigos pelos altos muros atrás dos quais fechou-se, que não quer ouvir falar de obrigações nem de dinheiro e espera abafar sob o murmúrio de uma conversa de bom tom e sob uma música doce os ruídos das altercações que, na realidade, a perturbam. Da época que vinha de transcorrer na qual, num mundo ainda camponês, o modo de produção senhorial definia rigorosamente o lugar de uma aristocracia segura de si e ninguém se arriscava a disputar com o senhor e com o cavaleiro o poder e a riqueza, o século XIII, no seu início, herda um sistema de educação e de valores. Os aristocratas sentem confusamente que essa carcaça ideológica é o único organismo suscetível, agora que as prebendas eclesiásticas, as armas, o senhorio, o feudo passam para as mãos de todo mundo, de garantir, com menores prejuízos, a reprodução da classe dominante, de controlar o acesso a ela e de tornar mais natural a inevitável mistura entre a nobreza de sangue que se agarra às vaidades, o grupelho dos intelectuais persuadidos de serem cada vez mais necessários, e os poucos homens novos, de negócios ou de serviço, que conseguiram ser aceitos. A lenta evolução das relações de produção desloca insensivelmente o limite entre as classes. Mas na sua localização primitiva permanece um traço que nem o poder, nem os herdeiros, nem os novos ricos mais hábeis têm interesse em deixar se apagar. Eles desejam, pelo contrário, destacá-lo. Erguem, para esse fim, no mesmo lugar, novos limites. Estes, forçosamente, derivam da ilusão. Mas devem parecer verdadeiros. O olhar lúcido de Guillaume de Lorris capta assim todo o seu valor. Montado como um espetáculo, o sonho social se reveste, sob esse olhar, do poder convincente da realidade.

Assim como todos os sonhos, o primeiro *Roman* se interrompe em pleno curso. Por que imaginar que Guillaume de

Lorris foi impedido de terminar o poema? Esse belo artista percebia-o bem: deixada aberta, a obra seduziria mais. Ela seduziu. O livro foi admiravelmente recebido pela alta sociedade e pelos que sonhavam nela entrar. O sucesso foi tão duradouro que Jean de Meun, ambicioso, talentoso, decidiu apoiar-se nele, retomar a narrativa, livremente, jogando com suas ambiguidades, acrescentando-lhe ainda outros sentidos, desenvolvendo-a, desdobrando-a. Dar prosseguimento à obra de outrem era comum na época: as catedrais não eram jamais terminadas e podia-se ver, nos canteiros, sucederem-se os mestres de obras. Eles retomavam o esboço; remanejavam-no à sua maneira, como Gaucher decidindo dispor de uma outra forma, sobre as fachadas de Reims, as estátuas já esculpidas por Jean Le Loup. Escritores agiam da mesma forma. Chrétien de Troyes abandonara a outros a preocupação de continuar *Le Chevalier à la charrette* [O cavaleiro da carroça]. Jean de Meun apossou-se, portanto, do *Roman*. Há hoje a tendência no sentido de envelhecer seu trabalho, de situá-lo por volta de 1260, consequentemente mais próximo de Rutebeuf e do *Péril des temps nouveaux* [Perigo dos novos tempos], esse tratado escrito em 1256 por Guillaume de Saint-Amour, professor. Antes da segunda cruzada e da morte de são Luís. Antes da grande oscilação que, no último quartel do século XIII, inaugura na França os tempos difíceis. O *Roman de la Rose* por inteiro pertence à época mais bela. Sua segunda parte marca com muita precisão o fim desta.

O certo — e o importante — é que quarenta anos separam esta parte da primeira. Imaginemos os *Três músicos* de Picasso terminados por Soulages. Todo um outro tom, toda uma outra escrita. Em quarenta anos, com efeito, o mundo muda. Tão rapidamente, não importa o que se pense, na Idade Média quanto hoje. O que faz o contraste entre os dois poemas. É possível acreditar-se que o autor, que o seu herói, eles mesmos envelheceram — e quantos comentadores não imaginam Guillaume de Lorris como um rapazola e Jean de Meun como um velho? Aparentemente, Jean de Meun não era mais velho do que o outro. Sua idade, em todo caso, não está em questão. O envelhecimento é o da cultura aristocrática. Durante esses quarenta anos, mudanças profundas se produziram por todo o edifício que a sustentava.

E, de início (o que foi decisivo), nas suas bases. No tempo de Guillaume de Lorris, a expansão dos campos arrastava tudo. Agora a atração vem das cidades. As rendas do senhorio rural são sempre muito boas. Ainda não há sinal de penúria. Nas choupanas, as meias de lã estão repletas: por volta de meados do século, os camponeses de Thiais, os de Orly compraram sua libertação; eles conseguiram, para pagá-la, 2200 e 4000 libras *parisis*,* quase o valor de duzentos cavalos de guerra. No entanto, essa prosperidade se inscreve no impulso de uma expansão agrícola que, há quarenta anos, perde o fôlego. A produção começa a diminuir, os rendimentos a baixar, as terras semeadas a recuar. Toda a vitalidade se transferiu para a economia de mercado. Os conquistadores, de agora em diante, são os negociantes, não mais os arroteadores. Durante esses quarenta anos, grandes progressos registraram-se nos ofícios do banco, do transporte, da construção de barcos e transporte fluvial, dos meios de câmbio: a França viu reaparecer essas moedas de ouro que, sete séculos antes, deixara-se de cunhar na cristandade latina; as primeiras vieram da Itália, mas são Luís retomou a emissão em 1263. Por toda parte, amplia-se o comércio europeu: em 1241, ele ainda se curvava sob o peso da Ásia, trêmulo, na Polônia, na Hungria, com a aproximação das hordas mongóis; em 1271, Marco Polo parte para a China, em companhia de mercadores de seda. Essa abertura, na verdade, beneficia essencialmente as cidades italianas e a Itália logo se tornará o lugar das grandes aventuras culturais. Menos de metade de um século após a conclusão do *Roman*, Dante escreve a *Divina comédia*, Giotto pinta os afrescos de Pádua. No momento, a França, o grande reino, e Paris, a grande cidade, estão à frente ainda, sem contestação, por sua riqueza e por sua fecundidade.

* Moedas cunhadas em Paris. (N. T.)

Mas o deslocamento das forças do crescimento, dos campos para as rotas, feiras e mercados, bastou para mudar muitas coisas. A nova riqueza é instável, arriscada, inteiramente sujeita à Fortuna, entregue portanto ao acaso, nessa roda que sempre gira, elevando uns, abaixando outros. Ela se constrói explorando mais duramente os pobres. A miséria se vê melhor na cidade; ela toma conhecimento de si própria, ela incita à revolta. As primeiras greves da história vão estourar em 1280... Os muros do vergel fechado não são mais suficientemente altos. Aí se percebe o rumor do povo.

As estruturas do poder, dessa forma, se transformam. Com o dinheiro se governa de outro modo. O rei desaparece por trás dos seus agentes, dos seus juízes, dos seus cobradores. Não há mais independência feudal. Não há mais corte, a não ser cortes de justiça. Instituições. Tão rígidas que são Luís achou bom ir sentar-se sob os carvalhos de Vincennes. O que se chama *Hôtel* [Paço], a casa do rei, aparece como um corpo de especialistas contratados. Eles sobem na hierarquia quando sabem determinar bem as sentenças, calcular, reprimir as revoltas, aumentar pacientemente o poderio e o prestígio do soberano, ao mesmo tempo que o próprio. Esses técnicos, na maioria dos casos, como sem dúvida o próprio Jean de Meun, saem da pequena nobreza, alguns de mais embaixo ainda. Mas todos passaram pelas escolas, as de Paris, as de Bolonha onde se aprende o direito culto, frequentadas talvez por Jean de Meun. São diplomados, "mestres". Bons alunos que devem tudo a essa cultura de que se orgulham. Alguns são clérigos, outros cavaleiros. Para dizer a verdade, o que resta das diferenças entre clerezia e cavalaria num ofício e num meio que se urbanizaram totalmente? Os serviços do rei da França deixaram inteiramente de ser vagabundos e rústicos. Eles se fixaram na cidade para onde tudo converge, onde estão os melhores professores, os melhores artesãos do mundo. Em Paris transformada, em quarenta anos, numa verdadeira capital, um século antes da Milão de Giovanni Galeazzo, da Praga de Carlos IV, de Avignon do papa Clemente — Paris, a grande oficina do século XIII. Faz-se aqui a fusão entre a "corte", o que se tornou a corte, e a "cidade", o que vem se tornando a cidade. Desse encontro nasce um novo público, já o de Rutebeuf, o do segundo *Roman*. Sempre nobres, gente de guerra, "jovens" e menos jovens, em quantidade; mas acompanhados agora, ultrapassados talvez, pelo que vem do paço real, da Universidade do clero de todas as igrejas parisienses, dessa franja enfim da burguesia, de agora em diante plenamente subtraída à grosseria e que aprecia os jogos da inteligência. Esse público ampliado fica fascinado pelo mesmo modelo aristocrático, o da época feudal, que se construiu nos torneios e nas assembleias principescas. Cessemos, de uma vez por todas, de a seu respeito falar de espírito burguês. O que poderia aderir ainda aos dedos da burguesia, ela se apressa em limpar. Aos seus olhos o vergel nada perdeu de seus atrativos, nem o amor bem-feito, isto é, segundo as regras. Ela sabe de cor a primeira parte do *Roman*. Ela se preocupa ciumentamente com sua preeminência, rejeita de forma igualmente violenta os intrusos, fecha, na cara dos vilões, a mesma intransponível barreira. Mas ela olha por cima. Curiosa. Por tudo, pelo universo, por si mesma. Mais preocupada em não ser enganada. Por isso manejando mais assiduamente a ironia, toda afeita a piscares de olhos e a sorrisos, mas trocados entre si. Assim como Guillaume de Lorris, Jean de Meun escreve para uma elite, que se sente e se quer como tal. Mas penetrada, sacudida pela animação da cidade, que a arranca de seu sonho, que a força a contemplar a vida.

A vida da alma mudou ainda mais. Quarenta anos antes, os primeiros discípulos de são Francisco de Assis começavam a chegar a Paris. Suspeitos. Eram tomados por heréticos esses andrajosos, de mão estendida, que cantavam a pobreza do Cristo. Quase foram queimados. No tempo de Jean de Meun, os franciscanos reinam sobre a Universidade, com esses outros mendicantes, os pregadores; eles reinam sobre a consciência dos príncipes, e de início sobre a do rei Luís, que não ri mais, veste-se de preto, vai beijar os leprosos e cujos amigos deploram que ele tenha escolhido viver como um monge. Franciscanos e dominicanos começam a reinar sobre as crenças de todo o povo, do povo das cidades pelo menos, a dominá-los pelo sermão, pelo teatro, pela rede cada vez mais densa das ordens terceiras, essa larga teia em que se envolve um número cada vez maior de leigos, e pela inquisição da fé, de que estão encarregados. Mas eles próprios são dominados pelo papa e pelos cardeais que deles se servem para subjugar o mundo. O que resta da grande chama de evangelismo dos primeiros tempos? A centralização, o apoio às obras de repressão, a hipocrisia, a rebelião dos "espirituais", que já no Sul do reino brandem, contra as injunções da Santa Sé, o testamento de são Francisco. Em contrapartida, um êxito total: conventos em todas as cidades, Boaventura e Tomás de Aquino à frente da pesquisa intelectual. Bem mais: o cristianismo vivificado, transformado pela primeira vez em religião popular, por um ensino simples, uma confissão frequente, uma direção de consciência, um verdadeiro diálogo que se estabelece por fim entre os servidores de Deus e os fiéis e que, para além dos ritos, convida à abertura do coração. Sobre o meio cultural que recebeu o *Roman de la Rose*, o sucesso dos mendicantes repercutiu de três maneiras. De início, ele despertou o ciúme, os rancores, a hostilidade de todos os que os franciscanos e os dominicanos desalojavam da sua posição bem confortável, em primeiro lugar dos universitários, dos mestres seculares, ameaçados em seu prestígio, de muitos de seus alunos, ameaçados pela mais temível das concorrências na sua esperança de vir a ocupar um dia os melhores postos da Igreja e junto aos príncipes. A pregação dos frades, por outro lado, e o novo rosto que ela mostrava do Cristo, derrotaram as resistências obstinadas da cultura profana, outrora aplicada no sentido de escapar ao controle dos padres. Finalmente, proclamar, após são Francisco, que o mundo não é tão mau, que a água, o ar, o fogo, a terra também são sagrados, que o Criador colocou Adão no jardim para que ele o desfrute e para que trabalhe a fim de torná-lo ainda mais belo, que a Natureza é filha de Deus, merecendo portanto ser contemplada, observada, compreendida, era colocar-se à frente de um desejo de abraçar o real que agitava tantos homens. Estes, todavia, reclamavam cada vez mais. Eles não compreendiam por que, num certo ponto, lhes era proibido ir mais adiante. Ora, se o cristianismo, ao se fortalecer, conquistar o otimismo, ele nada renegava da renúncia e nem do espírito de penitência. O êxito dos mendicantes estimulava assim a contestação. Aqui se situa a nova contradição, a que erguia Rutebeuf e todos os que o aplaudiam contra Falso Semblante, os hipócritas e os beguinos. O mundo é bom, a vida é bela, o céu mais luminoso do que nunca. Pode-se gozar da felicidade na Terra sem perder a alma? Muitos, na Paris de 1260, não suportavam que se hesitasse em responder pela afirmativa.

Por fim, durante esses quarenta anos, a direção da inteligência também se havia modificado. Pois os estudiosos tinham descoberto o que, em Aristóteles, se mostra mais estranho ao pensamento cristão e que é posto em evidência pelos comentadores árabes do filósofo (Averróis em primeiro lugar), o qual eles haviam descoberto também. Mas, sobretudo, porque os itinerários do conhecimento tinham, no intervalo, se deslocado. Para Guillaume de Lorris, para todos os seus ouvintes, mesmo os mais sábios, para os mestres que sentiram tanto prazer em ouvi-lo quanto os jovens nobres, essas vias continuavam sendo as de são Bernardo, as de Suger. De uma progressão por saltos, de palavra em palavra, de imagem em imagem, por metáforas, analogias, por reflexos lançados de espelho em espelho, numa iridescência comparável à do vitral. Enquanto o saber para os leitores de Jean de Meun adquiriu a clareza, o rigor, a elegância um pouco seca da arquitetura gótica resplandecente. Assim como esta, ele se edifica sobre a lógica. Na escola, e em todas as maneiras de pensar que se difundem em torno dela, triunfa a *disputatio* — uma justa de palavras, em que o adversário deve ser derrubado por raciocínios aguçados, um equivalente do torneio, um jogo no qual cada um se esforça por ganhar a honra, o prêmio, o poder — e essas atitudes polêmicas despertam na alta cultura o espírito de combatividade, suscitam o retorno, na segunda parte do *Roman*, às posturas de batalha, ao modo épico totalmente ausente da primeira. Esgrima do espírito que os ornamentos inúteis perturbariam, que deve se recusar a toda complacência. Mas que exige conhecer cada vez mais. Inventariar a Natureza e os livros. Rotular, classificar, para captar destramente novas armas. Aprender tudo. Sistematicamente. Havia-se esperado de Guillaume de Lorris que, pelos caminhos da iniciação, pelos da demanda, da viagem aventurosa e da efusão lírica, ele ensinasse as maneiras da boa conduta. Espera-se de Jean de Meun a comunicação de uma ciência. Ele se dirige a homens para quem nem a vida nem o gosto pela felicidade cessam após os 25 anos, e que sabem bem que as mulheres de hoje são cultas. Que, por mais belo que se seja, por mais ágil no jogo militar ou nos assaltos amorosos, não se brilha mais nas assembleias mundanas se se ignora tudo de Cícero, de Suetônio ou dos poetas, se não se pode reconhecer, de passagem, certa citação, ou pelo menos dar-se ares de ser perito nos livros de que se fala na faculdade de artes. Admirável vulgarizador, Jean de Meun distribui, com generosidade, esses trocados de conhecimento erudito. Ele entreabre as bibliotecas, ele os orienta pelas estantes. Ele transmite de tudo: Virgílio, Tito Lívio e Juvenal, Alain de Lille, João de Salisbury, André le Chapelain, Abelardo, o que Chalcidius revela do *Timeu*, tantos outros autores cujas marcas não foram ainda determinadas no *Roman*, Bernard Silvestre por exemplo, sem falar da astronomia, da óptica, de todos os caminhos que a pesquisa científica começava a trilhar. Essas referências esperadas, ele sabe torná-las acessíveis, agradáveis, entrelaçá-las com provérbios e conjugá-las assim no saber mais popular. Ele fala do mais abstrato, do mais austero, do mais difícil com as palavras de todos os dias, as da caça e do jogo, das ruas e dos bosques. Ele reconduz tudo ao bom senso, à robustez, à generosidade. Como Molière.

Por meio de sua arte soberana, Jean de Meun chegou mesmo a reduzir as discordâncias entre a obra de seu antecessor e a longa continuação que decidiu lhe dar. As duas obras finalmente se completam. Mas esse acordo profundo decorre sobretudo do fato de que a alta sociedade, na alteração de todas as coisas, permanecia agarrada ao mesmo sistema de valores. Este, como uma roupa flexível, dobrava-se aos movimentos do corpo. Não se afastava. Dessa permanência, Jean de Meun fornece o melhor testemunho. Ele viveu da sua pena. E viveu muito bem. Ele serviu aos maiores príncipes, Robert d'Artois, Charles d'Anjou, irmãos de são Luís, talvez, que ele louvou no curso do *Roman*, Jean de Brienne, e o rei Filipe, o Belo, seguramente. Ele trabalhou portanto nos meios onde se situavam os postos avançados do esnobismo. E que lhe pediam outros livros, especialmente a tradução de autores latinos da cultura erudita. O que ele traduziu? O que lhe pediram para traduzir? Boécio — e essa curiosidade pela filosofia revela talvez uma abertura recente, ainda que seja a única. Todo o resto se inscreve na trama da cultura dos cavaleiros. No final do século XIII, os aristocratas continuam, antes de tudo, curiosos pelas técnicas militares: Jean de Meun traduz Vegécio. Eles amam as excursões pelas fontes da "matéria da Bretanha": ele traduz as *Maravilhas da Irlanda*. A espiritualidade os seduz, a costumeira, a que avançava pelas vias do misticismo, a cisterciense: ele traduz Aelred de Rielvaux. A dialética amorosa, finalmente, os apaixona: ele traduz a correspondência de Abelardo e Heloísa — e alguns se perguntam, não sem fortes razões, se não foi ele mesmo quem a fabricou.

Quanto à ideologia da segunda parte do *Roman*, ela se mostra sempre construída sobre a antítese cortesia-vilania. A oposição simplesmente se endureceu. Ela se reveste dessa nova aspereza conferida aos antagonismos sociais pelo desenvolvimento da economia urbana e pela irresistível invasão do dinheiro. Pelo fato de que todos sabem agora que tudo está à venda, pelo fato de que ganhar demais cria problemas, Jean de Meun celebra sempre o espírito de desinteresse, a generosidade, mas de modo violento. Nesse tom ardente, irascível que adquiriu o século, ele volta a lançar, apoiado em Alain de Lille, a diatribe contra os maus ricos, de forma muito sincera. Enquanto, de forma não menos violenta, e com insistência cem vezes maior do que Guillaume de Lorris, ele fustiga a pobreza. Sem dúvida, para além dos pobres, ele espera atingir os frades mendicantes que, na Universidade, graças ao papa, acabam de derrotar os seculares e dos quais a maioria dos seus leitores sente ciúme. Sem dúvida ele tenta estrangular o sentimento de culpa que a pregação franciscana alimenta entre os ricos, e são ainda os frades que ele visa ao proclamar que todos devem viver de um trabalho e não pedir esmola. Mas ele não visa só a eles. Ele condena todos os indigentes cuja vaga a recessão rural faz crescer perigosamente nos subúrbios e que se começa a temer. Porque, para a sociedade, a boa e a não tão boa, a indigência constitui doravante um escândalo. É preciso esconder os pobres, forçá-los ao trabalho, cuidar deles como de doentes, puni--los como culpados, destruí-los como se destroem os heréticos. Quando Jean de Meun fala — e ninguém antes dele havia falado tão bem — da igualdade, da liberdade, quando ele esmaga com seu desprezo toda essa gente que se considera (pelo fato de ser bem-nascida) como pertencente à nobreza quando sua alma está maculada de vilania, não acreditemos que ele está convocando no sentido de mudar a sociedade. Para ele, ela é naturalmente dividida por um muro, por uma muralha que ele quer reforçar mais porque os perigos aumentam. Ele se conserva do lado bom, abrigado. A igualdade, a liberdade, ele as reclama, mas no interior do reduto. Desse reduto que se deve abrir não apenas ao nascimento mas também ao valor pessoal. O direito de provar dos prazeres está prometido a quem quer que atinja um certo grau de perfeição, um certo "mérito". Guillaume de Lorris, e antes dele os trovadores, não diziam coisa diferente. O novo é que o critério de perfeição não é mais o "amor delicado" mas o conhecimento. Ao belo mundo, com efeito, os "jovens" da cavalaria deixaram de impor seus gostos. Agora o tom é dado pelos intelectuais. O primeiro *Roman* procurava fazer esquecer as distinções entre cavalaria e clerezia. O segundo reivindica para clerezia a preeminência.

Isso explica, por um lado, a inflexão mais profunda, a curva mais nítida que se percebe na cobertura ideológica. Mas, na origem dessa dobra, encontram-se igualmente as vitórias obtidas no reinado de são Luís sobre o ritualismo e sobre a heresia pelo novo cristianismo, alegre, crítico, viril. Assim como Rabelais, Jean de Meun odeia os carolas. Ele permanece, todavia, resolutamente fiel ao Evangelho. Eis porque ele propõe substituir por outro o primeiro jardim. Redondo, não quadrado — o que significa simbolicamente a transição do terrestre para o celeste, para as perfeições da eternidade. No seu centro, uma fonte, que não seria mais de morte mas de vida: esse novo jardim é o do Cordeiro Místico. Ele não aparece mais como a negação do claustro, como uma profanação do Paraíso. Ele é o verdadeiro Paraíso, o de Adão, reconciliado — assim como estão reconciliados, tanto no segundo *Roman* quanto na escultura de Notre-Dame, o visível e o invisível, a carne e a alegria. De fato, após um século de lutas doutrinais contra os cátaros, contra tantas pregações professando o desprezo pela matéria, após a reflexão dos doutores de Chartres, a tentativa cisterciense de não desencarnar o misticismo, após o *Cantique des créatures* [Cântico das criaturas], e enquanto o impulso de todos os progressos exalta o valor do trabalho, mostra o homem cooperando nessa obra contínua, a Criação, o pensamento de Jean de Meun e dos que o escutaram convida à reabilitação da Natureza. A Natureza, "vigário e condestável" de Deus. Entendamos: seu lugar-tenente, encarregado, assim como o é o condestável junto ao rei da França, de conduzir para ele as expedições militares, de liderar seu combate e de fazer sua vontade. Fonte de toda beleza, de toda bondade, a natureza comanda os esquadrões que farão recuar a corrupção. A visão de Jean de Meun permanece maniqueísta. Mas o dualismo se deslocou. A guerra não é mais entre o carnal e o espiritual mas entre o natural e o que o contraria: a hipocrisia, a violência, a cupidez, o pecado. Pecar é transgredir as leis de Deus, é, consequentemente, desobedecer a Natureza, cuja função é executá-las. O reino, com efeito, não pode ser dividido contra si mesmo, nem o condestável agir contra as intenções do senhor. Quem quer que siga as ordens da Natureza adota portanto o caminho da salvação. Coroado de flores, na alegria, ele progride em direção ao jardim onde se opera a junção entre o Céu e a Terra, onde a felicidade de viver se transfigura. Em direção à Rosa. Que não é apenas a jovem amante, e nem, como no realismo audacioso do final, a flor de seu sexo. Através da inesgotável polissemia do símbolo, assim como as rosas que Jean de Chelles acaba de erguer no transepto de Notre-Dame, a rosa do *Roman* representa a criação ininterrupta, seu mistério que jorra, a expressão do Deus-luz por entre o universo ordenado, a efusão do amor divino, o retorno do amor dos homens e o triunfo da vida sobre as trevas e sobre a morte.

Vejamos Jean de Meun de pé, diante do segredo do mundo. Livre de espírito, dessa verdadeira liberdade que faz a verdadeira nobreza. Mas cujo exercício ele pretende restringir ao interior de uma ordem, a da criação, a que, na sociedade humana, deve separar os vilões dos outros. Abrindo os olhos, lutando. Por vezes, na veemência, mais frequentemente, pela ironia. A ironia impregna a obra inteira. Esquecê-la seria renunciar a penetrar na profundidade do seu sentido, privar-se, além disso, do melhor prazer, deixar de captar sobretudo essa obra de combate em sua plena virulência. Sua intenção não é apenas divertir. Ela desejaria retificar o que o movimento de corrupção (irresistível, Aristóteles o diz) deforma. O mundo era perfeito na Idade de Ouro. Ignorava a avareza, a pobreza, esses mesmos vícios cujas efígies, afixadas sobre os muros do vergel, o primeiro *Roman* mostrava. O mundo não os ignora mais. Ele está roído e destruído. Foi mesmo necessário, contra a corrosão, elevar medíocres barreiras, a moeda, o Estado, o senhorio, a desigualdade, o modo de produção feudal. Uma golilha na qual a liberdade se encontra sufocada. Uma golilha inevitável, até o dia em que a humanidade, finalmente resgatada por inteiro pelos progressos do saber e do autoconhecimento, terá retornado ao jardim. Até o Juízo Final: o fim dos tempos e o triunfo da ciência, com efeito, coincidem. Daqui até lá, os homens devem, pelo menos, esforçar-se por seguir as leis da Natureza. Reagir contra o que os desvia delas e contra o que Jean de Meun, após Rutebeuf, vitupera. Lutar contra a mentira. E, de início, contra Abstinência Forçada, a castidade não consentida, e seu companheiro, Falso Semblante, isto é, Tartufo — nessa época: as ordens mendicantes e o complô que urdiram contra o verdadeiro cristianismo. Mas lutar também contra o falso casamento — e vemos Jean de Meun retomar o arsenal de críticas antimatrimoniais acumulado desde são Jerônimo, mas para corrigir os desvios, acabar com as uniões por dinheiro, a tirania dos maridos, o descaramento das esposas — e, sobretudo, contra o falso amor. Nesse ponto, o segundo *Roman* se volta contra o primeiro, como se volta contra a antiga a nova cortesia, que não se satisfaz mais nem com o jogo e nem com as quimeras. O amor, o amor do coração, o amor do corpo, não tem o que fazer com os trejeitos, os desfiles intermináveis, com a fingida sujeição do namorado à sua amiga, nem com as repressões do desejo e com os delírios da paixão. O belo amor se chama amizade, se chama caridade. Deve ser a franca inclinação de uma alma que se deu livremente, na fé, na justiça, na correção dos primeiros tempos da Idade de Ouro. Deve ser o natural impulso físico, liberado ao mesmo tempo das sofisticações eróticas e das coações puritanas. O amor deve ser compartilhado. Antifeminista, Jean de Meun? Ele que subordina o Amor a Vênus, isto é, o desejo do homem ao desejo feminino, com o qual o "amor delicado" não se incomodava? Para que o amor seja bem-feito, naturalmente, na liberdade, na igualdade. Para que junto seja sentido o seu prazer. Esse é o "prêmio", a recompensa. Simplesmente a felicidade na Terra. Um pouco de terreno ganho sobre a corrupção, reconquistado pela Natureza, essa "arte de Deus" como dirá Dante. Fechada enfim a porta ao *contemptus mundi*, a essa recusa do mundo pregada pelos padres há dez séculos, assim como à irrealidade na qual sonhavam se aniquilar os intoxicados de *Lancelot*.

Tudo isso admiravelmente dito. Numa habilidade de escrita cuja maior parte, infelizmente, nos escapa, já que perdemos as chaves da retórica. Jean de Meun não tem boa fama. Todos os críticos o tratam mal, não lhe perdoando ter amarrotado um pouco a Rosa, ter chamado um gato de gato e podado substancialmente o primeiro vergel, eliminando suas afetações. É no entanto ele, e de longe, o maior. Pelo fôlego, pela verve, pela capacidade de invenção verbal, essa maneira flexível de falar, de passar do terno ao violento. Pelo perfeito domínio de um imenso saber, pela facilidade em esquivar-se de todo pedantismo, de descrever o céu estrelado assim como um viveiro de pássaros mágicos. Por seu excelente humor. Por sua ousadia, uma coragem igual à de Siger de Brabante, seu colega, desafiando, assim como ele, as condenações da autoridade eclesiástica. Essa grandeza, a época a percebeu bem, pois que viu no *Roman*, quando Jean de Meun o completou, o coroamento de toda a literatura profana.

A obra logo se tornou clássica. Não há um único escritor notável do final da Idade Média que, de alguma forma, não tenha se referido a ela. Ela suscitou as primeiras formas da crítica literária. Precisamente em 1399-1402, na Paris de Carlos VI e dos irmãos de Limbourg, mais do que nunca cidade-luz, no meio cortês mais refinado do mundo, onde o gótico internacional produzia sua requintada floração. Em torno do livro nasceu um debate. Todos tomaram partido, a favor ou contra. Contra Jean — já que foi em torno de sua obra que a controvérsia se animou — primeiro as pretensiosas, Christine de Pisan lamentando-se diante de Isabel da Baviera em virtude da "poluição do pecado", e, por outro lado, os integristas, Jean Gerson propondo queimar o poema porque este corrompia a juventude ao convidá-la a amar melhor. No outro campo, os primeiros humanistas, homens de refinadíssima cultura que, nos palácios, como secretários do rei, semeavam na França os germes de um Renascimento que, sem as desgraças da Guerra dos Cem Anos, não teria, sem dúvida, copiado tão servilmente os modelos italianos, nem tão duramente renegado o "gótico". A querela se iniciou no próprio momento em que, expulsa pela rebelião, pela traição, pela ocupação inglesa, a alta sociedade, juntamente com os príncipes, abandonava Paris em direção aos castelos do Loire. A corte (e por quanto tempo!) afastou-se, a partir de então, da cidade. Mas, enquanto se encadeavam as crises mais desastrosas, o êxito, no entanto, não diminuía. Perto de trezentos manuscritos atestam-no e todas as reimpressões até 1522. Oito anos apenas antes da fundação do Colégio de França, dez anos apenas antes de aparecer, nas feiras de Lyon, *Pantagruel*, certos impressores faziam fortuna publicando a obra conjunta de Guillaume de Lorris e de Jean de Meun. Nesse livro, assim como no risco das catedrais, resumia-se, com efeito, o melhor de uma cultura, a da França feudal. Mas essa cultura estava condenada. O Renascimento francês a repudiava. A arte de Fontainebleau triunfou sobre o *Roman de la Rose*. Ele nunca se recuperou dessa derrota. A graça de Guillaume de Lorris teria podido seduzir os românticos; a acidez de Jean de Meun os repeliu. Acrescentemos que a língua francesa transformou-se de tal forma que não podemos nos aproximar dessa obra sem traduzi-la, isto é, traí-la. Ninguém leu portanto Jean de Meun. Mas quem leu Dante? Quando lemos os dois, inclinamo-nos diante da perfeição formal da *Divina comédia*, diante da agilidade do florentino em mover-se nas alturas de uma teologia inacessível, mas não nos maravilhamos menos ao descobrir em Jean de Meun tanto poder generoso, tanta simplicidade, proximidade. Ao senti-lo (e esse é o termo!) tão fraterno.

PARA UMA HISTÓRIA DAS MULHERES NA FRANÇA E NA ESPANHA. CONCLUSÃO DE UM COLÓQUIO

NA ABERTURA, parecia-me útil confrontar o estado das pesquisas desenvolvidas na Espanha e na França sobre a condição feminina na Idade Média.[1] Tenho a impressão de que esse confronto foi dos mais úteis a despeito das dificuldades de comunicação linguística e malgrado, também, algumas lacunas. Assinalarei duas: primeira, o fato de que, do lado francês, não se tenham encontrado correspondentes aos historiadores da arte espanhóis; segunda, o fato de que, no domínio da literatura, nada tenha sido dito sobre a autobiografia feminina. Em todo caso, meu sentimento é o de que foi um sucesso inegável. Eu me permitirei transmitir-lhes algumas reflexões subjetivas, que são principalmente reflexões sobre métodos.

Primeira constatação: pareceu-me, de forma mais clara, que seria ineficaz separar a história da mulher da história do homem. É preciso estudar conjuntamente a evolução da condição de cada um dos sexos. Esse é, em particular, o único meio de colocar convenientemente o problema da promoção da mulher durante o período de progresso da bela Idade Média: é evidente que a condição feminina melhorou, mas o mesmo ocorreu com a condição masculina; dessa forma, devemos nos perguntar se, na verdade, a distância se modificou. Igualmente, no campo da vida religiosa, parece que não se pode, por exemplo, separar a história das reclusas da dos reclusos, nem a evolução da mariologia da cristologia.

Essa coerência entre a condição masculina e a feminina decorre do fato de que o fundamento da organização social no período de que nos ocupamos é a família, mais exatamente a casa, a *domus*: Paulino Iradiel, nas premissas de sua intervenção, nos convidou à certeza dessa evidência. Na base da sociedade feudal e pós-feudal encontra-se o casal, um homem, uma mulher, ambos em posição dominante, cercados por outros homens, outras mulheres e é evidentemente para o interior dessa sociedade doméstica que devemos primeiro dirigir o olhar. Para ver em particular um pouco mais claramente em que época — é uma das questões que colocou Reyna Pastor — os garotos eram retirados do universo feminino para serem, e de uma maneira por vezes brutal, integrados ao mundo dos homens para praticamente não mais sair dele. No seio do grupo doméstico, havia, por outro lado, divisão de papéis. Aos homens competia a ação exterior e pública; as mulheres se encontravam normalmente acantonadas no interior, nesse quarto que era, no coração da casa, uma espécie de matriz. Nós reconhecemos nessa interioridade o que era a função feminina essencial: a procriação, mas também o governo dos segredos mais misteriosos da vida, que tocam no nascimento, na morte (lavar o corpo dos recém-nascidos, lavar o corpo dos defuntos). Assim, o interior da casa se encontrava naturalmente em correspondência metafórica com o corpo feminino.

Divisão dos papéis no interior do grupo doméstico, repartição também dos poderes, e aí eu insisto: nós historiadores não devemos nos influenciar demais pelo que dizem as fontes escritas. Com efeito, toda a nossa documentação, quer se trate da França ou da Espanha, é de proveniência masculina. Nós jamais ouvimos as mulheres antes dos últimos séculos da Idade Média. Na França, as primeiras expressões de um discurso feminino que não se pode pôr em dúvida (como se pode legitimamente pôr em dúvida a autenticidade das cartas de Heloísa, por exemplo) são os depoimentos, diante do inquisidor, das aldeãs de Montaillou. A seguir, é o processo de Joana d'Arc. Entre os dois casos, a obra de Christine de Pisan, mas tudo isso é muito tardio. Acreditando demais no que dizem os homens nós nos arriscamos a nos equivocar, a considerar que a mulher não tinha poderes, estando numa posição de "pobreza" (como nos lembrava Carmen López: a pobreza é a ausência de poder). De fato, quando o véu se ergue, sob o efeito de um acontecimento perturbador como aqueles que foram discutidos por Martínez Gros, ou então porque as fontes revelam bruscamente o que é naturalmente mascarado, nós percebemos o mundo das mulheres fortemente estruturado como uma pequena monarquia, essa monarquia exercida pela esposa do senhor, a "dama", que domina as outras mulheres da casa. Monarquia frequentemente tirânica: as crônicas familiares francesas do final do século XII, do início do XIII, põem em cena megeras reinando de modo brutal sobre as criadas que elas aterrorizam, sobre a esposa do filho que elas martirizam, como Branca de Castela, mãe de são Luís. Existe bem um poder feminino rival do poder dos homens, e o espaço doméstico pode ser considerado como o campo de um conflito permanente, de uma luta dos sexos. Esse conflito interno determina essa atitude de temor que é, nesse tempo, um dos componentes principais da psicologia masculina. Temor diante da mulher, temor em particular diante de sua mulher, temor de ser incapaz de satisfazer esse ser que é tido como devorador e também como veículo de morte, usando, como seres fracos que são, armas perversas, veneno, sortilégio. Inquietude superada pelo desprezo à mulher mas que não é dissociável de outro sentimento, a nostalgia do seio materno: eu falava há pouco desses garotos os quais, todos, com a idade de sete anos, eram separados brutalmente de suas mães, arrancados do universo feminino onde tinham sido criados. A análise de certas biografias, como a do monge Guibert de Nogent, por exemplo, mostra que os homens se recuperavam com dificuldade desse traumatismo, cujos traços comandavam, por toda a vida, algumas de suas atitudes fundamentais em relação às mulheres.

Essa situação explica o poder de uma forma ideológica. Ideologia de várias faces, evidentemente. Ela considera necessária, providencial, a submissão natural da mulher ao homem. A mulher deve ser governada. Essa certeza encontra seu apoio nos textos da Sagrada Escritura e propõe a imagem exemplar da relação homem-mulher. Essa relação deve ser hierárquica, tomando o seu lugar na ordem hierárquica universal: o homem deve sujeitar as mulheres que lhe são confiadas, mas amá-las também, e as mulheres devem ao homem que tem poder sobre elas a reverência. Essa troca de *dilectio* e de *reverentia* institui ordem no interior do grupo doméstico e, de início, no que forma o núcleo desse grupo, o casal. Mas, da relação entre o esposo e a esposa, os moralistas da Igreja julgam naturalmente que esse outro sentimento, diferente da *dilectio*, que eles chamam em latim de *amor*, deve ser excluído, porque o amor sensual, o desejo, o impulso do corpo, é a perturbação, a desordem; normalmente, ele deve ser rejeitado do quadro matrimonial, localizado no espaço do jogo, da gratuidade, o lugar que lhe é concedido por esse divertimento de sociedade que chamamos de amor cortês. O casamento é coisa séria; ele exige austeridade; a paixão não deve misturar-se aos assuntos conjugais.

Toda a organização da sociedade civil funda-se sobre o casamento e sobre a imagem da casa, de uma casa onde só há um casal procriador e no interior da qual o poder e os papéis se dividem hierarquicamente entre o senhor e sua esposa. A mulher só alcança existência jurídica, só entra (podemos dizê-lo) na vida, casada, e ela sobe um degrau suplementar quando, no casamento, realiza aquilo para o qual ela foi tomada por um homem, quando dá à luz. Então, ela adquire um poder muito seguro, o da mãe sobre seu filho, sobre seus filhos, e que se desdobra quando ela se torna viúva. Em consequência, fora da célula doméstica, a mulher se encontra numa posição considerada perigosa. Não devem existir mulheres sozinhas na sociedade, essas "pobres" mulheres privadas desse poder que é, de fato, o reflexo do poder exercido pelo homem sobre elas. Quanto a essas mulheres solitárias, a sociedade se esforça por reuni-las em instituições de isolamento e de proteção, organizadas igualmente como "casas", casas alternativas: são os mosteiros, as comunidades de beguinas, mas também os bordéis. Quanto às que ficam verdadeiramente sozinhas, compete ao poder público garantir-lhes proteção. É originariamente uma das funções reais, que pouco a pouco se disseminou de acordo com o processo de feudalização, proteger a viúva e a órfã e, na medida do possível, reintroduzi-las no quadro da conjugalidade, fornecendo-lhes os meios de serem tomadas por um esposo, esse dote que as torna atraentes, ou então, simplesmente, como faz o rei da Inglaterra no início do século XII, distribuindo-as como presentes, muito apreciados pelos bons vassalos, quando a mulher que lhes é assim atribuída é uma rica herdeira.

Poder do modelo doméstico nas relações sociais vividas, transferência desse modelo para o imaginário, particularmente para o campo do religioso. Acredito que o domínio, ainda relativamente pouco conhecido, da participação das mulheres na vida religiosa poderia ter sido mais profundamente explorado. As mulheres no cristianismo medieval permanecem excluídas do ministério e, em particular, do ministério da palavra. Os sermões saem todos de bocas masculinas. Ainda que a dama, em suas funções domésticas, a dona da casa, seja convidada a ensinar suas criadas, suas filhas, suas sobrinhas: a casa é o lugar de uma pastoral feminina, que nos é dificilmente acessível, mas da qual creio que poderíamos, examinando atentamente os textos, descobrir alguns traços. Por outro lado, o cristianismo medieval admite pouco a pouco, e não sem dificuldade, que as mulheres possam participar verdadeiramente da vida religiosa, e essa evolução medieval faz, na minha opinião, a grande diferença entre essa religião e o islamismo ou o judaísmo, que deixaram as mulheres numa posição muito mais marginal. Durante o século XI, no impulso de crescimento econômico e entre todas as alterações que esse crescimento produziu, colocou-se, como os senhores sabem, a *Frauenfrage*, o problema das mulheres, do acesso das mulheres a uma espiritualidade específica, e pode-se pensar que esse acesso as mulheres o exigiram. A essa expectativa feminina, as seitas heréticas foram, ao que parece, as primeiras a dar resposta. Entretanto, a contestação herética forçou a Igreja Oficial a dar, pouco a pouco, ela também, uma resposta, abrindo às mulheres as igrejas, inteiramente, instituindo para as mulheres asilos monásticos até então em número restrito. Todavia, essa abertura ficou limitada e penso que devemos nos esforçar por definir mais claramente o que a impediu de ser maior. Primeiro, reticências em relação ao monasticismo feminino. Como esses conventos de mulheres deveriam ser organizados? Um escândalo foi levantado com a iniciativa de Robert d'Arbrissel, ousando submeter ao poder da abadessa a comunidade masculina anexa ao mosteiro de Fontevraud, o que pareceu uma transgressão à ordem universal. Outra questão, obsidiante: onde situar, no interior do sistema de valores cristãos, essas mulheres que não estavam em poder de um homem, que não eram *uxores*, mulheres casadas, e às quais se propunha duas situações exemplares, consoladoras mas opostas, a da *virgo* [virgem] ou da *virago*, a mulher forte da Escritura?

Paralelamente, penso que seria muito importante ir mais adiante na interrogação a propósito da progressiva feminização do cristianismo. Não foi sob a pressão do modelo doméstico, conjugal, que apareceu a necessidade de colocar ao lado do senhor uma dama, ao lado de Nosso Senhor, Nossa Senhora? De onde a proposta, sobre a qual falou Marie-Christine Pouchelle, de ver Jesus também como uma mãe, solução logo abandonada porque ela resultava na androginia de Deus. Em contrapartida, o culto mariano irrompe no século XII, a figura de Maria encarnando os dois valores complementares da virgindade e da maternidade. Com a Virgem, outras mulheres pouco a pouco invadem o território da devoção, santas, santas-mães não muito frequentemente, santas-virgens renunciantes muito mais numerosas, santas pecadoras convertidas, santas também que defenderam ferozmente sua virgindade contra o poder familiar que queria entregá-las a homens. Mas os temas das pinturas góticas espanholas que nos foram mostradas atestam também a frequência dos casais de santos: sobre um certo retábulo, quatro santos, quatro santas: ainda uma vez, aparecendo, a silhueta de um casal, o modelo.

* * *

Chego ao último setor de minhas observações. Nossas discussões me persuadiram da necessidade de examinar atentamente as relações entre a ideologia e a realidade. Com efeito, quase todas as fontes que nos são acessíveis informam menos sobre a realidade do que sobre a ideologia dominante, elas colocam uma espécie de tela entre nossos olhos e o que nossos olhos gostariam de perceber, isto é, os comportamentos reais. Todas as nossas fontes transcendem a realidade social, para retomar a expressão empregada por Matilde Azcárate. Não apenas as obras artísticas ou literárias mas todos os regulamentos normativos, todos os documentos jurídicos que mostram uma casca formal e não o que essa casca recobre, e ainda as histórias, as crônicas, e mesmo as autobiografias, já que aquele que diz *eu* permanece prisioneiro do sistema ideológico que o domina. Nossas fontes de informação refletem, em certa medida, a realidade, mas todas ou quase todas se colocam necessariamente à distância dessa realidade. O problema, para nós historiadores, é medir essa distância, discernir as deformações que podem ter decorrido da pressão da ideologia. Evidentemente, essa distância é mais ou menos larga de acordo com as categorias de fontes e, de acordo com os períodos, as imagens que recolhemos são mais ou menos estilizadas, mais ou menos realistas. Todavia, e essa é a minha convicção pessoal, jamais essa tela poderá ser totalmente rasgada. Devemos abandonar o sonho positivista de atingir a realidade das coisas do passado. Nós permaneceremos sempre separados delas.

No entanto, toda ideologia tem sua história; as ideologias se combatem e se transformam, levadas por um movimento indissociável daquele que arrasta a evolução da cultura material. O pior erro metodológico seria portanto isolar o estudo dessas telas ideológicas, separando-as do que acompanha sua modificação no nível da materialidade, e sobre a qual somos mais adequadamente informados pelas fontes mais inocentes. Em consequência, devemos considerar a história das mulheres, ou antes a história da imagem que percebemos das mulheres — uma evolução mais rápida, talvez, do que acreditávamos: assim, observamos, a propósito da prostituição, transformações consideráveis num tempo curto — na globalidade de um contexto social. Quanto a mim, esforço-me hoje por aproximar, na medida do possível, essa formação ideológica que é o amor cortês, da evolução política por um lado, das transformações do poder durante o século XII na França, da história da instituição matrimonial por outro lado, da qual o amor cortês não é absolutamente separável, da história ainda das instituições feudo-vassálicas das quais o amor cortês propõe uma transposição lúdica, mas também da história da fortuna, dos patrimônios aristocráticos: devo me perguntar, por exemplo, em que medida o jogo do amor cortês se modificou progressivamente durante o século XII, quando se enfraqueceu o controle que o poder doméstico, a fim de preservar as heranças, exercia sobre a nupcialidade dos rapazes?

ESTRUTURAS DE PARENTESCO

ESTRUTURAS FAMILIARES NA IDADE MÉDIA OCIDENTAL

NÃO HÁ NECESSIDADE de sublinhar a importância dos vínculos de parentesco na sociedade chamada feudal.[1] Eles constituem sua estrutura principal, a tal ponto que um imenso número de relações que lhe são exteriores se estabelece conforme o modelo apresentado por eles. É o caso de todas as fraternidades artificiais, estáveis ou fugazes, que reúnem homens estranhos pelo sangue, seja no seio dos grupos de combate, seja no quadro da vassalidade, seja pelo juramento de assistência mútua prestado pela gente da cidade, seja ainda, mais firmes do que em todas as demais, nessas verdadeiras famílias que são as comunidades monásticas. É bastante evidente que o movimento demográfico é, em grande parte, comandado pela disposição das estruturas familiares, que todo o jogo da economia se ordena em função da base de produção e de consumo que essas estruturas constituem. Estas orientam também, em larga medida, o desenrolar da vida política, o jogo dos afrontamentos e das alianças, o curso das carreiras. Elas repercutem finalmente de forma muito forte nas atitudes mentais, exercendo notadamente uma influência poderosa sobre a evolução das representações religiosas: o cristianismo dos séculos XI e XII lhes deve, por exemplo, alguns de seus traços mais importantes, quer se trate das práticas funerárias, cujo desenvolvimento muito amplo foi imposto pela consciência familiar, quer se trate das correspondências ambíguas que percebemos entre as reflexões sobre a genealogia do Cristo e as formas de devoção mariana e, por outro lado, as exigências afetivas que nasciam no quadro familiar. Raros são os aspectos da civilização medieval que não podem ser esclarecidos de algum modo pelo conhecimento das estruturas de parentesco.

Para esse conhecimento, os trabalhos dos historiadores do direito privado já contribuíram muito, há muito tempo. Sua contribuição, entretanto, está longe de ser satisfatória, pois a maioria de suas pesquisas se refere a textos costumeiros tardios e porque, por outro lado, é difícil medir as discordâncias inevitáveis e por vezes muito vivas entre o rigor das regras jurídicas e a maneira como eram aplicadas na vida cotidiana. Das relações sociais, com efeito, as prescrições do costume — e mais ainda a da ética proposta pela Igreja — apresentam um modelo que, na verdade, mantém relações estreitas com a realidade que pretendem ordenar, mas que só se ajusta muito imperfeitamente aos comportamentos dos grupos: evoquemos as tensões, cuja violência se adivinha, entre o mundo leigo e as autoridades religiosas a propósito da moral conjugal. O problema deve ser portanto abordado, conjuntamente, por outras vias. Entre os documentos que permitem fazê-lo, colocam-se em primeiro lugar as genealogias, aquelas que os historiadores reconstituem a partir de mil indícios esparsos, aquelas, não menos preciosas, que foram compostas nos séculos X, XI e XII e que refletem a representação que os contemporâneos faziam de sua descendência e de sua parentela. A exploração desse material permite a elaboração de algumas hipóteses relativas à evolução das relações de parentesco nas camadas sociais superiores da Europa ocidental entre o final da época carolíngia e o século XII.

Pesquisas que trataram em primeiro lugar da região renana e que foram, a seguir, estendidas à metade setentrional do reino da França,[2] fazem supor que, nessas regiões, as estruturas familiares aristocráticas se modificaram notavelmente durante esse período. Com efeito, os historiadores que se esforçam por remontar, dos filhos para os pais, as linhagens senhoriais até suas mais longínquas raízes não chegam a levar suas investigações para além de uma zona cronológica, o final do século IX, quando eles se ocupam dos maiores príncipes, o curso do século X, quando se trata de senhores de menor poder. Esse obstáculo, os próprios autores de genealogia que trabalhavam na época feudal foram incapazes de ultrapassar, a não ser inventando ancestrais míticos. Ora, a existência desse limite não se explica por uma rarefação das fontes mas sim pelo fato de que estas deixam de fornecer indícios permitindo estabelecer com certeza filiações patrilineares. Pode-se, portanto, pensar que aqui se marca o limite entre dois estados sucessivos das relações familiares. Anteriormente, o indivíduo se encontrava no seio de sua parentela como num agrupamento fluido e, se assim podemos dizer, horizontal, onde as alianças contavam tanto, pelo menos, quanto a ascendência; num meio em que, dependendo o sucesso essencialmente do favor de um chefe, da outorga de benefícios pessoais e revogáveis, o importante para todos era vincular-se à "casa" de um benfeitor, e, tanto quanto possível, à do rei; mais do que por seus ancestrais, todos ascendiam graças aos seus "próximos", fossem ou não do mesmo sangue. Posteriormente, pelo contrário, o homem, pelo fato de não ser mais um beneficiário mas o herdeiro de um bem e de um poder transmitidos de pai para filho, sente-se integrado a um corpo de parentesco de orientação vertical, a uma linhagem de homens, e a memória ancestral ocupa doravante um lugar muito mais amplo em suas representações mentais; ela pretende remontar até o fundador da "casa". Dessa própria fundação, da conquista de uma autonomia estabelecida sobre a posse de uma dignidade hereditária, data a origem de uma consciência genealógica. Ela situa exatamente o momento em que os laços familiares começam a se contrair no quadro estrito de uma linhagem.

É possível considerar o reforço progressivo dessas estruturas propriamente de linhagem como um traço específico da sociedade chamada feudal. Esse movimento esposa, com efeito, o da desagregação dos poderes régios. As genealogias mais antigas são as dos príncipes territoriais que se libertaram da autoridade real a partir do final do século IX; aparecem a seguir as dos condes, quando estes se liberaram da tutela dos príncipes; depois, as dos senhores de um simples castelo que se tornaram, por sua vez, independentes dos condes. Por fim, no Noroeste da França, saem da sombra, durante o século XI, linhagens de cavaleiros, à medida que estes últimos, deixando sua primitiva condição doméstica, obtêm de seus senhores o direito de se "instalarem" numa terra e de aí estabelecerem sua própria linhagem. A modificação das relações de parentesco parece portanto proceder de duas transformações conjuntas, cujo desenvolvimento se estendeu por mais de dois séculos: uma transformação das estruturas políticas que fez se fragmentarem os poderes de comando; uma transformação das condições econômicas que se traduziu pela dispersão dos agrupamentos de "amigos", outrora agregados nas casas principescas, pelo esmigalhamento das fortunas, desde o cume até as extremidades da classe senhorial, e pelo progressivo enraizamento dos membros da aristocracia num patrimônio.

Seria conveniente que novas pesquisas testassem o valor dessas hipóteses e verificassem se é possível formulá-las a propósito do Ocidente europeu. Uma sondagem precisa,[3] referente às famílias aristocráticas estabelecidas em 1100 na vizinhança imediata da abadia de Cluny, mostra que pelo menos 80% delas estavam solidamente instaladas em terras hereditárias antes do Ano Mil e que mais de um quarto se encontrava seguramente nesse caso antes de 950. Parece ainda que as linhagens dos senhores de três castelos dessa região não podem ser remontadas até tão longe quanto as de alguns de seus vizinhos que, no início do século XII, são apenas simples cavaleiros. Finalmente, 28 dessas 34 linhagens parecem ser ramos saídos de seis casas aristocráticas cuja fortuna fundiária se distribuía sobre toda a região no final dos tempos carolíngios. No Sul da Borgonha, a classe senhorial no seu conjunto se apresenta, portanto, como uma sociedade de herdeiros bem precocemente enraizada e cuja consciência genealógica parece, por essa razão, muito firme. Mas pelo estudo das filiações, percebemos que, se o século X foi um período de dissociação dos patrimônios e de desintegração das células familiares originais em múltiplas linhagens progressivamente autônomas, as condições mudaram perto do Ano Mil. Então, uma fase de rápida solidificação começou: em 1100, as linhagens aristocráticas não são mais numerosas do que eram cem anos antes. A interrupção da ramificação dessas famílias pode ser atribuída à contração dos laços de parentesco no seio de estruturas de linhagens muito mais rigorosas. A análise dos documentos de arquivos o prova. Assim, a indivisão entre irmãos, quase inexistente antes de 950, é atestada em um quarto das escrituras durante a segunda metade do século X, em um terço das escrituras entre 1000 e 1050, em metade das escrituras entre 1050 e 1100, enquanto, pouco a pouco, a comunidade de posse se estende a parentes mais afastados. Por outro lado, nas listas de testemunhas, o nome do pai e o da mãe se rarefazem muito rapidamente após 950, o que prova que, durante a vida de seus pais, os filhos praticamente deixaram, a partir de então, de dispor de bens fundiários pessoais. Finalmente, a *laudatio parentum*, o consentimento de membros das linhagens para a alienação de uma parte do patrimônio ancestral, aparece bruscamente como uma necessidade a partir de meados do século XI. Todos esses indícios convergem; eles manifestam uma contração progressiva da solidariedade dos consanguíneos em torno da herança familiar. Outro sinal, a evolução do *sponsalicium*, da doação consentida pelo esposo à sua mulher, que muda totalmente de significado a partir do Ano Mil, pela extensão dos direitos do marido; essa transformação acompanha o predomínio de costumes que tendem a excluir as mulheres da sucessão; desta, no século XI, as filhas casadas não recebem mais nada, a não ser seu dote, e suas irmãs que permaneceram no lar paterno só recolhem restos para suas esmolas funerárias, retiradas geralmente do dote da mãe. Essas linhagens tornam-se, assim, após o Ano Mil, linhagens de filhos. Todavia, é só no extremo final do século XI, e no meio muito restrito dos senhores de castelos, que se descobrem as primeiras disposições visando favorecer o primogênito da raça: dentre as regras costumeiras, as que prescreviam a igualdade dos herdeiros do mesmo nível foram incontestavelmente as mais tenazes. Foi por outro modo, pela prática da indivisão, e sobretudo por uma política contínua de limitação dos casamentos que, nessa região, as linhagens cavalheirescas conseguiram durante o século XI conjurar os efeitos perigosos das partilhas de sucessão. Elas se reuniram solidamente para defender sua posição econômica. E conseguiram: a sociedade senhorial dá provas, durante cerca de dois séculos, de uma notável estabilidade.

Constatações desse tipo abrem caminho para novas interrogações. Qual foi a repercussão nas expressões da cultura cavalheiresca da instauração dessas estruturas de linhagem? A evolução dos textos genealógicos na França, no curso dos séculos XI e XII, fornece alguns elementos de resposta.[4] Mas podemos esperar outros da análise das obras poéticas de divertimento compostas para públicos cavalheirescos. Não se pode discernir, nos temas das literaturas épica e amorosa do século XII, o reflexo de uma oposição, suscitada pelas práticas matrimoniais da sociedade cavalheiresca, entre os *seniores*, casados, gerentes da fortuna familiar, e os *juvenes*, que permaneceram celibatários, privados, pela rigidez do quadro da linhagem, de qualquer independência econômica e de toda esperança de estabelecimento, a não ser pelos acasos da aventura?

Quais foram os efeitos, a partir do final do século XII, da flexibilidade das relações econômicas sobre estruturas de parentesco que haviam sido erigidas para a proteção de direitos fundados quase exclusivamente sobre a posse da terra? Os estudos, pouco numerosos ainda, relativos à nobreza do século XIII europeu, deixam entrever a fragmentação dos antigos grupos familiares e a proliferação de "casas" novas. Pesquisas recentemente empreendidas no Noroeste da França[5] mostraram a diminuição, após 1175, das escrituras feitas por grupos familiares amplos, e a compensadora multiplicação das escrituras feitas pelos casais. Aparentemente, na aristocracia, a linhagem começa a dar lugar à célula conjugal, ao casal, "do qual a Igreja e os agrupamentos camponeses e burgueses aparecem como defensores".

Essa observação exortaria a não restringir o estudo aos níveis superiores da sociedade leiga, no qual o estado da documentação convidava a concentrar, de início, a observação: é preciso estendê-lo às populações dos campos e das cidades. As fontes lançam pouca luz sobre a família camponesa; mas, desde a época carolíngia, elas fazem aparecer geralmente grupos restritos de comportamento conjugal. É certo que os quadros jurídicos da tenência, rigorosamente muito variável de um senhorio para o outro,[6] não cessaram de exercer sobre a estrutura dos parentescos rurais pressões determinantes, especialmente pela estreiteza dos modos de transmissão de sucessão. Parece, entretanto, que, na amplitude do movimento de conquista agrária que anima toda a história econômica do Ocidente entre os séculos X e XIII, as sociedades camponesas conseguiram, com muita frequência, esquivar-se da rigidez dos costumes senhoriais. Podemos reter, de início, uma hipótese recentemente levantada a partir do exame dos arquivos da Picardia: entre os séculos X e XII, a evolução das estruturas familiares seguiu, na aristocracia e no campesinato, direções inversas; enquanto os laços de parentesco se enrijeciam na nobreza, eles se tornavam flexíveis entre os camponeses. O que se entrevê das sociedades urbanas leva a pensar que, nos bairros novos das cidades em crescimento, os fenômenos de imigração, dos tipos de fortuna no qual os bens móveis ocupavam um lugar nitidamente maior do que em todos os outros setores da sociedade, conferiram às relações familiares uma flexibilidade maior do que em qualquer outro lugar. Tornando, ali, mais necessárias e mais firmes as fraternidades artificiais e de complemento. Mas essa impressão mereceria ser verificada, e de muito perto. E não é possível esquecer que a sedução dos modelos culturais aristocráticos fez com que se instituíssem, nas camadas da burguesia que adquiriam riqueza e que, sempre que podiam, compravam terra, estruturas de parentesco, "linhagens", "parages" ou "consorterie",* estabelecidas, tal como na cavalaria, e de mo-

---

* De acordo com o *Dictionnaire d'Ancien français* (Paris, Larousse, 1980), "parage" é sinônimo de linhagem, correspondendo a um grupo de parentesco nobre. Quanto a "consorterie", trata-se do mesmo, mas no quadro urbano da Itália medieval. (N. T.)

do igualmente rigoroso, em função de uma filiação estritamente patrilinear.

A partir do final do século XIII, nas regiões mais favorecidas, os arquivos dos Estados e os dos notários fornecem dados numéricos suscetíveis de esclarecer, no conjunto de uma população estabelecida sobre um espaço determinado, não mais os quadros jurídicos ou as atitudes mentais, mas alguns aspectos da demografia familiar. O que se pode esperar desse gênero de fontes, um tratamento estatístico das indicações contidas no *catasto* [cadastro] florentino de 1427-9 o revela.[7] Na Toscana, tanto no campo quanto nas cidades, as famílias são, nessa data, quase todas (a proporção é de 92,25% em Florença) famílias conjugais. Encontramos, nas aldeias, famílias mais amplas, que em geral reúnem, sobre a herança paterna, irmãos casados. Mas, na cidade, as maiores "casas" são, de fato, as casas mais ricas (em Florença, a proporção das famílias conjugais cai para 77% nos estratos mais afortunados). Realmente, é bem em função da riqueza que se estabelecem as diferenças mais nítidas. Pelo fato de que a sobrevivência de seus filhos está mais assegurada, os lares ricos são nitidamente mais povoados (seis pessoas em Florença, onde a média é 3,8); os ascendentes e os colaterais são também aí mais numerosos; maior é igualmente a proporção dos homens solteiros, por um lado, e das mulheres casadas, por outro, e mais marcada a diferença de idade entre os esposos. A taxa de masculinidade finalmente se eleva à medida que se sobe na hierarquia das fortunas (até 158 em Florença, para uma média de 116). Desses dados estatísticos pode partir, fundada especialmente sobre o estudo dos registros dos notários, uma análise mais refinada das relações sociais, no nível dos usos matrimoniais e dos costumes de sucessão.

Esses são alguns dos caminhos pelos quais as pesquisas já enveredam. Em seu progresso, é seguramente importante que métodos e problemática se estabeleçam em função deste fato evidente: a estreita correlação — incontestável na Toscana do século XV, assim como no século XI nas vizinhanças da abadia de Cluny e, no XIII, nos subúrbios das cidades — entre a história da família e a da economia. É em função de um patrimônio, quer ele seja constituído de terras, de poderes ou de dinheiro, que se estabelecem as relações de parentesco, pelo menos as que as fontes revelam. Mas as estruturas familiares, os costumes e as práticas que garantem sua sobrevivência, as representações mentais que se apoiam nelas intervêm, por sua vez, da maneira frequentemente indireta mas sempre decisiva, para retardar ou acelerar a evolução dos modos de produção e da hierarquia das fortunas.

ESTRUTURAS FAMILIARES ARISTOCRÁTICAS NA FRANÇA DO SÉCULO XI EM RELAÇÃO COM AS ESTRUTURAS DO ESTADO

Eu me limitarei a colocar um problema de método, na encruzilhada de duas vias de pesquisa, a que diz respeito às estruturas do Estado e a que se refere às estruturas da família aristocrática, à qual me dediquei há alguns anos. Minha intenção é simplesmente interrogar sobre as relações que puderam unir, na França, nos séculos X e XI, a evolução das estruturas do Estado e a evolução das estruturas familiares na alta aristocracia. Partirei, nesse sentido, de três considerações.

O nosso colega alemão Gerd Tellenbaeh e alguns medievalistas que ele formou, especialmente Karl Schmid, chamaram, há alguns anos, a atenção para este fato: nos países francos, quando os historiadores se esforçam por remontar a linhagem das grandes famílias para descobrir seus mais longínquos ancestrais, chega um momento em que a pesquisa não pode mais progredir,[1] e esse momento, esse limiar cronológico que a pesquisa genealógica não pode ultrapassar, se situa, para as maiores estirpes, no final da época carolíngia ou, com mais frequência, na primeira metade do século X. Até esse ponto cronológico, mergulhando no passado, o historiador pode passar do filho para o pai, numa cadeia de contínuas filiações; mas, chegando a esse limiar, ele só localiza indivíduos cujas alianças ele pode perceber, cuja esposa ele conhece com frequência, mas cujo pai ele não consegue determinar quem era. Não que os documentos se tornem menos numerosos; é que, na verdade, as estruturas familiares se transformaram: anteriormente, na virada dos séculos IX e X, os homens da mais alta aristocracia se encontravam envolvidos num grupo de parentesco fluido, que aparece como uma aglomeração de "próximos", onde as alianças tinham pelo menos tanto peso e ressonância psicológica quanto as filiações; após essa data, pelo contrário, os homens estão estritamente integrados numa linhagem, numa linhagem de caráter decididamente agnático.

Confrontarei esse conjunto de observações com o que se sabe, graças aos belos trabalhos de nossos amigos Jan Dhondt e Jean-François Lemarignier, da progressiva dissolução política do reino da França ocidental: a constituição de grandes principados no final do século IX e no início do X; depois, prosseguindo o movimento, na periferia desses grandes conjuntos regionais, o nascimento de formações políticas praticamente independentes no quadro do *pagus** e em torno da função condal, isso por volta de meados do século X; finalmente, e essa é a conclusão do processo de fracionamento, o próprio *pagus* se decompõe, entre 980 e 1030, aproximadamente, numa poeira de castelanias autônomas. Essa é a minha segunda consideração, vejamos a terceira.

Ela diz respeito à documentação e mais precisamente a uma categoria de fontes das quais me ocupo, para o reino da França, há algum tempo: trata-se da literatura genealógica composta nos séculos XI e XII. Na França, esses textos são relativamente pouco numerosos e provêm todos do lado ocidental do reino. Quase todos foram compostos para famílias muito poderosas que, preocupadas em ilustrar sua nobreza, encarregavam um clérigo doméstico, ou então um dos religiosos vinculados ao santuário por elas especialmente protegido e onde enterravam seus mortos, de escrever a história da linhagem, remontando até o mais longínquo ancestral conhecido. Essas obras têm a vantagem de mostrar a representação que essas famílias faziam de si mesmas e de suas origens, imagem com frequência muito diferente, na verdade, da que é reconstituída, bem posteriormente, pela erudição dos genealogistas modernos. Essas fontes são, por outro lado, interessantes por fornecerem certas respostas à minha interrogação preliminar, a respeito das ligações entre estru-

---

* Distrito rural. (N. T.)

turas do Estado e estruturas familiares. Eu mergulhei no estudo desses textos e me contentarei aqui em extrair deles alguns breves exemplos.

Certas genealogias, compostas para as famílias mais ilustres, apresentam listas que se prolongam até o século IX, e que por vezes remontam até antes ainda; é o caso, por exemplo, do conjunto das genealogias escritas para os senhores do principado flamengo. Todavia, não considerarei aqui as maiores linhagens, as dos duques e dos chefes dos principados regionais. Limitarei minhas observações aos níveis inferiores da nobreza, aos níveis dos condes, dos viscondes e dos castelões, isto é, dos senhores dessas formações políticas mais restritas, constituídas nas fases ulteriores da decomposição do Estado que chamamos de feudal. De partida, eu me apoiarei num desses textos, aquele que, talvez, fornece as informações mais apaixonantes, a *Historia comitum ghisnensium* [História dos condes de Guînes]. Composta no último decênio do século XII, essa obra põe em cena um dos condados satélites situado em posição muito autônoma nas fronteiras meridionais do principado flamengo, e reconstitui a linhagem de seus senhores; mas como, por meio de alianças, algumas castelanias vizinhas se haviam aglutinado à herança, esse documento retraça também a genealogia de algumas famílias de menor poder, especialmente a dos castelões de Ardres. Dois níveis de nobreza, dois tipos de formação política, um condado, uma castelania, eis o que eu lhes proponho observar.

O autor da *Historia*, um clérigo instruído, que utilizava uma documentação muito abundante, pôde remontar, de pai para filho, a linhagem dos condes de Guînes até 928; ele situa aí um *auctor ghisnensis nobilitatis et genere*,* um personagem que parece mítico e que ele trata aliás como herói de romance cortês. Esse Sifridus, ele o apresenta como sendo um aventureiro viking. Ele faz dele, por um lado, e isto é importante, o construtor do castelo de Guînes, da fortaleza, que deveria se tornar a

* Fundador da estirpe nobre de Guînes. (N. T.)

sede do condado e a base material, topográfica da linhagem, da casa condal; ele faz dele, por outro lado, o sedutor de uma das filhas do príncipe vizinho, o conde da Flandres. Graças à união ilícita, esse homem tornou-se a raiz dessa árvore de Jessé, constituída depois dele, pela *genealogia ghisnensium*. Com seu filho bastardo, o poder da família recebe sua legitimação, já que o novo conde da Flandres, seu tio, o adota como afilhado, arma-o cavaleiro (mais uma transferência mítica, para o passado, dos valores que a sagração possuía no final do século XII), transforma sua terra em condado e, por fim, concede-lhe a mesma como feudo. Essa é a imagem que os condes de Guînes faziam, no final do século XII, das origens de sua família: para eles, a filiação da linhagem começava nos anos 20 do século X pela união do ancestral com a filha de um príncipe, o qual descendia, pelo lado feminino, dos carolíngios; a origem da linhagem coincidia, para eles, exatamente com a instituição de um poder autônomo em torno de uma fortaleza, do título e dos poderes que lhe eram vinculados, e que devia formar doravante o coração do patrimônio familiar; observemos ainda que, a propósito do conde que morreu em 1020, é feita, na *Historia*, a primeira alusão a uma regra de sucessão por primogenitura. Se observarmos agora, no mesmo texto, a outra linhagem maior descrita por ele, a dos senhores de Ardres, que não eram condes mas sim castelões, vemos que essa família apresenta a mesma estrutura, com base em linhagem e agnática, mas — e eis a diferença essencial que me interessa! — essa linhagem remonta a um passado muito menos longínquo: o ancestral mais distante vivia por volta de 1030. Assim, a memória de uma filiação da linhagem atingia o primeiro terço do século X numa família condal, e apenas o primeiro terço do XI numa família castelã. Esses dois pontos cronológicos me parecem dignos de atenção.

Apenas com a finalidade de comparação, abandono a região do Extremo Noroeste do reino da França em favor do Sudoeste. Outro texto genealógico composto um pouco mais cedo que o primeiro, por volta de 1160, a *Historia pontificum et comitum engolismensium*. Segundo esse texto, a memória da filiação da linhagem e da filiação agnática na família dos condes de Angoulême remonta a um ponto um pouco menos distante do que na dos condes de Guînes. Mas ela parte também de outro herói lendário, que combateu os normandos armado com uma espada maravilhosa, Guillaume Taillefer, o qual morreu em 962. Aqui o título condal, ligado ao do conde de Périgord, ficou por um momento indiviso entre primos — o que era o caso, com frequência, nas formações políticas da Gália meridional. Mas essa indivisão se rompeu por volta do Ano Mil. A partir de então, estrita filiação de pai para filho. Por volta de 1020, a narrativa genealógica atesta por um lado a instituição de uma regra de primogenitura para a sucessão na função condal e, por outro, a formação de castelanias satélites, atribuídas aos filhos caçulas do conde, privados por essa mesma regra da parte central da herança.

Eu também poderia evocar exemplos provençais, especialmente o caso dos viscondes de Marselha. Eu me contentarei com uma segunda comparação, dando uma olhada em direção ao Mâconnais. Aqui, estamos no Leste da França, isto é, numa região em que não existe literatura genealógica. Conservou-se apenas uma lista de condes, introduzida, no início do século XII, no cartulário da catedral de Mâcon. Mas as pesquisas que empreendi nos documentos dessa região mostraram-me que a apropriação do título condal por uma linhagem se produzira igualmente no primeiro terço do século X e que a apropriação das castelanias independentes por famílias de estrutura agnática datava igualmente dos anos 980-1030. Seriam necessárias ainda pesquisas precisas; creio, no entanto, poder adiantar que, no conjunto do reino da França a maioria das linhagens condais remonta até por volta de 920-50, e a maioria das linhagens de castelões até por volta dos anos que enquadram o Ano Mil.

Aproximo-me, ao fim dessas observações, da formulação de minhas hipóteses de pesquisa. No reino da França, o ensino concordante dos documentos e desses textos preciosos que são os escritos genealógicos compostos no século XII leva a crer que as estruturas de parentesco, nos níveis médios da aristocracia, se transformaram durante o século X e o início do XI. Anteriormente, nada de linhagem, nada de consciência propriamente genealógica, nada de memória coerente dos ancestrais; um homem da aristocracia considerava sua família como um agrupamento, se assim posso dizer, horizontal, desdobrado no presente, como um agrupamento de limites indecisos e móveis, constituído tanto de *propinqui* [próximos] quanto de *consanguinei* [consanguíneos], de homens e de mulheres ligados a ele tanto pelo sangue quanto pelo jogo das alianças matrimoniais. O que contava para ele, para sua fortuna, era menos seus ancestrais do que seus "próximos", pelos quais ele se aproximava do poder, isto é, do rei ou do duque, distribuidor de cargos, de benefícios e de honras. Politicamente, ele esperava tudo de um príncipe: o importante, para ele, eram suas relações e não sua ascendência. Mas, a seguir, o indivíduo, pelo contrário, se sente preso num grupo de estrutura muito mais estrita, estabelecido sobre a filiação agnática e de orientação vertical; ele se sente membro de uma linhagem, de uma raça na qual, de pai para filho, transmite-se uma herança, membro de uma "casa" cuja direção se transmite para o mais velho dentre os filhos e cuja história pode se escrever, sob a forma de uma árvore enraizada na pessoa do ancestral fundador, a origem de todo o poder e de todo o prestígio da estirpe. O indivíduo se tornou ele próprio um príncipe; ele adquiriu uma consciência de herdeiro. Ora, essa estrutura nova — como observou Karl Schmid — reproduz, de fato, aquela que era apresentada apenas pela família do rei ou do duque, ela se constituiu em torno de um poder tornado autônomo, sujeito apenas aos deveres incertos da vassalidade; essa nova estrutura de parentesco se forma, portanto, no próprio momento em que o Estado se decompõe, em que o rei ou o duque abandonam o controle sobre a aristocracia até aqui inteiramente englobada em sua própria "casa". E é aqui que as coincidências cronológicas se tornam notáveis entre o aparecimento das linhagens e a decomposição progressiva das estruturas do Estado. A nova estrutura de parentesco se desenha, de início, no reino da França, entre 920 e 950, no nível das famílias condais, quando os condes, conquistando sua independência, começam a transmitir aos filhos essa "dignidade" doravante hereditária logo indivisível e, por isso, transmitida por primogenitura, constituída pelo seu título, pela fortaleza onde esse título tem seu fundamento e pelos poderes que estão ligados a um tempo ao título e ao castelo. Duas gerações mais tarde, o próprio poder condal se pulveriza; em torno do Ano Mil, alguns castelos se tornam, por sua vez, o centro de um principado minúsculo; uma família aí se instala, desligada da casa condal: liberada, ela se institui como uma "casa" autônoma e se reveste logo, por sua vez, de uma estrutura agnática. Nasce então um novo grupo de linhagens, as dos castelões. E, a partir de meu conhecimento da sociedade maconesa e também de uma nota genealógica que já explorei alhures e que é talvez a única escrita no século XII a propósito de uma linhagem de simples cavaleiros, uma passagem dos *Annales cameracenses* estudado admiravelmente por Fernand Vercauteren — sou levado a acreditar também que, duas gerações mais tarde, isto é, no terceiro quartel do século XI, outras famílias mais modestas se desembaraçaram por sua vez da dominação do castelo; em torno de um pequeno feudo, de uma "casa" cujo nome adotaram, elas mesmas se organizaram em linhagens, adotaram regras de sucessão e costumes familiares próprios, até então, dos reis e dos duques, e depois dos castelões; elas constituíram a mais baixa camada das linhagens, a da pequena nobreza cavalheiresca.

Nada mais direi; eu quis simplesmente ressaltar, explorando as observações dos medievalistas alemães, uma correlação que me parece evidente e digna de pesquisas muito mais aprofundadas entre a evolução do direito familiar na sociedade feudal e a das estruturas do Estado. Procurei chamar a atenção para um vínculo que me parece verdadeiramente orgânico entre, por um lado, a dissolução do poder de comando, a apropriação dos *regalia*,* a evolução das instituições feudais e, por outro, o aparecimento de estruturas familiares novas na aristocracia do reino da França.

---

* Direitos reais, como o de legislar, de impor taxas e de convocar exércitos, em grande parte usurpados pelos barões. (N. T.)

A FRANÇA DE FILIPE AUGUSTO. AS TRANSFORMAÇÕES SOCIAIS NO MEIO ARISTOCRÁTICO

PARA CONSIDERAR "AS TRANSFORMAÇÕES SOCIAIS no meio aristocrático", eu me restringirei ao interior do que para mim constitui verdadeiramente a França de Filipe Augusto, a parte do reino onde o soberano foi ativo, onde havia interesse por seus feitos e gestos, isto é, a área que eu creio ter estabelecido, assinalando o que foi o eco da batalha de Bouvines, ao norte do Poitou, do Berry, do Nivernais. Não me aventurarei mais ao sul por duas razões. Por um lado, porque tenho a impressão de que as relações sociais foram aí diferentemente dispostas na nobreza. Por outro, e sobretudo, porque a pesquisa em história medieval, tão fecunda nessas províncias meridionais a propósito de outras questões ou de outros períodos, progrediu pouco nos dez anos durante os quais me ocupo desse domínio. Enquanto, há dez anos, a partir da edição da tese monumental de Robert Fossier, importantes estudos foram publicados, os quais esclarecem, para o Norte da França, os fenômenos que mencionei: estudo dos senhores da família de Nesle por W. M. Newman, pesquisas de E. Bournazel sobre a cavalaria da Île-de-France às vésperas do reinado de Filipe Augusto, de T. Evergates sobre a sociedade feudal no bailiado de Troyes, de M. Parisse sobre a nobreza lorena, de Y. Sassier sobre a do Auxerrois;[1] outra contribuição não menos importante ainda continuava inédita, o estudo dos senhores de Coucy por D. Barthélemy. Esses trabalhos — três dentre eles foram orientados por Jean-François Lemarignier cuja memória saúdo com emoção — permitiram (entre outros resultados) datar com mais rigor a evolução da titulação pela qual, nos documentos, se exprimia a qualidade dos membros da aristocracia; eles permitiram seguir melhor o destino das fortunas, a ramificação dos laços de parentesco, captar melhor as relações entre as linhagens dominantes e a parte dominante da Igreja.

É preciso estabelecer o balanço das pesquisas recentes, reiniciar as investigações. Os livros que citei receberam a atenção de todos os medievalistas. Resumir mais uma vez sua contribuição, após tantas resenhas, parece-me inútil. Prefiro insistir numa problemática cujo rejuvenescimento esses trabalhos tornaram necessário. Enunciarei portanto duas hipóteses de trabalho, de maneira a dar um novo impulso à interpretação dos documentos. Eu me proporei a relacionar o que se pode conhecer da situação e da textura da classe dominante com duas mutações das quais a região em que fixo as minhas observações foi o centro, sob o reinado de Filipe Augusto. Uma, técnica: a modificação das práticas militares. A outra, social: a modificação das estratégias matrimoniais.

A propósito da primeira série de fenômenos, hesito em me arriscar na área de competência de Philippe Contamine. Expressarei uma simples impressão — são, repito, hipóteses que entrego à crítica —, a impressão de que, no tempo de Filipe, chegaram ao seu termo e ao seu pleno resultado duas mudanças cujo início se percebe no segundo terço do século XII. Duas mudanças conjuntas, e cujas relações com a evolução da economia deveriam ser estudadas de perto.

A difusão na aristocracia, entre 1130 e 1160 (eu me baseio nas conclusões apresentadas em Barcelona por V. Cirlot,[2] que confrontou minuciosamente os testemunhos da iconografia catalã com os dos textos), de uma nova maneira de combater que conferia uma função doravante decisiva no cavalo, e que determinava também a brusca elevação do preço do equipamento do cavaleiro.

A súbita multiplicação, após meados do século, dos bandos de combatentes profissionais, de origem humilde, trabalhando por dinheiro, munidos de utensílios particulares considerados indignos do cavaleiro, mas dominando sua profissão e de uma tal eficácia que os príncipes não hesitavam em empregar, tão largamente quanto podiam esse instrumento, se bem que ele custasse terrivelmente caro e que os desonrasse (vejam o cuidado tomado por Rigord em mascarar o uso que o próprio rei Filipe fizera dos mercenários).

Seria preciso observar atentamente que consequências tiveram sobre as estruturas, a delimitação, as atitudes, a consciência de si mesma da aristocracia do Norte, essas duas modificações (às quais em meu espírito junta-se uma terceira; falo do aperfeiçoamento das técnicas de fortificação). A afirmação do contraste, no cerne do sistema de valores, entre uma maneira nobre e uma maneira ignóbil de enfrentar o adversário não interveio de modo determinante para fixar os contornos do grupo aristocrático, para reforçar sua coesão, justamente em torno da cavalaria? Não foi também decisiva a intervenção do desafio feito aos cavaleiros por guerreiros que não o eram e mostravam-se, no entanto, bastante capazes de vencê-los e de matá-los? Ameaça física, ameaça social igualmente, mais surda esta, mas mais grave: o perigo avistado de uma promoção de aventureiros, estimados pelos príncipes; e este outro perigo que surge então: uma rebelião contra as exações senhoriais que parecem insuportáveis na medida mesmo em que o monopólio militar — a função de paz que as justificava — se encontra posto em questão. A análise das intenções emprestadas pelos cronistas aos insurrectos cuja vaga invade o Auxerrois no prolongamento do movimento dos Encapuzados poderia ser, desse ponto de vista, bastante esclarecedora. Ameaçada, a aristocracia fecha as fileiras; ela suporta menos impacientemente, na dependência financeira em que a coloca o encarecimento dos instrumentos da guerra, o peso do poder dos príncipes, o qual garante a manutenção de seus privilégios. Sob essa tutela, a valorização comumente admitida dos ritos da sagração, do título que essa cerimônia confere, dos deveres que ela impõe, atenua rapidamente a diferença entre *proceres* [nobres] e *milites* [cavaleiros] no interior de uma *ordo* [ordem] que a ideologia do poder tem a habilidade de elevar ao primeiro lugar. Entre a espada, a lança, o elmo e todos os sistemas classificatórios, todos os símbolos de superioridade social ostentados na heráldica, no vocabulário dos documentos, que se revelam na organização dos cortejos, na do espaço das igrejas e das necrópoles, estabelece-se uma dialética cujos indícios parece-me importante assinalar e datar cuidadosamente. Primeiro projeto de pesquisa.

No segundo, a problemática se encontra, por assim dizer, invertida. Eu partia, há pouco, de uma mutação tecnológica para determinar suas repercussões na evolução da sociedade aristocrática. Parto agora, propondo situá-la com exatidão entre o que se transforma no meio circundante, de uma modificação de comportamento que constato entre as linhagens dominantes no Norte da França sob o reinado de Filipe Augusto: o afrouxamento de uma longa reticência a casar muitos rapazes. Até então, até o último quartel do século XII, parece-me que o cuidado em manter a posição das famílias de bom nascimento, evitando a diminuição de seu patrimônio, impunha aos chefes de linhagem só dar mulher legítima ao mais velho dos filhos. A regra, naturalmente, não era implacável. Não faltam exemplos de caçulas casados. Mas — o bom estudo feito por C. Bouchard sobre a genealogia dos senhores de Seignelay fornece o exemplo convincente[3] — as núpcias dos mais jovens resultavam em geral de circunstâncias felizes: a generosidade de um protetor manifestando sua liberalidade em relação aos jovens de sua mesnada vassálica que lhe pediam esposas, o desaparecimento acidental do mais velho, obrigando o segundo filho a ele mesmo procriar descendentes legítimos que substituiriam eventualmente seus sobrinhos órfãos ameaçados pela mortalidade juvenil e pelos riscos do aprendizado militar, e, com mais frequência, o surgimento de uma ocasião de instalar-se como genro em outra casa pelo casamento com uma moça desprovida de irmão, portanto herdeira. No entanto, ainda nesses casos, fazia-se o esforço por frear a ramificação da descendência e o fracionamento da herança, colocando os meninos nascidos dessas uniões laterais em postos eclesiásticos ou lançando-os na aventura longínqua, em resumo: impelindo os ramos adventícios a se atrofiarem rapidamente. De tal maneira que, durante o século

XII, o número de casas nobres não parece ter se modificado notavelmente nessas províncias. Se foi, foi no sentido não de um desdobramento, mas de uma contração, determinando a concentração das fortunas. Ora, eu observo a inversão da tendência nos dois decênios que precedem o ano de 1200. A pesquisa que proponho consistiria de início, prosseguindo a reconstituição das genealogias, em firmar minha colocação. Todavia, sinto que esta já está bastante estabelecida. Constato a reabsorção, na aristocracia do Norte da França, da "juventude", esse grupo de adultos forçados ao celibato, cujo papel representado na evolução da cultura cavalheiresca já revelei. Os "solteiros" se tornam raros. Ficar sem esposa era outrora um estado duradouro partilhado pela maioria dos homens desse meio social; isso só é, doravante, com relação à maioria, uma etapa, uma idade da vida; o destino comum, quando não se pertence à Igreja, é estabelecer-se, fundar sua própria casa, não mais procriar apenas bastardos, mas também filhos legítimos. O reflexo dessa modificação profunda revela-se na maneira pela qual se altera, nesse mesmo momento, a temática da literatura cavalheiresca.

Se se verificar que a mudança do comportamento matrimonial é aquela que suponho, devemos de fato reconhecer-lhe a importância. E, de início, buscar-lhe uma explicação. Nesse ponto, só posso colocar questões. Perguntando-me se essa ruptura das antigas coações não foi facilitada principalmente por uma dupla inflexão. Uma afetando o costume feudal; foi a difusão da prática da "parage"; casas-satélites se criavam em torno da casa-mãe; elas permaneciam, no entanto, submissas a esta última, já que o filho mais velho, sucessor do pai na residência ancestral, guardando consigo a porção do patrimônio em que a memória da linhagem se enraizava, recebia a homenagem dos irmãos casados, uma vez que estes detinham dele, como feudo, os bens herdados de sua mãe ou de aquisição recente que lhes haviam sido concebidos para aí instalar suas famílias. A outra inflexão refere-se à economia. Trata-se de uma descontração. A fortuna aristocrática, nesses anos, parece ter, de início, aumentado regularmente pelos aperfeiçoamentos do fisco, pelos melhoramentos das terras, pela multiplicação das famílias exploráveis, por um desenvolvimento geral que elevou os lucros tirados de suas prerrogativas pelos senhores do solo e do poder. Essa fortuna parece, sobretudo, ter adquirido fluidez. A parte que cabia ao dinheiro dilatou-se. Mais flexibilidade resultou da penetração do instrumento monetário, enquanto inchava, sem cessar, a massa dos bens redistribuídos entre seus pares ou seus cavaleiros pelos senhores dos Estados cuja capacidade de munificência se reforçava.

Quanto aos efeitos das novas práticas, eu as julgo imensas. Menos turbulência de início, pela morigeração de tantos *juvenes*, transformados em *seniores*, enraizados, forçados doravante a reprimir seu ímpeto. Um pouco da paz que vemos invadir progressivamente o século XIII não tem sua origem na mutação que evoco? Divisão, por outro lado, a qual percebemos propagando-se, dos poderes de comando e de exploração, que tendem a ser exercidos, de lugar para lugar, de ordinário no quadro paroquial. Miniaturização concomitante da residência senhorial, disseminação das "fortalezas", réplicas simbólicas e diminuídas dos velhos *castra* [castros]. Finalmente, proliferação da nobreza. Considero esse crescimento da população aristocrática, cujos sinais começo a perceber nos últimos anos do século XII, como um fenômeno da maior importância. Seria preciso tentar medir esse crescimento, compará-lo com o que se adivinha em outros espaços sociais, na Igreja, no campesinato, no povo da cidade. O essencial seria confrontar essa exuberância nova de nascimentos com as inovações as quais comentei há pouco: a elevação do preço dos arneses militares, a multiplicação dos filhos de cavaleiros que demoravam a se fazer sagrar, o aparecimento de títulos e de símbolos heráldicos garantindo sua superioridade nativa, a homogeneização progressiva da nobreza pela adoção de um mesmo sistema de valores e de representações.

As duas hipóteses de trabalho que coloco em discussão efetivamente se encontram. Elas podem ser reunidas nesta questão final: como resolver a contradição aparente entre as duas atitudes? Entre a reação de defesa, o recuo da aristocracia em relação à qualidade de seu sangue e ao sistema ético que ela erigia face às ameaças de desestabilização resultantes das novas maneiras de conduzir a guerra, e o abandono simultâneo de uma estrita disciplina matrimonial, a menor preocupação em controlar, desse modo, os nascimentos, há essa indiferença, uma descontração a respeito da qual temos dificuldade de compreender que ela não tenha tido por corolário um sentimento de suficiência, mas cujas consequências foram, ao se alargar esse estrato social, torná-la mais porosa, menos estritamente fechada à ascensão dos arrivistas e, finalmente, enfraquecê-la para grande vantagem da autoridade régia.

CULTURAS, VALORES
E SOCIEDADE

PROBLEMAS E MÉTODOS EM HISTÓRIA CULTURAL

NA FRANÇA, a história da cultura pertence ainda ao setor subdesenvolvido da pesquisa científica. Mas também é o campo dos empreendimentos de ponta, onde foram feitas as interrogações mais ousadas. Se nos interrogamos sobre os obstáculos que frearam e que ainda freiam o progresso nessas matérias, podemos distinguir dois principais:

O primeiro é a separação excessiva, inabalável, das disciplinas. Nas universidades, no CNRS,* por toda parte, há os historiadores de um lado, e do outro os historiadores da arte, os historiadores das literaturas, da filosofia, das ciências, e, por vezes, de pequenas câmaras mais fechadas ainda: a história da medicina ou a história da música. Pelo fato de que, há um século, a França é um país laicizado e escolarizado, os historiadores puderam conquistar duas províncias: a da história religiosa e a da história da educação, mas isso é tudo. A ausência de comunicações, essa timidez de nossa parte em transgredir os limites são entristecedoras. É um fenômeno francês? Não creio. Quando recebi o programa deste colóquio, uma coisa me chamou a atenção: tanto do lado húngaro como do lado francês, quando se tratava de cultura, era de cultura escrita. E não notei, no programa que nós fixamos, o interesse por outras formas de expressão. Onde estão as imagens, pintadas, impressas, filmadas? Onde está a música?

O segundo obstáculo é a insuficiência de nossos instrumentos de análise. A história cultural, que chegou tarde, ainda está a reboque da história que há cinquenta anos triunfa: a história

---

* Centre National de La Recherche Scientifique [Centro Nacional de Pesquisa Científica]. (N. T.)

econômica. Ela precisa portanto libertar-se dos métodos da história econômica, forjar outros que melhor lhe convenham, assim como os sistemas conceituais, os esquemas teóricos suscetíveis de orientar a investigação nesses domínios. Os da história econômica mostraram, com efeito, sua insuficiência no que diz respeito aos fenômenos culturais. É necessário, pelo menos, ajustá-los, retificá-los.

É nesse ponto que me colocarei para comunicar algumas reflexões que organizarei em duas partes, considerando sucessivamente a produção cultural e, depois, o consumo ou a distribuição dos objetos culturais.

A história cultural se propõe observar no passado, entre os movimentos de conjunto de uma civilização, os mecanismos de produção de objetos culturais. Quer se trate da grande produção vulgar, ou da produção refinada, até esse extremo que é a "obra-prima", com todos os problemas que ela põe. O historiador da cultura deve, evidentemente, considerar o conjunto da produção e interrogar-se sobre as relações que podem existir entre os eventos que se produzem no alto do edifício, isto é, no nível da "obra-prima", e essa base bastante inerte da produção corrente que eles dominam e sobre a qual repercutem. O que faz com que as disciplinas separadas, a história da arte, a das literaturas, a da filosofia, e mesmo a das ciências, sejam decepcionantes na própria medida em que se limitam ao excepcional.

Um dos problemas da história cultural e um dos obstáculos para a elaboração de sistemas conceituais adequados decorre da elucidação das relações entre esse movimento criador que arrasta a evolução de uma cultura e as estruturas profundas.

Com as estruturas econômicas, essas relações são evidentes. Se o historiador se interroga sobre os ritmos de produção cultural em certas épocas, por exemplo a propósito do "Renascimento" do século XII, é preciso que ele ponha em discussão os grandes impulsos que precipitam, nesse momento mesmo, a atividade econômica: entre a produtividade aumentada do trabalho camponês na Île-de-France e a produtividade aumentada do trabalho dos mestres na "escola" de Laon por volta de 1110 existe incontestavelmente uma relação fundamental. E, tendo escolhido recentemente estudar um evento europeu, a difusão da arte cisterciense, não deixei de insistir no papel representado pela organização da exploração rural nos domínios da ordem de Cister, pelo lugar que tinha o dinheiro, ao mesmo tempo, na gestão desses domínios e na remuneração das equipes de construtores. Mas eu tive de dizer também que esse evento não era redutível a esse tipo de determinação, que outros fatores intervinham, que o monumento cisterciense não significava apenas o êxito de um sistema particular de produção econômica, que ele significava também, e sem dúvida antes de tudo duas coisas: a retomada de uma tradição formal; a visualização de uma moral e de uma concepção do mundo. Devo explicar-me um pouco com relação a esses dois pontos.

Entre os fatores da produção cultural (pondo de lado o que constitui sua matéria-prima), alinha-se uma herança, um capital de formas no qual cada geração se nutre. O principal interesse da história literária, da história das artes e da história da filosofia é inventariar essas formas, mostrar como essa reserva se empobrece ou dilata, como ela se transforma, precisar a genealogia dos invólucros formais, esclarecer o jogo do gosto, da moda, os fenômenos de rejeição, de transferência e de ocultação. Imaginemos isso como uma espécie de loja onde se encontram prateleiras esquecidas, onde outras estão cheias, outras vazias. Esse conjunto tem uma história relativamente autônoma: existe, de forma bem evidente, uma história das formas. No movimento dessa história, evitemos dar excessiva atenção às inovações, não esqueçamos a enorme massa do que remanesce. Tomo o exemplo de Cister: pelo fato de que a intenção cisterciense é retornar à fidelidade à Regra de São Bento, pelo fato de que a função da construção cisterciense é a mesma dos edifícios monásticos precedentes, uma vez que os cistercienses professam a virtude da humildade e se inclinam ao conservadorismo, eles retomam formas tradicionais. Mas já que sua vontade é de ascetismo, eles as decapam, e, pelo fato de que, inconscientemente, aderem a esse otimismo desenvolvido pelo grande progresso do século XII, apossam-se dos últimos aperfeiçoamentos técnicos, como o cruzamento de ogivas, para inseri-los nas formas tradicionais sem modificar estas últimas. É preciso contar com essa presença de um legado de formas possíveis, a começar pelas formas da linguagem. Uma herança que não é imóvel, mas movente, alterando-se na duração; cujas mudanças, entretanto, só têm relações muito fracas com a história da economia, e encontram-se, pelo contrário, estreitamente ligadas com a própria vida dos ateliês, com todos os processos de aprendizado, portanto com o sistema de educação em seu conjunto: é aí que a herança se transmite de uma geração para a outra e que é, a todo instante, experimentada. Se houve "Renascimento" do século XII é que a escola foi vivificada nesse momento, e especialmente pelas doações dos patronos leigos que decidiram fundar de preferência colegiadas e não mosteiros, e especialmente também pela maior mobilidade dos mestres e dos ouvintes facilitada pela intensificação de todas as circulações. Mas também porque se empreendeu uma exploração sistemática do patrimônio, porque encontraram-se fontes que estavam perdidas nas areias, especialmente as formas da Antiguidade pagã, que não mais pareciam tão perigosas.

Chego assim ao segundo tipo de fatores que chamarei de ideológicos. Não insistirei no papel determinante, em toda sociedade, do imaginário, dos sistemas de valores e de todas as imagens que servem para explicar o mundo. Lembrarei apenas que esses objetos, esses imensos objetos envolventes que são as ideologias, têm também sua história, e que essa história se vincula ao movimento das estruturas materiais. E não somente porque ela o faz repercutir mas porque um processo de determinação a faz ressoar profundamente na infraestrutura. Tomo por exemplo a ação das representações ideológicas que governam, imperfeitamente, as práticas sexuais sobre a evolução demográfica. Essa ação explica, para um passado próximo, um grande número das flexões da curva; para um passado longínquo, como aquele do qual me ocupo, a ideologia cristã do casamento não deixou evidentemente de ter influência sobre o crescimento demográfico da Idade Média central.

A história das ideologias está igualmente, de forma bem evidente, em relação com a do poder. A ideologia é uma arma, da qual o poder procura servir-se. Ora, ele controla os principais ateliês de produção cultural. Assim se estabelece uma união indissociável entre a história dessa produção e a da ideologia. De onde a necessidade de empreender o estudo desses organismos difíceis de apreender, o estudo das ideologias coexistentes e concorrentes. Com efeito, a relação dos fenômenos ideológicos com as estruturas de profundidade se exprime em particular no fato de que os afrontamentos dos quais a sociedade é o lugar se traduzem por um combate permanente entre vários sistemas ideológicos em confronto.

Em qualquer sociedade, por menos evoluída que seja, não há uma, mas várias culturas. Essa constatação me conduz à segunda série de minhas observações, estas relativas à distribuição dos objetos culturais. Citarei Gramsci (*Marxismo e letteratura*): "O povo não é uma coletividade homogênea de cultura mas sim apresenta estratificações culturais numerosas e diversamente combinadas". O "povo" — mas isso é verdadeiro igualmente para essa parte da sociedade que domina o povo. Estratificações, combinações diversas — acrescentarei: com incessantes deslizamentos, passagens, interferências. Essa complexidade do espaço cultural foi transformada na França, por parte dos historiadores, em objeto de frutíferos estudos. Eles partiram do conceito de "nível de cultura", o qual se encontra com a ideia gramsciana de estratificação. Metáfora geológica cuja vantagem está em harmonizar-se com a imagem de uma sociedade também estratificada, do que decorre a tentação de estabelecer correlações entre as duas escalas estratigráficas. Essa tentação não se explica apenas pela influência dos modelos marxistas de análise sobre os historiadores franceses, mas porque, de fato, como eu já disse, existe uma luta ideológica que não deixa de ter relações com a "luta de classes". Esse conceito entretanto tem o inconveniente de não se aplicar exatamente ao que se entrevê da realidade. A topografia cultural mostra evidentemente camadas, mas também nodosidades, terrenos superpostos, fraturas, fendas e muitas zonas instáveis, portanto estruturas que são, pelo menos, tanto verticais quanto horizontais. Eu me pergunto, portanto, se não seria operatório tentar pôr em prática antes o conceito de "formação cultural", com a condição de relacionar essa palavra com o de formação social, sobre a qual se discutiu longamente. A noção de formação (ela também emprestada aos geólogos) me parece dar conta melhor da complicação das estruturas culturais, da permanência de formas residuais, de todas as ressurgências e da mobilidade incessante dos fenômenos de aculturação. Por outro lado, ela não mascara o fato, a meu ver fundamental, de que as clivagens entre culturas confrontadas ou combinadas não passam, na realidade, através do corpo social, mas sim através das atitudes e dos comportamentos de cada indivíduo.

Chegou o momento de eu falar do que me parece a principal contribuição da escola histórica francesa à história cultural: tentar, de mão estendida aos etnólogos, mergulhar nas profundidades da sociedade para reconhecer outra coisa além do cume do edifício, para atingir uma cultura geralmente eclipsada pela dominante, a cultura popular. Ligando-se a esse movimento recente e muito poderoso que faz voltar finalmente a atenção dos franceses para suas origens camponesas, para as civilizações tradicionais, os historiadores empreenderam uma vasta pesquisa a partir da ideia de uma oposição entre cultura(s) erudita(s) e cultura popular. Eles colocam, portanto, o problema em termos de conflito, de uma luta verdadeira entre, de um lado, os que detêm esse poder exorbitante, o saber contido nos livros, nas bibliotecas e nos museus, e, do outro, os pobres. Colocar dessa maneira o problema corresponde a abordar com facilidade certos fenômenos: o combate travado por exemplo pela Igreja medieval para destruir todo um sistema de crenças e de ritos; ou então esse outro combate travado a partir do século XVIII pela alfabetização, involuntariamente ligado ao combate sustentado pela ideologia igualitária, e que representa a fase última da vulgarização, da socialização da cultura erudita (compreendamos bem, da cultura escrita, a do ABC, a do livro, o que levou a França à redução da extensão das funções da escola e finalmente à esclerose da educação artística, a do olhar e do ouvido). Pois, no momento mesmo em que, no século XIX, entendeu-se, pelo alistamento militar, fazer de todos os cidadãos heróis, quis se fazer também deles todos, pela escola obrigatória, clérigos. Chamo aqui a atenção para o poder de dois modelos culturais muito antigos, da velha tipologia estabelecida a partir do século XII no seio da cultura dominante separando a cultura dos clérigos da dos cavaleiros. Pois essa permanência interna ao longo de toda a história da alta cultura nos faz logo verificar que o jogo, na verdade, não foi feito a dois, mas a três, e que a cultura popular não foi envolvida num duelo mas num combate muito mais complexo.

Se é que há cultura "popular". E a palavra, com efeito, que me incomoda — em razão mesmo do que disse a propósito da noção de formação cultural, de todos esses entrecruzamentos, essas interferências. Tenho tendência a pensar que se limitar à concepção de um confronto de duas classes é, na verdade, estreitar abusivamente o campo de observação e arriscar a empobrecer os resultados desta. De fato, em nossa cultura, na cultura de cada um de nós, por mais sábios que sejamos, não existe muito mais do que resíduos ou nostalgias do "popular"? Pode-se pensar que há criatividade cultural do "povo"? E o que é o "povo"? Se no seu seio existem verdadeiramente focos criadores, onde estão eles? Mil questões.

A HISTÓRIA DOS SISTEMAS DE VALORES

A HISTÓRIA GLOBAL de uma civilização resulta de mudanças que se produzem em diferentes níveis, no nível da ecologia, da demografia, das técnicas de produção e dos mecanismos de troca, no nível da divisão dos poderes e da situação dos órgãos de decisão, no nível finalmente das atitudes mentais, dos comportamentos coletivos, e da visão do mundo que governa essas atitudes e rege esses comportamentos. Correlações estreitas unem esses diversos movimentos, mas cada um deles avança de maneira relativamente autônoma: segundo ritmos particulares. Podem-se observar, em certos níveis, especialmente no das relações políticas, modificações por vezes muito rápidas. Minha experiência pessoal me leva a pensar que a história dos sistemas de valores ignora as mudanças bruscas.

Na verdade, às vezes essa história é perturbada por fenômenos de aculturação. Uma cultura pode, num certo momento de sua evolução, encontrar-se dominada, invadida, penetrada por uma cultura exterior, seja pelo efeito de traumatismos de origem política, tais como a invasão ou a colonização, seja pela ação de infiltrações insidiosas, pela incidência de mecanismos de fascinação ou de conversão, eles próprios consecutivos ao desigual vigor, ao desigual desenvolvimento, à desigual sedução das civilizações afrontadas. Mas mesmo nesse caso, as modificações parecem sempre lentas e parciais. As culturas, por mais atrasadas que sejam, se mostram rebeldes à agressão e opõem geralmente à irrupção de elementos alógenos resistências duradouramente eficazes.

Notável, por exemplo, é a lentidão da penetração do cristianismo (que não passa de um elemento entre outros emprestado à cultura romana) no meio dos povos que as grandes migrações da Alta Idade Média haviam posto em contato mais estreito com uma civilização menos rudimentar. A arqueologia revela que os símbolos cristãos só muito progressivamente se insinuaram entre as sepulturas dos cemitérios germânicos, e as crenças pagãs, sob a veste superficial de ritos, de gestos e de fórmulas impostos à força ao conjunto da tribo pelos chefes convertidos, sobreviveram muito tempo. Os prelados do século XI esforçavam-se ainda por extirpá-las; isso ainda não tinha sido conseguido inteiramente no extremo final da Idade Média, mesmo nas províncias da cristandade mais firmemente enquadradas pela Igreja; mais ainda, esta tivera de consentir em dar lugar a muitas delas, as mais tenazes e sem dúvida as mais essenciais, como a crença numa misteriosa sobrevivência das almas defuntas entre o momento dos funerais e o da ressurreição dos mortos. Da mesma forma, quando a expansão militar da cristandade ocidental permitiu descobrir, nos últimos anos do século XI, em Toledo, na Campânia, em Palermo, por estudiosos que acompanhavam os guerreiros, a perturbadora riqueza dos saberes judaico e greco-árabe, esses intelectuais se precipitaram para tirar partido dos tesouros. Mas o sistema de valores de que eles eram portadores os impediu, durante longos decênios, de extrair daí outra coisa além de técnicas, aplicadas seja à arte de raciocinar, seja para medir as coisas, seja para os cuidados com o corpo. Sem dúvida, disposições repressivas emanando do poder eclesiástico entraram rapidamente em jogo para impedi-los de se apropriarem também do conteúdo filosófico e moral das obras traduzidas. Mas essas proibições sempre foram contornadas; a Igreja totalitária do século XIII não chegou a impedir, em nenhum dos grandes focos de pesquisas, a leitura e o comentário do Novo Aristóteles. E, no entanto, o poder corrosivo desse corpo doutrinal não havia chegado, dois séculos mais tarde, a abrir, na coerência do pensamento cristão, brechas de alguma consequência.

Os movimentos que fazem se transformar os sistemas de valores manifestam uma lentidão maior ainda quando permanecem ao abrigo de pressões externas. As tendências ao crescimento ou à regressão da atividade econômica (o medievalista tem a vantagem de poder observar efetivamente, nesse domínio, mecanismos de estagnação prolongada e de recuo), elas próprias estreitamente ligadas ao traçado da curva demográfica e à modificação das técnicas, determinam, naturalmente, mudanças na disposição das relações de produção e na distribuição das riquezas nos diferentes graus do edifício social. Mas essas mudanças aparecem elas mesmas mais desdobradas no tempo do que as transformações econômicas que as provocam, e descobre-se que esses retardamentos e esses esfriamentos são, em parte, determinados pelo peso dos conjuntos ideológicos. Eles se produzem, com efeito, no interior de um quadro cultural que se dobra para acolhê-los, mas que se mostra menos disposto ainda a se modificar e que se curva com maior flexibilidade. Esse quadro é, de fato, construído sobre uma armação de tradições, aquelas que, de geração em geração, são transmitidas, sob múltiplas formas, pelos diversos sistemas de educação, aquelas cujo sustentáculo sólido é constituído pela linguagem, pelos ritos e pelas conveniências sociais.

Para dizer a verdade, os obstáculos às inovações se revelam de vigor muito variável de acordo com os meios culturais, que se justapõem e se interpenetram no seio de toda sociedade. Entretanto, na maioria desses meios, as tendências de longe mais poderosas são pela conservação. O espírito conservador aparece com especial vivacidade nas sociedades camponesas, cuja sobrevivência dependeu por longo tempo do equilíbrio extremamente frágil de um conjunto coerente de práticas agrárias, pacientemente experimentadas e que parecia temerário alterar, o que implicava mostrar-se rigorosamente respeitador de todo costume e de uma prudência da qual os antigos apareciam como sendo os mais seguros depositários. Mas esse espírito não é sem dúvida menos vivo em todas as elites sociais, aparentemente abertas às seduções das ideias, das estéticas e das modas novas, mas que são, na verdade, inconscientemente, atormentadas pelo medo das mudanças menos superficiais que arriscariam a pôr em questão a autoridade que elas detêm. Ele é mais vigoroso, talvez mais do que em qualquer outro lugar, no seio dos cleros de todos os tipos, ligados à manutenção das visões do mundo e dos preceitos morais sobre os quais se assentam a influência que eles exercem e os privilégios de que desfrutam. Tais resistências são, por outra parte, naturalmente reforçadas pela tendência que leva, de maneira muito geral, os modelos culturais, construídos em função dos interesses e dos gostos dos estratos dominantes, a se vulgarizarem progressivamente e, em virtude do fascínio que exercem, a se difundirem de grau em grau, em direção às bases do edifício social; o efeito de semelhantes deslizamentos é prolongar por muito tempo a vitalidade de certas representações mentais e dos comportamentos que elas governam, e manter, por baixo de uma modernidade de superfície onde as elites encontram sua satisfação, uma sólida base de tradições sobre a qual podem encontrar apoio as aspirações ao conservadorismo.

No entanto, é preciso reconhecer que essas aspirações se encontram com efeito contrariadas nos momentos em que a evolução mais rápida das estruturas materiais torna mais porosas as barreiras internas e externas e favorece as comunicações e as osmoses, seja pelo afrouxamento das solidariedades familiares, seja pela abertura a outras culturas, seja pelo abalo das hierarquias. Das consequências mais diretas aparecem as mudanças que afetam as estruturas políticas, na medida em que o estabelecimento de uma nova distribuição dos poderes pode se traduzir pela intenção deliberada de modificar os sistemas de educação. É nesse nível que a rudeza do evento, guerra, revolução, mutação institucional, pode revelar-se um tanto perturbadora. Importa, de todas as maneiras, descobrir no seio da sociedade quais são os grupos de indivíduos que, por sua posição profissional ou política, por sua inclusão numa certa classe etária se acham mais libertos do domínio das tradições e mais dispostos a combatê-las; importa igualmente medir o poder de que dispõem efetivamente esses agentes de inovação. Mas, qualquer que seja sua importância e sua capacidade subversiva, o sistema cultural opõe a sua ação uma arquitetura bem firme. Em seus pontos de articulação, surgem fendas, elas se alargam pouco a pouco e acabam por desconjuntar o corpo, mas é pelo efeito da dissolução que, quase sempre, se mostram insidiosas. A despeito das ilusões que o aparente tumulto das agitações superficiais pode manter, é sempre a bem longo prazo que suas ressonâncias terminam em desabamentos, os quais são sempre parciais e deixam sempre subsistir irredutíveis vestígios.

Para defender, por meio de um exemplo, essas considerações gerais, eu me proponho observar um meio, que se pode crer dos mais abertos às novidades, o dos estudiosos que se agruparam em Paris durante a Idade Média central. Seu lugar de encontro: uma das principais encruzilhadas do mundo; uma aglomeração urbana em crescimento contínuo e cuja população se encontrava, mais do que qualquer outra, aproximada pelas correntes da economia e, no coração do maior Estado do Ocidente, pelo vaivém da ação política; o ponto de concentração, finalmente, de todos os que, de um extremo ao outro da cristandade latina, se encontravam tomados pelo mais ardente apetite de conhecimento. Sua profissão, ensinar, o que, por uma parte, está na verdade mergulhado na rotina, tanto mais que esse ensino era profissional e visava formar os membros eminentes de um clero, mas que, no entanto, por natureza, coloca aquele que o pratica face a seres mais jovens e cujas exigências fazem-no avançar (o que é expresso muito claramente por um desses mestres, Abelardo: "Meus estudantes reclamavam razões humanas e filosóficas; eles precisavam mais de explicações inteligíveis do que de afirmações"). A prática enfim dessa profissão: métodos de trabalho fundados sobre o diálogo, o debate, a discussão livre, sobre um espírito de competição comparável ao que, nos torneios da época, animava os cavaleiros e que convidava às mesmas audácias, fundadas, consequentemente, sobre a contestação das ideias aceitas. Tentemos (na medida do possível: a vantagem da observação histórica é poder desenvolver-se sobre longos períodos mas, em contrapartida, ela se encontra limitada pelas lacunas de informação que, para os tempos antigos, deixam sem resposta grande número de interrogações) reconstituir o sistema de valores tal como era aceito, por um lado, por volta de 1125, pelos contemporâneos de Abelardo, e, por outro, por volta de 1275, pelos contemporâneos de Jean de Meun.

Cento e cinquenta anos de distância, cento e cinquenta anos repletos de prodigiosa animação. Uma fase de descontração, comparável, por sua intensidade e por suas repercussões, àquela na qual vivemos e, na minha opinião, igualmente perturbadora. Transformações radicais no nível das infraestruturas: no tempo de Abelardo, as cidades estão apenas emergindo do ambiente rural; a circulação monetária se reanimou recentemente, mas a única riqueza é ainda a terra; o único trabalho é o dos campos, qualquer que já seja a importância da produção artesanal, estimulada pela propensão ao luxo ostensivo de uma aristocracia que o crescimento agrícola torna, há um século, menos desprovida; para todos os homens, uma existência inteiramente dominada pelos ritmos e pressões do meio natural. No tempo em que Jean de Meun começa a compor a segunda parte do *Roman de la Rose*, uma população sem dúvida três vezes mais numerosa; campos que foram definitivamente ordenados mas que se encontram, doravante, econômica e politicamente subjugados pelas cidades; no interior destas últimas, gêneros de vida que se libertam das tiranias da natureza, que escapam à opressão da fome, do frio e da noite; o dinheiro, que se tornou o principal instrumento do poder, a mola das promoções sociais, e cujo manuseio enriquece desmedidamente, na rua dos Lombardos, bem próxima das escolas, os homens de negócio vindos da Itália. As mudanças não são menos profundas no plano das relações políticas. No início do século XII, estas se encontram totalmente ordenadas no quadro do senhorio, o que significa, para a massa dos trabalhadores, uma completa sujeição aos senhores dos castelos e aos chefes das aldeias, e para os mais ricos, a especialização militar, os proveitos das expedições de rapina, a recusa de todas as coações, além daquelas que decorrem da homenagem, da concessão feudal e da submissão aos antigos da linhagem. Cento e cinquenta anos mais tarde, um Estado verdadeiro, estabelecido sobre uma armação administrativa bastante aperfeiçoada para que possa renascer uma noção abstrata da autoridade e para que a personalidade do soberano se apague por trás da dos servidores; o abafamento das discórdias, que fez com que se ritualizasse a arte da guerra, conferindo aos combates o caráter de encontros esportivos; regras jurídicas que se fixam pela escrita e que são manejadas por profissionais do processo; o hábito das negociações; um sentido de liberdade que se reforça no seio das associações de iguais, de todos os agrupamentos de interesses mútuos que se estabelecem nos diversos níveis da sociedade e que são bastante vigorosos, nos subúrbios das cidades, para suscitar os primeiros movimentos de greve. Um século e meio que conheceu o desenvolvimento e o fracasso da aventura da Cruzada, a pilhagem, na Espanha, na Sicília, em Constantinopla, de culturas superiores cujo brilho tornava outrora mais irrisória a rusticidade da civilização carolíngia, um espantoso recuo dos limites do universo, as irrupções da Ásia mongol, a marcha de Marco Polo para Pequim, a penetração das orlas africanas e asiáticas, não mais por guerreiros mas por traficantes e por missionários, que se acostumam a falar outras línguas e a utilizar outras medidas. Um século e meio que assistiu ao desenvolvimento da heresia multiforme, que a viu finalmente contida, desmantelada por um policiamento repressivo que a Igreja conseguiu implantar sobre o conjunto da cristandade, sufocada, subjugada, parcialmente assimilada pela ortodoxia por meio de todos os disfarces, como o mostra o destino da mensagem franciscana. Um século e meio, finalmente, que basta para que a estética percorra um itinerário conduzindo do tímpano de Autun a Cimabue e ao púlpito de Pisa, das abóbadas de Vézelay às da Sainte-Chapelle, do cantochão gregoriano às polifonias de Notre-Dame.

Ora, num meio cultural como este, tão penetrado pela exigência de verdade, pela sede de compreender e pelo gosto do moderno, não parece que tais alterações tenham sensivelmente modificado o sistema de valores. Sem dúvida a preeminência da razão é, por volta de 1275, mais deliberadamente exaltada e, em particular, sabe-se com que insistência, no segundo *Roman de la Rose*. Mas, duas gerações antes da de Abelardo, Bérenger de Tours proclamava ser ela a "honra do homem"; e a visão lúcida das coisas que, pela aplicação do instrumento racional, os contemporâneos de Jean de Meun se esforçam por alcançar, procede com efeito do paciente uso de mecanismos lógicos que os mestres das escolas parisienses aprendiam a utilizar, nos primeiros anos do século XII, para dissipar as ambiguidades dos signos da verdade difundidos pelos textos sacros e no espetáculo do mundo visível; entrementes, esses processos se tornaram mais sutis e mais eficazes, mas não mudaram de natureza nem de objeto. Sem dúvida o espírito crítico afronta, com audácia, em 1275, tudo o que os intelectuais da época chamam de Falso Semblante, as hipocrisias da devoção, a submissão dos hipócritas às ordens pontificais, os privilégios da nobreza de sangue, que Abelardo, perfeitamente integrado nessa categoria social e não a renegando, não havia absolutamente pensado em pôr em questão, aos descaramentos do jogo de cortesia, que o mesmo Abelardo se esforçara por praticar da melhor forma possível, e às sofisticações da ética mundana. Mas, aí também, adivinhamos que uma semelhante atitude, uma semelhante inclinação à contestação, uma semelhante aspiração à honestidade e à medida, habitava já os mestres de Paris no primeiro quartel do século XI; se eles não visavam aos mesmos alvos, é apenas porque os problemas postos pelo meio social, político e moral não se colocavam nos mesmos termos. Quanto à atenção mais contínua, dada no último terço do século XIII à Natureza, essa "arte de Deus", quanto à vontade de descobrir suas leis, de chegar à clara compreensão de uma ordem natural "da qual derivam as vias honestas" e de atingir aí os fundamentos sólidos de uma ética e de uma fé, nós as sentimos já bem vivas, mais tímidas na verdade, menos seguras, ainda desprovidas de instrumento de conquista, mas esforçando-se por forjá-los, no espírito dos que, um século e meio mais cedo, no tempo de Luís VI e de Suger, comentavam as Escrituras, observavam o curso dos astros e estudavam a maneira pela qual se propagam os raios luminosos. Não se percebe, enfim, que o corpo de crenças tenha sido, naquela ocasião, seriamente afetado. Dante faz bem alusão a esses discípulos de Epicuro que professavam que a alma morre com o corpo e diz que eram numerosos. Tais concepções deviam evidentemente permanecer clandestinas e os que compartilhavam delas, quando não foram desmascarados, escapam, portanto, ao olhar do historiador. Mas, em Paris, em quantos intelectuais, em verdade, a inquietude e o espírito crítico determinavam outra coisa além de uma ironia galhofeira? Aqueles a quem me refiro parecem bem aderir sem esforço e sem dissimulação ao essencial do dogma cristão. Sem dúvida seu cristianismo apresenta um rosto novo; ele se mostra muito mais livre do que era cinquenta anos antes, liberto das prosternações aterrorizadas e do invólucro dos ritualismos, orientado doravante para um Deus sofredor e fraterno, com o qual o homem pode tentar dialogar; muitos dentre eles, com Boaventura, se engajam então nos caminhos do misticismo. Mas esses caminhos, Bernard de Clairvaux os havia largamente trilhado; Abelardo já lera com bastante atenção o Evangelho para afirmar que o pecado está na intenção e não no ato, e Anselmo de Cantuária, antes dele, concentrara seu estudo no problema da Encarnação. O que aparece mais nitidamente, em todos esses domínios, são, com efeito, permanências, a de uma técnica de análise, a de um desejo de compreender aguçado pelos métodos e os objetivos de um ensino, a de exigências morais comandadas por uma certa situação no seio da sociedade, a de uma visão do universo natural e sobrenatural fundada sobre textos interpretados cada vez melhor.

As únicas inflexões notáveis eu as vislumbro em dois níveis. Elas residem em primeiro lugar numa tomada de consciência da relatividade. A do tempo, de início. Ele não é mais, para os que refletem no final do século XIII, concebido como um bloco homogêneo, onde o passado e o futuro seriam coerentes com o presente, mantendo com ele relações anagógicas. Quando o dominicano Humbert de Romans medita sobre a recente história do cristianismo, ele busca sua explicação num encadeamento de causas naturais, e sua experiência pessoal dos fracassos da Igreja, do rebaixamento da dignidade imperial e dos recuos dos estabelecimentos latinos do Oriente, o impede de acreditar ainda na unidade e na necessidade da história do povo de Deus. Enquanto a descoberta progressiva da imensidão, da complexidade, da diversidade da Criação, a nova consciência de que o universo está preenchido de homens que se recusam a ouvir a mensagem do Cristo obrigam os mais lúcidos a pensar que a cristandade não está talvez situada no coração do mundo, ou pelo menos que ela só ocupa um setor limitado dele. Da mesma forma que eles precisam bem reconhecer que o pensamento cristão é incapaz de absorver ou de dissociar o bloco coerente do sistema aristotélico. Em segundo lugar, muitos dos homens dos quais falamos acolheram sem reticências o gosto por uma felicidade terrestre, por essa felicidade que, segundo Jean de Meun, fora oferecida ao homem na manhã da Criação, por uma alegria de viver que os recuos da Natureza e da Razão, diante das ofensivas do Falso Semblante, vieram comprometer, mas cuja restauração cabe aos filósofos promover. Esses intelectuais repeliram resolutamente as exortações ao *contemptus mundi* [desprezo pelo mundo] e todos os modelos de renúncia e de recusa dos quais os monges haviam sido, durante muito tempo, e há pouco ainda, os triunfantes propagadores.

No nível da ideologia, as modificações aparecem portanto nitidamente menos marcadas do que as que afetam, no mesmo momento da história, a atividade econômica, a demografia e o jogo dos poderes. Os sistemas de valores não são absolutamente imóveis; a transformação das estruturas materiais, políticas e sociais desordena suas bases e os faz evoluir, mas essa evolução prossegue sem pressa e sem abalo, até mesmo nos meios culturais de vanguarda, cuja função particular é trabalhar para o ajustamento desses sistemas; por baixo da turbulência mantida pelas controvérsias, pelas diatribes e pelas condenações, o historiador vê esses sistemas vergarem-se com flexibilidade, insensivelmente.

* * *

A propósito de um problema maior, o da previsibilidade dessas mudanças, eu arriscaria apenas algumas observações.

A tarefa do historiador é propor explicações para o que passou — isto é, ordenar os fatos que se oferecem a sua observação, pô-los em relação e introduzir assim, no desenrolar de um tempo linear, uma lógica. Ele é levado, através desse esforço, a mostrar-se de início mais atento às novidades, a descobri-las, a extraí-las assim, artificialmente, para pô-las em evidência, da ampla corrente de hábitos e de rotinas que, no curso da vida, as envolve; ele é levado, por outro lado, quando quer prestar contas dessas novidades, e mais particularmente quando estas se colocam no nível não do evento mas das estruturas, a privilegiar a necessidade em relação ao acaso. Entre a afirmação, no final do século XIII, das noções que as palavras Natureza e Razão exprimiam então, entre a expansão da alegria de viver, entre a descoberta da relatividade e, por outro lado, o impulso da prosperidade urbana, a abertura do Ocidente, a ascensão de certos grupos sociais, a lenta decadência das miragens da Jerusalém celeste e os aperfeiçoamentos do instrumento silogístico, o historiador chega assim a estabelecer correlações satisfatórias — da mesma forma que ele consegue explicar pelas modificações do meio a passagem da religião do Eterno de Moissac à do Cristo ultrajado. Mas, dessa forma, conscientemente ou não, ele fornece argumento a todos os sistemas de esperança, a todas as concepções que baseiam a sucessão das eras da humanidade num encadeamento de causas determinantes, que pretendem assim chegar à previsão, e se esforçam por construir, sobre uma experiência do passado, um vetor cuja orientação eles supõem deva prolongar-se no futuro.

Sobre uma interpretação da história apoiavam-se, por exemplo, as convicções dos monges do século XI cujas procissões periódicas pretendiam imitar a marcha dos homens para a luz incriada, assim como o Evangelho Eterno de Joaquim de Fiore, que fixava para a data precisa de 1260 o advento do reinado do

Espírito. Sobre uma interpretação da história se baseia o pensamento marxista e este toma, em relação à previsibilidade, uma posição que é importante considerar atentamente:
"A previsão histórica", escreve por exemplo Antonio Labriola,

> que está no fundo da doutrina do *Manifesto* [...] não implica nem um ponto cronológico, nem a descrição antecipada de uma configuração social. E a sociedade por inteiro que, num momento de sua evolução, descobre a causa de sua marcha fatal e, num ponto saliente de sua trajetória evolutiva, faz luz sobre si mesma, para iluminar a lei de seu movimento. [Essa previsão] não é nem de cronologia, nem de prefiguração, nem de promessa; ela é, para dizê-lo numa palavra que, na minha opinião, exprime tudo, "morfológica".[1]

Entendamos bem: o que se julga previsível é o progresso da sociedade para novas formas; esse fenômeno pode ser previsto na medida em que podem ser solidamente estabelecidos a repetição de certas relações e o fato de sua subordinação regular a leis determinadas. Mas, quando pretende ser rigorosamente científica, a análise marxista, é preciso reconhecer, só quer estabelecer solidamente essas relações e essa subordinação no nível das bases materiais do edifício social; a respeito do que ele chama de "relações sociais ideológicas", Lênin ("Quem são os amigos do povo?") se mostra, na realidade, muito reservado, e o objetivo maior que, na minha opinião, a pesquisa atual em história social deve fixar-se é precisamente esclarecer a maneira pela qual se articulam os movimentos discordantes que animam a evolução das infraestruturas e a das superestruturas, e pela qual esses movimentos repercutem uns nos outros. Embora a dissociação das relações de dependência pessoal no seio do senhorio medieval apareça como sendo diretamente consecutiva à ação de tendências de longa duração, ao aperfeiçoamento das técnicas de produção agrícola, ao crescimento da população e à difusão do instrumento monetário, e embora, consequentemente — supondo que se dispusesse na época de meios de análise análogos aos que utilizamos —, se possa pensar que teria sido possível (na medida em que as extrapolações não são, na maior parte do tempo, decepcionantes) prevê-la, quem teria podido prever, em contrapartida, o brusco advento, nas construções empreendidas em Saint-Denis pelo abade Suger, de uma estética da luz, a organização dos ritos do amor cortês em contraponto a uma evolução das estruturas da família aristocrática e da moral conjugal proposta pela Igreja, ou então os destinos da heresia valdense e as formas de que se revestiu a devoção franciscana, no momento em que foi domesticada pela autoridade pontifícia? Ao estado a que chegaram atualmente as ciências humanas, parece bem claro que a previsão "morfológica" do futuro de uma civilização não deve (se quiser evitar uma temeridade verdadeiramente excessiva) levar em consideração outra coisa além da procura provável das tendências profundas que arrastam a história da economia, a da população e das técnicas e, talvez, a do conhecimento científico, e isso sem tentar dissimular que as repercussões de um movimento de opinião, de uma propaganda ou das decisões do poder são suscetíveis, a todo momento, de desviar sensivelmente seu curso.

O que não significa que o historiador não possa trazer ao futurólogo certas propostas de método, aplicáveis à observação dos sistemas de valores. Se se admite que o invólucro ideológico, o qual vimos ser flexível, não se quebrando brutalmente como faz uma crisálida, é, com toda evidência, afetado pelo movimento das infraestruturas, mas tende a responder a ele por lentas inflexões, o importante parece ser observar, em primeiro lugar, no presente, as tendências pesadas, tudo o que, no plano da evolução demográfica e da transformação das relações econômicas, é suscetível de provocar tais ajustes, abalando o quadro do pensamento, estimulando ou refreando as comunicações entre os grupos, favorecendo as transferências, os desenraizamentos, as trocas e as fusões. Descobrir, em segundo lugar, os pontos em que as resistências da tradição aparecem como mais frágeis, experimentar a rigidez dos sistemas de educação, no seio da família, da escola, de todos os organismos de iniciação e de aprendizado, medir sua capacidade de aceitação das contribuições externas e os poderes de assimilação de uma certa representação do mundo face às irrupções possíveis de elementos projetados pelas culturas exteriores. Mas importa também levar em consideração o evento. Ele está presente essencialmente no nível da política. Podemos sem dúvida considerá-lo como uma efervescência de superfície, largamente determinada pela disposição das estruturas profundas. Entretanto, ao historiador, que já observa como são estreitos os limites da previsibilidade no plano das tendências de longa duração que animam a evolução demográfica ou econômica, o acontecimento aparece, por natureza, como sendo fortuito; se não a sua emergência, pelo menos os seus desenvolvimentos se mostram especialmente rebeldes à previsão. Ora, seus efeitos, a curto prazo, nunca são desprezíveis; pelas tentativas de revolução ou de reforma que suscita, pelas transferências de atividade que provoca, ele repercute sobre as instituições que enquadram a transmissão dos saberes, das crenças e dos ritos. O historiador, finalmente, deve insistir na própria importância da história, como um elemento particularmente ativo entre os que compõem uma ideologia prática. Em larga medida, a visão que uma sociedade forma de seu destino, o sentido que ela atribui, correta ou erradamente, à sua própria história intervêm como uma das armas mais poderosas das forças de conservação ou de progresso, isto é, como um dos sustentáculos, entre os mais decisivos, de uma vontade de salvaguardar ou de destruir um sistema de valores, como o freio ou o acelerador do movimento que, de acordo com ritmos variáveis, conduz as representações mentais e os comportamentos a se transformarem.

O "RENASCIMENTO" DO SÉCULO XII. AUDIÊNCIA E PATROCÍNIO

UM DOS PRINCIPAIS PROBLEMAS que se colocam hoje às ciências do homem é o das relações entre os fenômenos culturais e o movimento de conjunto das estruturas econômicas e sociais, ou, para empregar outra linguagem, entre as infraestruturas materiais e as superestruturas, isto é, no caso presente, a produção e o recebimento de objetos culturais considerados, pelos contemporâneos ou por nós mesmos, como a expressão de um "Renascimento".

Esse problema é difícil por duas razões: não existe proposta teórica sobre a qual construir a problemática preliminar à pesquisa; o trabalho é consideravelmente dificultado pela atual compartimentação das disciplinas, pelas fronteiras que, nas universidades e nas instituições de pesquisa, mantêm ainda, deploravelmente, os historiadores da economia afastados dos historiadores do pensamento, da literatura e da arte; entre os territórios assim ciumentamente delimitados e defendidos as comunicações são raras: podemos contar nos dedos da mão, no mundo atual, os lugares onde a pesquisa pode ser feita numa indiscutível interdisciplinaridade. De fato, as condições não se transformaram sensivelmente desde o tempo de Charles Homer Haskins. Única mudança profunda, e promissora: nossa insatisfação, cada vez mais forte, quando relemos *The Renaissance of the twelfth century* [O renascimento do século XII], por não encontrarmos, nesse livro admirável, quase nenhuma referência às modificações consideráveis que sofreram, durante esse período, as relações sociais na cristandade latina, a necessidade que sentimos de ver essas relações postas em paralelo com o que muda conjuntamente nas atitudes mentais e nas formas culturais que exprimem essas atitudes e que as governam.

No estado atual dos conhecimentos, minha intervenção sobre o tema "Patrocínio e audiência" só pode, portanto, ser superficial, introdutória. Não poderei muito mais do que formular propostas de pesquisas, tirando quase todos os meus exemplos do que sei pessoalmente da história francesa dessa época. Minhas observações se concentrarão em torno de três conjuntos de questões.

O CRESCIMENTO E SEUS EFEITOS

O processo de desenvolvimento que, desde Charles Homer Haskins, chamamos de "Renascimento" do século XII é evidentemente indissociável do longo movimento de progresso material do qual a Europa ocidental foi então o centro. Esse movimento não tem nem começo nem fim; começo e fim o "Renascimento" de que falamos também não tem, assim como o Renascimento do *Quattrocento*. Observemos que é menos difícil situar cronologicamente as manifestações do desenvolvimento cultural. As fontes de que dispomos são com efeito de natureza a esclarecer melhor esse gênero de fatos; enquanto, por falta de séries de indícios quantificáveis, elas não permitem seguir de perto a evolução econômica e social. Desta, não captamos muito mais do que as tendências. Eis o que me parece possível perceber.

O século XII parece bem ser, na França pelo menos, a grande época desse progresso. Vamos reter três critérios: *a*) a difusão do instrumento monetário — os primeiros sinais dessa difusão aparecem por volta de 1080 nos documentos relativos aos campos da região de Macon; cem anos mais tarde, o dinheiro está por toda parte, domina tudo, e ninguém, do maior príncipe ao camponês mais humilde, pode deixar de usá-lo cotidianamente; *b*) a extensão da superfície cultivada — as análises estatísticas de

Robert Fossier situam, na Picardia, o grande impulso entre 1150 e 1170; por fim, *c*) o crescimento demográfico — as mesmas análises mostram, na mesma região, que ele atinge sua maior intensidade no último quartel no século XII.

Essencialmente agrícola, o crescimento se opera no que constitui então o quadro fundamental das relações de produção: o senhorio rural. Organizados na França por volta do Ano Mil, os órgãos do fisco senhorial aperfeiçoaram-se durante os dois últimos decênios do século XI; durante todo o século XII, eles funcionam perfeitamente. Para responder às exigências dos senhores em relação a seus corpos, a terra que cultivam e ao poder de comandá-los, os casais camponeses devem produzir cada vez mais; não parece que seu nível de existência tenha se elevado notavelmente antes de 1180. Com efeito, o sistema de taxas e rendas transfere para as mãos dos senhores o essencial do aumento de recursos determinado pelo alargamento da área agrícola, pela alta dos preços dos produtos e pela multiplicação do número dos trabalhadores. Do enriquecimento dos campos, a classe senhorial foi quase a única a tirar proveito.

Parece certo que a aristocracia leiga se tenha beneficiado mais largamente com o progresso geral do que os grandes estabelecimentos eclesiásticos. Ela conseguiu, com efeito, durante o século XII, proteger eficazmente a fonte de suas rendas, isto é, os senhorios, contra os movimentos de dissociação que as haviam rudemente afetado até por volta de 1050. De duas maneiras: reduzindo sensivelmente as doações de terras e de direitos às igrejas; limitando sobretudo os nascimentos, impedindo que os caules familiares se ramificassem e, assim, as heranças se fragmentassem. Excluir as filhas casadas e dotadas da partilha de sucessão, manter todos os rapazes, exceto o mais velho, no celibato, garantiu, durante todo o período a que nos atemos, a estabilidade do número das linhagens nobres e, consequentemente, do seu patrimônio, cujos rendimentos o crescimento econômico e os aperfeiçoamentos do fisco senhorial não cessavam de elevar. As casas principescas, assim como as famílias cavalheirescas, viveram, portanto, na maioria dos casos, na prosperidade. Elas gastavam sempre mais, utilizando cada vez mais a moeda.

Essa expansão do consumo aristocrático estimulou o artesanato especializado e o comércio. Ela favoreceu o desenvolvimento urbano, muito vigoroso na França no século XII, a tal ponto que nos dois últimos decênios desse século, vemos, nessa parte da cristandade, os polos do desenvolvimento transferirem-se para as cidades. Doravante a cidade ultrapassa o campo, domina-o, explora-o. Isso garantiu a ascensão de dois grupos sociais, a elite da burguesia mercantil e o corpo dos servidores dos grandes senhorios. Essa gente enriqueceu. Alguns se tornaram mais abastados que muitos nobres. Mas seu ideal continuou sendo integrar-se à nobreza rural, ser admitido no seio dela, compartilhar de suas maneiras de viver e de sua cultura.

Eu recordei as grandes linhas da evolução das estruturas materiais porque esta diz respeito diretamente ao nosso propósito, por suas repercussões nas representações mentais. Dois fatos, determinados pelo crescimento econômico e pelas transformações da sociedade, parecem-me que devem reter especialmente nossa atenção.

A emergência, de início, de um sistema ideológico próprio da aristocracia leiga. Ele se ordena em torno da noção de cavalaria. Vemos o conjunto dos valores recobertos por esse termo afirmar-se e elevar-se durante todo o século XII nos divertimentos, torneios e justas amorosas, oferecidos a essa parte mais dinâmica da sociedade nobre reforçada pela política matrimonial das linhagens: o grupo dos *juvenes*, dos "bacheliers", dos cavaleiros solteiros. Isso é testemunhado, no Norte da França, após 1160, pelo enriquecimento do ritual da sagração e, mais nitidamente, pela ressurgência na literatura profana do velho esquema da sociedade trifuncional, mas transformado, dessacralizado e reconhecendo à "ordem" dos cavaleiros a preeminência, não apenas sobre a dos "vilões", mas também sobre a dos que se dedicam à oração. O importante é que os monopólios culturais,

170

até então detidos pela Igreja, são decididamente postos em questão. A sociedade cavalheiresca pretende participar também da alta cultura. Seu sonho é anexar a clerezia — entendamos por isso o saber das escolas. Assim, tende a apagar-se a distinção de natureza cultural que separava a parte eclesiástica e a parte leiga da aristocracia. Uma interpenetração se esboça. E é nesse ponto precisamente que se situam os fenômenos de patrocínio e de audiência.

O segundo fato, essencial em minha opinião, é diretamente suscitado pelo espetáculo de um mundo que o esforço dos homens consegue transformar, o de uma valorização cada vez mais avançada do meio cultural: é a tomada de consciência do progresso. Percebe-se, de início, o reforço desse sentimento entre os intelectuais mais estreitamente ligados à aristocracia leiga, entre os membros dos capítulos das catedrais — Bernard Silvestre me parece seu representante típico. Esses homens de ciência, esses homens da cultura escrita e da reflexão começam a celebrar a natureza. Uma natureza reabilitada. Eles imaginam cada vez mais claramente o homem — cuja estrutura profunda é homóloga à do universo criado — como capaz de agir sobre este, como tendo sido chamado por Deus para cooperar com todas as suas forças nessa obra, doravante concebida numa continuidade temporal, que é a Criação. Aqui, face ao aperfeiçoamento das técnicas, à obra dos arroteadores que incessantemente ampliam suas terras, nasce a ideia de que a civilização cresce como uma planta, que cada geração recebe das mãos de sua antecessora a tarefa, e que ela deve levá-la avante em direção à sua realização. Trata-se bem de uma reviravolta completa na visão da história humana. Esta deixa de ser contemplada, de maneira pessimista, como um processo de corrupção inevitável. Ela aparece, pelo contrário, como uma conquista. Ela muda de sentido. Sua marcha, doravante paralela à da história da salvação, não parece mais conduzir implacavelmente à decadência, mas elevar-se de idade em idade, de grau em grau, em direção à maior perfeição.

Naturalmente, tal inversão do sistema de valores se operou de maneira insensível. Consideremos, por exemplo, a proposta cisterciense. O olhar dos monges de Cister permanecia voltado para o passado. Convencidos de que todas as formas se degradam na duração, eles tinham pretendido ser reformadores, mas num sentido retrógrado, reacionário propriamente falando, decidindo voltar aos princípios originais da viela beneditina. Fiéis ao espírito do *contemptus mundi* [desprezo pelo mundo], expressão principal de uma ideologia que havia se formado nos tempos de regressão e de estagnação, eles escolheram afastar-se dos movimentos da vida, fugir para o deserto. Para eles o trabalho manual, ao qual escolheram sujeitar-se, permanecia sendo um valor negativo, um ato de humilhação e de penitência. E, no entanto, esses homens se apressaram a pôr em aplicação o que havia de mais moderno nas inovações técnicas; eles se esforçaram por tornar cada vez mais produtivos os terrenos baldios em que haviam se estabelecido, vinculando-se assim, sem ter claramente consciência, ao que havia de mais vivo no movimento geral do progresso, e acabando por situar seus domínios agrícolas na vanguarda dos êxitos econômicos; e, sobretudo, colocando o mistério da Encarnação no centro da sua meditação, afirmando cada vez mais alto que, no homem, as tensões do espírito em direção à perfeição não são dissociáveis das do corpo, eles também se associaram à reabilitação do carnal.

Uma virada decisiva na concepção que os intelectuais faziam do mundo e de sua história se produziu, portanto, no início do século, entre a região de Chartres, a Île-de-France e a Champagne. Ela modificou fundamentalmente o conteúdo da palavra *renovatio* [renovação]. Outrora, todo renascimento tinha como objetivo restaurar, arrancar à inelutável deterioração, para devolver-lhes o brilho primitivo, obras que se julgavam admiráveis porque eram a herança de uma era anterior e, por isso, melhor: renovar era uma exumação. Doravante todo renascimento foi tido como generativo. Ele retomava em mãos o legado mas a fim de explorá-lo, assim como os arroteadores exploravam as terras virgens. A fim de tirar vantagem delas. Assim como, em todas as linhagens senhoriais, a cada geração, o herdeiro se sentia designado para fazer frutificar o patrimônio ancestral, e seguro de poder aumentar a renda, os modernos se julgaram capazes, não apenas de igualar os antigos, mas também de superá-los.

PATROCÍNIO

Os excedentes da exploração senhorial, aumentados incessantemente, foram, por um lado, empregados em criações culturais. Essa parte foi, evidentemente, maior nos senhorios eclesiásticos. O sucesso da reforma da Igreja intervém aqui em dois planos. Por um lado, ele determinou a reorganização da base temporal dos estabelecimentos religiosos. Atenuaram-se as espoliações dos leigos, a incúria administrativa que fazia com que se perdesse boa parte dos lucros. Aprendeu-se a contar, a prever. As disposições administrativas tomadas por Suger, abade de Saint-Denis, por Pierre le Vénérable, abade de Cluny, dão testemunho desse esforço de organização do qual os domínios da Igreja saíram revigorados. Os ganhos resultantes dessa reorganização compensavam largamente o que custava à fortuna eclesiástica a redução das esmolas em terras oferecidas pela aristocracia leiga. Protegida, administrada melhor, essa fortuna forneceu recursos mais abundantes. As igrejas estabelecidas em meio urbano se tornaram particularmente prósperas. Elas participavam dos lucros das taxas frutuosas obtidas nas cidades em crescimento sobre a circulação e as trocas. Elas recolhiam as doações piedosas da burguesia, mais generosas porque os negociantes estavam menos seguros de sua salvação. Graças às suas dádivas, a população urbana se tornou logo a grande provedora. Por outro lado, a reforma instalou nos postos de decisão prelados de qualidade que, após a vitória obtida sobre os poderes do mundo secular, julgavam que os recursos de sua casa deviam servir para desenvolver os estudos, para promover a atividade do *scriptorium* e da chantria, para erguer um cenário mais suntuoso em torno das liturgias.

Enquanto se tratava de embelezar o ornamento musical do ofício, de enriquecer a estante de livros, de manter a escola, de enviar emissários em busca de novos saberes, o gasto permanecia leve. Ele se tornava muito pesado quando se decidia construir. A maioria dos bispos, dos abades, dos priores, entretanto, não hesitava. Uma emulação os impelia a fazer mais do que os outros. São Bernardo resistiu algum tempo aos seus companheiros que o pressionavam no sentido de reconstruir o mosteiro de Clairvaux; ele acabou por ceder, por autorizar que se esvaziasse o cofre de dinheiro para contratar operários. Com frequência a ambição foi grande demais. Dar prosseguimento à empresa ultrapassava os meios ordinários da comunidade. Era preciso encontrar subsídios fora. Sabemos em que dificuldades se debateu Pierre le Vénérable, obrigado a levar à sua conclusão, coberto de dívidas, a edificação da imensa abadia cluniacense. Entretanto, na maioria dos casos, no momento exato, benfeitores leigos vieram em socorro. Assim, o conde da Champagne cujas copiosas subvenções permitiram, nessa província, renovar as construções conventuais cistercienses. Sucessivamente, o rei de Castela e o rei da Inglaterra foram tidos como os verdadeiros "construtores" da "grande igreja" de Cluny, antes que as generosidades prudentes do bispo de Winchester, Henrique de Blois, viessem provisoriamente tirar do apuro a comunidade. Quando os cronistas do Ano Mil falavam da reconstrução das igrejas, eles evocavam frequentemente milagres, a descoberta fortuita de um tesouro escondido; era sua maneira de prestar contas do fato real, que permitiu efetivamente a realização de tais projetos: o desentesouramento, a reposição em circulação das reservas de metais preciosos acumulados nos santuários. Enquanto nossos informantes do século XII — o autor da *Vita Bernardi*, por exemplo[1] — põem muito lucidamente em evidência o fato de que as criações arquiteturais das quais os clérigos eram os promotores foram em grande parte financiadas pelos protetores leigos.

Se eles intervieram é, de início, porque o crescimento econômico e os mecanismos de cobrança senhoriais faziam com que se amontoasse, em suas mãos, a moeda. É, sobretudo, porque eles se sentiam obrigados a consagrar sua riqueza a esse tipo de empreendimento. Na Alta Idade Média, esperava-se dos reis que eles cooperassem no embelezamento dos monumentos religiosos. Tal ação fazia parte das missões da realeza. Eu falei de Afonso e de Henrique que ajudaram Cluny, eles eram reis — assim como Robert le Pieux que seu biógrafo Helgaud e que Oderic de Sens louvam especialmente por ter generosamente contribuído para o embelezamento de muitas igrejas. Outrora, com efeito, os soberanos dispunham de maiores rendimentos monetários. A sagração sobretudo os colocava entre os *oratores*, entre os oficiantes das liturgias, o que lhes impunha participar da cultura eclesiástica. Eles cooperavam diretamente para a eflorescência desta última mantendo, no seu *palatium*, esse centro maior de criação que era a capela, e todas as oficinas, de arte, de escrita, de reflexão, que lhe eram associadas, espalhando seus benefícios sobre as catedrais e sobre as abadias reais, e finalmente garantindo a paz, propícia aos trabalhos do espírito. O patrocínio foi, originariamente, a função específica do rei, lugar-tenente de Deus na Terra. Ora, essa função, no século XII, a aristocracia inteira pretende preencher. Três fenômenos explicam uma tal dispersão das operações de patrocínio.

Em primeiro lugar, o que chamamos de *feudalismo*, isto é, a apropriação por um número crescente de príncipes das prerrogativas da soberania. Os príncipes se apossaram do poder do rei; não devemos negligenciar o fato de que eles quiseram também revestir-se das suas virtudes. Em particular, ocupar o lugar que o rei era o único de todos os leigos a ter no seio da cultura sacra. Isso bem cedo. O duque da Aquitânia, no Ano Mil, queria que soubessem ser ele também um letrado, lendo livros e meditando sobre os mistérios da fé. Cento e cinquenta anos mais tarde, essa reivindicação adquiriu muito mais vigor; mais numerosos são os príncipes que querem, nesse domínio, não apenas imitar o rei como também dar-lhe o exemplo. Na segunda versão da *Geste des seigneurs d'Amboise* [Gesta dos senhores de Amboise] uma anedota foi acrescentada após 1155. Ela atesta ingenuamente, mas de maneira bastante expressiva, esse desejo. Ela põe em cena o conde Foulque le Bon de Anjou, que morreu por volta de 960: os parentes do rei da França riam dele porque viam-no cantar o ofício no meio dos cônegos; eles puderam logo ouvir a resposta que ele mesmo havia escrito: que "um rei iletrado é um asno coroado"; e o soberano teve de reconhecer que "a *sapientia* [sabedoria], a eloquência e as letras convêm aos condes da mesma forma que aos reis". Da participação na cultura erudita, do mecenato em que implica essa participação, o rei, na data dessa interpelação, perdeu o monopólio. Todos os senhores responsáveis pela segurança do povo se consideram também como responsáveis por sua salvação. Seu dever é, portanto, conjugar, como os soberanos outrora eram os únicos a fazê-lo, a ciência da escola e a prática das armas: sabemos que o conde Foulque de Anjou foi admirado porque, "ainda que fosse iniciado, de maneira muito profunda e perspicaz nas letras, nas regras da arte gramatical, nos raciocínios de Aristóteles e de Cícero, ele não deixava de superar os mais poderosos, os melhores e os mais valentes dos cavaleiros".[2] Todos estão persuadidos, no século XII, de que os bens retirados pelos senhores leigos dos frutos do trabalho camponês não devem servir apenas para conduzir a guerra pela defesa pública. Essa cobrança fiscal só parece justificada se é empregada em parte para fazer progredir os conhecimentos e promover a arte sacra.

Nessa época intervém, por sua vez, para tornar mais importante a porção das rendas senhoriais leigas consagradas às obras do espírito, a incitação à austeridade. A pregação de penitência, exortando ao espírito de pobreza, a renunciar às riquezas do mundo, a banir das cortes o excesso de luxo, adquire, com efeito, amplitude durante todo o século XII. Sem dúvida ela convinha às obras de caridade, ao cuidado dos miseráveis. O que a levou, finalmente, a pôr em questão essa forma de patrocínio que sustentava os grandes empreendimentos artísticos: quando Pierre le Chantre denunciava como uma espoliação as taxas cobradas, em Paris, dos "pobres" e cujo produto terminava, graças à generosidade de Luís VII, por alimentar, em moeda, o canteiro de obras de Notre-Dame, aberto pelo bispo Maurice de Sully, ele condenava o mecenato real. É certo, entretanto, que na medida em que essas exortações foram escutadas, elas canalizaram para os estabelecimentos religiosos, isto é, para as produções culturais, um pouco do dinheiro que os grandes teriam gasto para seu prazer e para a suntuosidade de suas casas. Elas também contribuíram para promover o "Renascimento". Um exemplo: Guillaume do Saint-Thiery felicita são Bernardo por ter sabido convencer o conde da Champagne a separar-se das joias de seu tesouro: ele as deu aos cistercienses; estes rejeitavam o fausto litúrgico; eles as venderam a Suger, que as empregou para suas obras de ourivesaria, enquanto eles mesmos utilizavam o dinheiro, assim ganho, para construir.

Precisamos, finalmente, levar em consideração o irresistível mimetismo que, acabando de vulgarizar o modelo de comportamento régio, impeliu progressivamente, até os níveis mais baixos da sociedade aristocrática, a imitar as atitudes dos príncipes, isto é, as dos reis. Na medida mesmo em que a cavalaria se sacralizou, adquiriu o aspecto de uma "ordem" da qual um "sacramento", a sagração, abria a porta, todos os adultos da casta militar se sentiram chamados a não mais apenas dar provas de valentia física mas também a cultivar a virtude da *prudentia*, a não mais se conduzirem apenas como probos, mas como "prud'hommes",* a participarem de alguma maneira, como os príncipes, como os reis, da alta cultura, a promoverem-na com sua generosidade. Nessa evolução, que me parece de interesse capital quando nos interrogamos sobre os fenômenos de patrocínio e de audiência, três traços se distinguem principalmente.

Assim como o conde de Anjou da lenda, todos os cavaleiros desejaram aparecer como *litterati*. A partir do final do século XI, multiplicam-se os testemunhos sobre rapazes que não pertencem à alta nobreza, que não são destinados ao estado eclesiástico e que, no entanto, são ensinados na casa paterna por preceptores ou então enviados às escolas. Em todo caso, que aprendem a ler e a entender um pouco de latim. O costume de confiar os filhos, para educá-los, a clérigos não deixa de propagar-se. No final do século XII, ele começa a difundir-se fora dos limites da sociedade cavalheiresca. Ele ganha alguns desses arrivistas que, entre o povo, enriquecem, como Durand de Blanot, obscuro preboste de uma aldeia do Mâconnais, irmão de um camponês detentor de tendência que, por volta de 1220, enviou seu garoto a Bolonha para estudar Direito.

Um tal apetite de conhecimentos livrescos suscitou investimentos. Gastou-se com o sustento dos clérigos dos quais se esperava que ajudassem na instrução da família ao mesmo tempo que na administração do senhorio. Senhores de poder intermediário não se contentaram em contribuir, como o conde da Champagne, para o financiamento de construções cistercienses — o que fizeram, por exemplo, na segunda metade do século, o senhor de Simiane em Sénanque, o senhor dos Baux em Silvacane; eles fundaram, perto de suas casas (quando elas ainda não os possuíam), colégios de cônegos. Dessa maneira, disseminaram-se por toda parte os focos da cultura erudita. Na Champagne, os membros e os funcionários da casa condal criaram sozinhos, nos anos de 1150, mais de 320 prebendas canônicas.

* Homens de valor, probos, prudentes e leais. (N. T.)

O fato mais determinante foi, sem dúvida, com efeito, que a generosidade da aristocracia leiga fez com que se multiplicassem os postos que garantiam a homens que qualificarei de "intelectuais" os meios de trabalhar e de difundir, em torno deles, a cultura. Seria muito esclarecedor tentar — e a pesquisa seria certamente menos difícil do que muitas outras nesse domínio — avaliar o crescimento, durante o século XII, do número dos cônegos, dessa gente que, pouco a pouco, pelo hábito, começava a ser chamada de "mestres", finalmente de todos esses clérigos que encontravam um emprego, permanente ou temporário, nas domesticidades nobres. A importância desse grupo de homens cujo papel foi decisivo para o sucesso do "Renascimento" seria melhor medida se se pudesse seguir mais de perto o rápido desenvolvimento, paralelo ao dos bandos "corteses" de "jovens" cavaleiros solteiros, de uma outra "juventude", esta clerical, saída quase toda também, e pelas mesmas razões, da aristocracia, portadora de um igual dinamismo. Pois esses clérigos, vituperados por Étienne Langton porque faziam carreira a serviço do poder leigo em lugar de meditar sobre os textos sacros, foram os agentes principais dessa aculturação que, em torno da noção de cavalaria, transferiu para a ideologia nobiliária alguns dos valores e algumas das técnicas próprias da cultura erudita. Uma atenção particular devia ser dada às escolas onde esses intelectuais se formavam, aos movimentos que tiraram esses órgãos de educação do seu torpor, fizeram com que se multiplicassem, concentrassem e que povoaram desmedidamente alguns deles. O estudo econômico e social das instituições escolares não foi mais do que iniciado para esse período da história. Ele não é inteiramente impossível. Ele permitiria discernir melhor ainda a incidência do crescimento material, o papel do dinheiro, pedido pelos escolares à sua família, ganho pelos mestres e, por vezes, abundantemente (escutemos Abelardo gabar-se do que lhe rendia seu saber), o papel também do patrocínio, das subvenções consentidas pelos prelados e pelos príncipes, cuja generosidade atenta se manifestou nesse setor da atividade cultural bem antes que fossem fundados, no extremo final do século, os primeiros colégios para estudantes pobres. Perceberíamos, mais claramente, que o meio escolar, juntamente com o da ministerialidade e o dos grandes negócios, foi então o centro da mais viva capilaridade social. Assim como os "jovens" da cavalaria, os "jovens" da *intelligentsia*, envolvidos em competições (escutemos ainda Abelardo) que não deixavam de ter analogia com os torneios, onde alguns ganhavam a glória e o "prêmio", onde todos se esforçavam por manejar as temíveis armas do raciocínio, estão, com efeito, entre os aventureiros desse tempo, mais seguros do que muitos outros de se elevarem nas hierarquias sociais, ainda que tivessem pouca coragem e ambição. Ora, se a população das escolas não parou de aumentar durante o século XII, era porque o mercado se abria cada vez mais, após a época dos estudos, para carreiras das quais as mais acessíveis e mais atraentes não eram eclesiásticas. A sociedade leiga pedia os serviços de homens munidos de tal formação. Ela estava pronta para pagar caro, e todo o dinheiro sacrificado pela grande e pequena aristocracia para conservar, em tão grande número, rapazes que sabiam manejar as palavras e as cifras, raciocinar, e tinham algum verniz das ciências do *quadrivium* [quadrívio] permite considerá-la, em seu conjunto, como a verdadeira protetora do aprofundamento e da difusão do saber. A demanda era tão forte, e tão entusiástica a resposta que recebia, que, nos últimos decênios do século, os dirigentes da Igreja começaram a se interrogar sobre a finalidade das escolas das catedrais e pensaram em tomar medidas para travar a evasão dos seus graduados para profissões semiprofanas. O importante, quanto ao problema do qual nos ocupamos, continua sendo o fato de que, contratados em número cada vez maior nas cortes, onde sua função, julgada cada vez mais necessária, era retribuída cada vez melhor, esses intelectuais foram os artesãos do encontro entre a cultura leiga e a cultura erudita, isto é, os propagadores mais eficazes de um "Renascimento", do qual a escola era a grande oficina.

AUDIÊNCIA

No século XII, forma-se, assim, um novo tipo de cultura proposto a todos os membros da aristocracia, como também aos enriquecidos, que sentem que adotá-la é para eles o melhor meio de fazer esquecer sua origem e de confundir-se com a gente bem-nascida. Na *Art d'aimer "honnêtement"* [Arte de amar "honestamente"], composta por André le Chapelain, um dos *litterati* da corte de Filipe Augusto, o *plebeius* se encontra, por seu nascimento e pela fonte de sua riqueza, nitidamente separado do *nobilis*, do *nobilior* [mais nobre] e desse *nobilissimus*, que é o clérigo; mas ele se vangloria de compartilhar de seus gostos, de falar sua língua e de conformar-se escrupulosamente às regras de comportamento que eles respeitam. Essa cultura é, em grande medida, constituída pelo reflexo do saber e das formas de expressão que "renascem" então nos centros criadores do alto clero. Interrogar sobre sua formação e sobre sua expansão é colocar o problema da audiência, inseparável do problema do patrocínio, já que se trata em verdade de dois aspectos complementares do mesmo fenômeno, ele mesmo indissociável da evolução econômica e social. Eu me limitarei a algumas observações sobre a localização e a cronologia do processo de recepção.

Essa cultura nós podemos, sem hesitação, chamar de cortês: as cortes, grandes ou pequenas, foram o centro de seu enriquecimento e de sua difusão. A corte é a forma desenvolvida da residência senhorial. Ela se desenvolve à medida que aumentam os lucros do senhorio. A generosidade, virtude maior do sistema de valores aristocrático, faz a autoridade e o prestígio de todo senhor. Ela o leva a atrair para si tantos comensais quantos ele pode manter, e a tratá-los bem. Sua glória exige que seus hóspedes se sintam bem em sua casa. Ele deve, consequentemente, esforçar-se por diverti-los, pelos jogos físicos, mas também pelos jogos do espírito. A ética da generosidade faz assim da corte um foco de criação cultural. Ela é igualmente uma escola onde, num concurso permanente, aprendem-se as boas maneiras. Junto aos príncipes mais munificentes, essa iniciação é mais avançada e forma melhores "prud'hommes". Dos "jovens", cavaleiros e clérigos, que rivalizam, cada um ardendo por eclipsar os outros, para atrair para sua pessoa os favores do patrono, para demonstrar sua excelência nas armas ou nas letras, vem a animação da vida cortês. Mas ela vem também das mulheres. Não as esqueçamos. Tudo leva a pensar, com efeito, que sua participação na cultura erudita foi mais precoce e mais extensa do que a dos homens da aristocracia leiga. Existia, associada à residência nobre, uma espécie de convento onde as filhas dos senhores eram educadas. As que não permaneciam aí durante toda a sua vida em condição quase monástica, tendo ficado um certo tempo por não poderem se casar, saíam sem dúvida menos superficialmente *litteratae* do que as cavaleiros, seus irmãos. Elas representavam um papel central na competição cultural da qual a corte era o teatro. Essa competição se desenrolava diante delas; era aos seus olhos que os rapazes queriam brilhar; competia-lhes atribuir o "prêmio". Não foram elas um dos elos essenciais entre o "Renascimento" e a alta sociedade leiga?

Nessa sociedade operou-se, já o disse, a junção entre cavalaria e clerezia. O *senior* — e a dama, sua esposa —, no centro da corte, ambos encarnando, complementarmente, os valores da cortesia, pretendiam também, assim como os antigos reis, dando o exemplo à gente do seu castelo, aparecer como modelos da piedade leiga. Eles davam lugar, na sua vida, aos exercícios da religião. Por intermédio deles, seu círculo ficava em comunicação estreita com o mosteiro onde repousavam os ancestrais da dinastia, com a comunidade de monjas para onde se retiravam as viúvas, com a colegiada onde o senhor, "em roupas clericais", ia, como o legendário conde Foulque de Anjou, ou como, realmente, o conde Charles le Bon da Flandres, seguir regularmente os ofícios no meio dos cônegos, seus confrades, lendo um texto, distribuindo ritualmente as esmolas. O menor dos fidalgos tinha seu capelão e, no conjunto da classe dominante, foram experimentadas, nessa época, práticas que favoreciam a associação mais estreita dos leigos às liturgias da Igreja. Uma tal osmose entre o religioso e o profano facilitava evidentemente a recepção, pela alta sociedade, das formas cujo desenvolvimento no mundo eclesiástico o "Renascimento" suscitava. O que se renovava então na música e nas artes sacras, ornamentos da festa litúrgica para a qual eram convidados os cavaleiros, repercutia nos adereços da festa mundana, incitava a renovar-lhe também o cenário. Enquanto pelos *exempla* [exemplos], pela estrutura e conteúdo das homilias pronunciadas diante dos auditórios corteses, um pouco dos mecanismos lógicos do pensamento erudito e do que ele apreendia da natureza, da história e do sobrenatural, se comunicava ao pensamento leigo. Entre o que nos restou da produção literária em língua vulgar e o que conhecemos da pregação destinada à gente da corte, afinidades altamente significativas são perceptíveis. Eu me contentarei com um exemplo, o do capelão do conde de Chester do qual fala Orderic Vital; ele pregava diante da domesticidade desse senhor, seus cavaleiros, jovens e não tão jovens; para prender sua atenção, ele misturava ao que transmitia da palavra de Deus histórias capazes de cativar esses homens de guerra, histórias de santos militares, e também a história de Guilherme de Orange. Lendo atentamente a *Chanson de Roland* [Canção de Rolando], percebemos que ela podia ser compreendida em vários níveis e que foi composta para ouvintes dos quais alguns, pelo menos, ainda que leigos, sabiam de cor fragmentos, menos insignificantes do que se poderia crer, da Sagrada Escritura. Audiência? Do "Renascimento do século XII", o que a aristocracia leiga percebeu chegou-lhe, de início, pelo sermão.

Chegou-lhe também por meio de divertimentos, já que a sociedade cortês, estritamente fechada e guardada contra a intrusão dos "vilões", arrogante, olhando de bem alto o resto, bem estabelecida em sua riqueza e na ociosidade que a riqueza autorizava, vivia, antes de tudo, na gratuidade, para o jogo e o prazer. Essencialmente pela narrativa. A gente da corte escutava. Recitavam-se diante delas obras compostas por clérigos, mas numa forma que lhes fosse acessível, isto é, poética e vernacular. Essas obras que chamamos de romances antigos representam evidentemente a expressão mais notável do esforço feito então para pôr ao alcance de um auditório leigo os *auctores* que os gramáticos da escola comentavam, mas nenhuma das obras da literatura cavalheiresca escapa à influência profunda do que ensinava o *trivium* [trívio]. Todavia, a produção literária em língua latina, destinada ao público cortês, foi, no século XII, de tal abundância que é preciso pôr a questão de como esses ouvintes podiam recebê-la. Entre os senhores, entre as princesas a quem Hildebert de Lavardin e Baudry de Bourgueil dedicaram seus poemas, os que podiam apreciar, sem intérprete, esses textos eram assim tão pouco numerosos? O cônego que redigiu, por volta de 1155, a *Geste des seigneurs d'Amboise* [Gesta dos senhores de Amboise], citando expressamente Boécio, Horácio, Lucano, Sidônio Apolinário e Sêneca, esforçando-se por colocar em correspondência a *amicitia* ciceroniana e o laço afetivo criado pela vassalidade, não esperava que a graça e o vigor de sua composição latina fossem apreciados por outras pessoas além de seus confrades, os clérigos? Não devemos supor uma notável extensão da audiência leiga suficientemente cultivada para comunicar-se, sem intermediário, com a linguagem e o saber das escolas? A *Historia Gaufredi ducis* [História do duque Gofredo], escrita também em latim (qual podia ser a função prática de uma tal narrativa? Era lida? Onde? Em que circunstâncias? E de que maneira? Traduzida? Comentada?), mostra, sitiando o castelo de Montreuil-Bellay, Gofredo Plantageneta; o *litteratus consul* [letrado magistrado] pediu que se trouxesse, da abadia de Marmoutier um exemplar de Vegécio; não se diz, na verdade, que ele mesmo leu o livro; mas ele escutou a leitura feita, diante dele, por um monge. Em latim? Traduzindo, comentando o texto? Em todo caso, no dia seguinte, o conde decidiu pôr em aplicação o que ele havia ouvido.[3] Seja verdadeira essa história ou — o que é mais provável — inventada, ela revela o que se esperava de um senhor dessa categoria nos anos de 1180 em Touraine: que ele se reportasse, assim como um homem da Igreja, aos autores clássicos. Belo testemunho sobre um estado de espírito, sobre o que se imaginava de uma difusão até no cotidiano da existência senhorial das conquistas do "Renascimento".

Certo é que o meio social capaz de se apropriar destas conquistas ampliou-se durante todo o século XII. Sem dúvida é impossível datar com precisão as etapas dessa extensão progressiva. Mas a pesquisa cronológica, que não começou, mereceria entretanto ser empreendida. Baseando-me em alguns raros indícios, posso transmitir, a propósito da França, algumas impressões preliminares.

O movimento já me parece muito avançado nos últimos decênios do século XI. Os grandes senhores, com certeza, mas também a gente da pequena nobreza, como os pais de Guibert de Nogent, escolhiam ainda para seus filhos, de acordo com a carreira cavalheiresca ou eclesiástica para a qual os encaminhavam, entre dois tipos de educação, estabelecendo os segundos em colegiadas ou confiando-os a preceptores. Desejando apenas para os primeiros que eles se tornassem hábeis nos exercícios do corpo e fiéis aos ensinamentos da moral guerreira: formar seus espíritos pelo estudo traria o risco, pensavam eles, de estragar seus corpos. Acontecia entretanto de a morte de um irmão mais velho obrigar um certo homem da Igreja a sair do seu estado para dirigir o senhorio: foi o que ocorreu, por exemplo, com esse cônego que, por volta de 1100, tornou-se o chefe de sua linhagem e assumiu o comando militar do castelo de Berzé, no Mâconnais. Por outro lado, o que se sabe do pai de Abelardo ou da infância de são Bernardo prova que a separação entre os dois modos de formação não era rígida, que os futuros cavaleiros tiravam proveito das lições dadas a seus irmãos e que alguns sabiam ler e escrever.

Em meados do século XII, a conjunção entre a cultura profana e a escola parece estreitamente estabelecida em certos lugares privilegiados, resplandecentes, onde a nobreza de toda uma província se reúne periodicamente por algum tempo. São as grandes cortes que dão o tom, ditando as modas, mostrando como devem se comportar as pessoas bem-nascidas se querem ser dignas de sua categoria. Essas cortes foram, de início, as que reuniam os príncipes feudais rivais dos Capetos, Henrique Plantageneta, e conde da Flandres, o conde da Champagne, que viam precisamente, no brilho da cultura produzida e codificada em torno de suas pessoas, um meio bastante seguro de elevar o próprio prestígio face ao do rei. Paris pode parecer batendo em retirada. Na verdade, embora a adaptação da cultura erudita ao profano pareça aqui efetivamente menos avançada, em contrapartida, a ação do rei da França, diretamente responsável pela concentração escolar da qual tirou proveito essa cidade, fez com que se difundisse, mais vigorosamente do que em qualquer outro lugar, as formas do "Renascimento" diretamente associadas à sacralidade. No Sul, o papel foi desempenhado pelas cidades, Avignon, Arles, Narbonne, Toulouse. Mas as expressões do "Renascimento" que se difundiram a partir dessas aglomerações urbanas aparecem nitidamente mais laicizadas. Esse traço se explica pelas estruturas culturais particulares das províncias meridionais: a separação mais profunda estabelecida nessa região, desde a reforma gregoriana, entre a Igreja e os poderes leigos; o fato, concomitante, de que os eclesiásticos não detinham aí o monopólio da escrita, de que um estrato importante da alta sociedade urbana, o grupo dos juízes e notários, tinha acesso direto à cultura erudita.

Os documentos de que dispomos permitem discernir com maior clareza, no final do século, o sistema de relações entre os focos do renascimento intelectual e os lugares de sua recepção. Baseio-me em dados excepcionalmente precisos fornecidos por um texto, que já explorei e que continuo estudando exaustivamente: a *História dos condes de Guînes*, composta num pequeno principado satélite do condado da Flandres bem no início do século XIII. Seu autor, Lambert de Ardres, é precisamente um desses clérigos domésticos que foram os agentes mais eficazes da aculturação. Ele se gaba de ser um *magister* [mestre], graduado pela escola. Ele utiliza os livros conservados na colegiada fundada em 1069 junto à residência de seus senhores. Sua obra fornece o testemunho mais convincente do encontro cultural: latina, ela está alimentada pela leitura dos clássicos, ela denota perícia na mais erudita retórica, ela acolhe também o eco das expressões mais modernas da literatura profana. Mas, sobretudo, o padre Lambert, redigindo um duplo panegírico à glória de seus dois protetores, o senhor de Ardres, dono da residência onde ele serve, e o pai deste, o conde de Guînes, a quem a obra é dedicada, põe em evidência os dois níveis do edifício cultural, no seio do qual entram em jogo os mecanismos do recebimento: o nível dos *juvenes*, onde está ainda o senhor de Ardres, onde predominam os valores militares da cavalaria, onde a cultura permanece inteiramente oral, conservada na memória dos *commilitones* [companheiros de armas] do jovem herói, que contam, a fim de distrair a companhia nos intervalos do jogo guerreiro, ou as histórias da Terra Santa, ou as fábulas da "matéria da França" e da "matéria da Bretanha", ou finalmente as proezas dos ancestrais da linhagem: e o nível dos *seniores*, cujo representante eminente é o conde Baudouin. Esse pequeno príncipe, orgulhoso de ter sido sagrado por Thomas Becket, que luta por preservar a autonomia de seu senhorio encurralado entre principados mais poderosos, permanece ele próprio *illiteratus* [iletrado]; ele se esforça, entretanto, por atingir a *sapientia*. Ele sabe perfeitamente o que pode valer para seu prestígio a atividade intelectual da qual, em sua casa, é o animador. Para estimular essa atividade, ele não se preocupa com os gastos. Mantém em sua residência uma equipe de mestres; discute com esses *doctores artium* [doutores em artes]; estes o iniciam na ciência divina: ele, em troca, lhes ensina o que conhece de histórias profanas; gaba-se de chegar, como simples ouvinte, até a "virtude mística" dos textos sacros, de ser capaz de manter honrosamente sua posição nos exercícios da *disputatio* [debate], e de que as pessoas perguntem, ao ouvi-lo discursar, como "ele pode saber as letras sem tê-las jamais aprendido". Ele aprecia também o fato de que, graças à contribuição das monjas do mosteiro doméstico, sua capela seja honrada com um esplêndido ornamento musical. Ele a preenche de livros, escritos dos Padres da Igreja e fábulas dos poetas. Paga generosamente os tradutores, pois quer escutar, na língua que compreende, a leitura não apenas do *Cântico dos Cânticos*, de santo Agostinho, da vida de santo Antônio, mas também de tratados onde o que se conhece de física está resumido.[4] Ele encomenda finalmente a obra que celebra o brilho e a antiguidade de sua linhagem. Ora, esse monumento da dinastia, através do qual seus descendentes aprenderão, seguindo seu próprio exemplo, a proteger as letras, ele o quer em latim, no latim mais clássico, mais "renascente". Onde captar mais nitidamente, no nível dos senhores de grandeza média, cujos castelos se disseminam pelo espaço francês, no momento em que termina o século XII, as ligações entre o "Renascimento", seu patrocínio e sua audiência?

REFLEXÕES SOBRE O SOFRIMENTO FÍSICO NA IDADE MÉDIA

EU NÃO FALAREI DA DOR MORAL, aquela que nasce da separação, da opressão, da humilhação, da reclusão e, no entanto, que lugar seria mais conveniente do que este em que estamos para falar disso?[1] Limito-me ao sofrimento físico e a algumas considerações breves e muito gerais.

Os historiadores, no tempo atual, não cessam de ampliar o campo de suas pesquisas. Há alguns anos, a morte e tudo o que a cercava no passado foram objeto de estudos aprofundados e fecundos. Os historiadores se interessam agora cada vez mais pelo corpo, pelas aventuras do corpo, mas também pela consciência que os homens de outrora tiveram de seu corpo. História das maneiras de se alimentar, de se vestir, de se cuidar, história das pestes e das fomes, e vemos também a história da medicina, por longo tempo sonolenta, bruscamente, na França, tomar um novo impulso. Entretanto, os historiadores não fixaram ainda precisamente sua atenção sobre o sofrimento físico. Ora, evidentemente, a dor também tem sua história. A maneira pela qual ela é percebida, a posição que lhe é dada no seio de um sistema de valores não são dados imutáveis. Vemos bem que elas não são semelhantes nas diversas culturas que coexistem sob os nossos olhos. Elas variam no espaço. Elas também variaram no tempo. Essas variações, sem dúvida alguma, numa história global da sensibilidade, mereceriam ser examinadas em detalhes. Proponho, portanto, que as investigações sejam conduzidas a partir dessa perspectiva. No momento, e quanto ao período que conheço um pouco, a época feudal, uma faixa de tempo na verdade muito espessa, compreendida entre aproximadamente o Ano Mil e o início elo século XIII, posso apenas preparar o balizamento desse novo canteiro de obras, fornecendo algumas impressões, ainda muito superficiais, que retiro de uma frequentação prolongada dos documentos acessíveis.

Esses documentos estão muito dispersos. A obscuridade recobre quase tudo o que se desejaria conhecer desse tempo. É preciso, no entanto, notar já, como um fato admirável, que as referências à dor são, nessa pobre documentação, raríssimas. A cultura de que falo, dominada pelos padres e pelos chefes guerreiros — pelo menos o que nos é acessível dela, as maneiras de sentir e de pensar dos "intelectuais" da época, os quais deixaram traços escritos ou visuais de suas concepções e de suas reações diante do mundo e que eram, quase todos, homens do alto clero — a cultura "feudal", parece muito pouco preocupada, muito menos em todo caso do que a nossa, com os sofrimentos do corpo. Ela faz pouco caso disso. Ela não os exibe nos discursos que faz. Essa indiferença — ou antes esse recalcamento — coloca um problema. Para explicar essa atitude, parece simples demais limitar-se à rudeza dos costumes, à selvageria, ao peso muito maior que tinha a Natureza, à onipresença dos traumatismos numa população rústica cujas condições materiais de existência, até meados do século XII, não haviam aparentemente mudado muito desde o Neolítico, que estava mal protegida do frio, da fome e que, em virtude disso, podemos pensar que estava insensível. Mas já é mais satisfatório fazer referência ao caráter basicamente masculino e militar da ideologia que dominava então: ela relegava as mulheres a uma posição de total subordinação; ela exaltava as virtudes viris da agressão e da resistência tenaz a todos os assaltos; ela tinha assim tendência a mascarar as fraquezas, a não se apiedar, em todo caso, das fraquezas físicas. Entretanto, parece possível avançar ainda um pouco mais na interpretação dos documentos.

Partamos, para isso, do vocabulário, latino, que os intelectuais empregavam. Ele estabelecia quase uma sinonímia, quase uma equivalência, entre o termo *dolor* [dor] e essa outra palavra, *labor*, que significava trabalho. Essa disposição semântica esclarece a situação do sofrimento físico num sistema de valores que se apoiava, na cultura livresca, sobre duas bases maiores, sobre a Bíblia principalmente e, em segundo lugar, sobre o que se havia conservado dos tratados de moral da Antiguidade clássica.

Na tradição judaico-cristã, a dor é mostrada como uma prova e como um castigo imposto por Deus quando encolerizado. O Todo-Poderoso abate Jó para prová-lo. Ele fustiga Israel. Ele começou por punir por sua desobediência Adão e Eva. Tudo vem daí, dos nossos primeiros ancestrais, do pecado deles. Por terem sucumbido à tentação o homem e a mulher foram destinados não apenas a morrer mas também a sofrer. Para ela, especialmente a *dolor*: "Tu darás à luz na dor"; para ele especialmente o *labor*: "Tu ganharás o teu pão com o suor do teu rosto". A punição era merecida. Os homens são naturalmente pecadores. Portanto é normal que sofram. Não apenas normal mas necessário. Furtar-se ao sofrimento não é ir de encontro à vontade divina, não é pôr em questão a ordem estabelecida pelo Criador? Nós sabemos bem que nem tudo já se dissipou, no nosso tempo, dessas representações mentais.

Decorre daí que a dor é, antes de tudo, problema de mulher, e que o homem, consequentemente, deve desprezá-la. O homem digno desse nome não sofre; ele não deve, em todo caso, manifestar que sofre, sob pena de se ver desvirilizado, de retroceder, de ser rebaixado ao nível da condição feminina. Mas decorre daí também que o sofrimento físico, pelo fato de ser associado à ideia de *labor*, aparece particularmente indigno do homem livre. A tradição greco-romana vinha aqui reforçar isso, já que ela identificava a liberdade com a ociosidade, já que ela considerava toda tarefa manual como servil. Assim como o trabalho manual, a dor foi, portanto, considerada na época feudal como uma degradação. Julgava-se que ela escravizava. E isso impediu ainda mais que exprimissem seu sofrimento os padres e os guerreiros, esses homens que eram os únicos verdadeiramente livres porque pertenciam às duas categorias funcionais que estavam à frente da terceira, a dos trabalhadores, isto é, dos servos. Tal concepção se reflete nitidamente no sistema de repressão dos crimes: só os inferiores, as mulheres, as crianças, os camponeses dependentes, eram passíveis de castigos corporais; aos membros da classe dominante impunham-se multas em dinheiro e não o sofrimento físico, que ofenderia sua dignidade.

Punição do pecado, portanto sinal de pecado, sinal igualmente de servidão, e por isso degradante, a dor só adquiria, consequentemente, valor positivo como um instrumento de correção, de resgate, de redenção. Isso explica o lugar que lhe era atribuído, por um lado no Além, nessa instituição cuja configuração se precisou no final do século XII, o purgatório (o que impunha aos homens resolver esta questão difícil: como uma alma separada de seu corpo podia suportar um sofrimento físico?) e, por outro, nesses outros instrumentos de penitência que eram os mosteiros. Os monges impunham-se penitências por humilhação, da mesma forma que eles se impunham, para humilhar-se, o trabalho manual.

É, portanto, a propósito das almas do purgatório e dos ascetas que, nos textos e nas imagens que podem ser explorados pelo historiador da dor, os testemunhos são mais numerosos. Para dizer a verdade, são quase os únicos. A literatura que fornece mais informação sobre o que seria hoje domínio da medicina (falo das coletâneas de milagres), não se estende muito sobre os sofrimentos físicos. A não ser quando ela relata milagres punitivos, os que eram feitos por santos ultrajados que vingavam-se atormentando seus ofensores. Mas nos milagres de cura, a referência à dor está geralmente ausente. Esses milagres, com efeito, são, na maioria dos casos, análogos aos que Jesus realizou: eles se operam sobre a cegueira, a paralisia e a possessão demoníaca, perturbações que não são particularmente dolorosas. Quanto às crônicas, às descrições de combates ou de calamidades, elas relatam, na verdade, e com frequência, muitas vezes com complacência, as vicissitudes do corpo humano; elas descrevem feridas, mutilações horrendas, mas sempre o fazem friamente. Lendo-as, poderíamos pensar que as vítimas dessas sevícias não sentiam sofrimento. Esses homens permaneciam, em todo caso, impassíveis. Assim como estão, na iconografia dos séculos XII e XIII, os mártires cuja efígie era colocada na soleira dos santuários de relíquias — são Sebastião, são Diniz decapitado, carregando alegremente sua cabeça sem sequer estremecer. Não é que a dor não fosse percebida. Mas ela era desprezada. Ela não era confessada, salvo pelos pecadores, nos transbordamentos da sua autocrítica.

Parece, entretanto, que essa frieza não durou. Tal contenção em relação ao sofrimento físico, essa espécie de estoicismo que sufocava as manifestações de emoção diante do sofrimento de outrem ou diante de seu próprio sofrimento parecem ter começado lentamente a ceder a partir do final do século XII. Podemos nos perguntar se a mudança que percebemos afeta a realidade dos sentimentos e não apenas as fontes que permitem conhecê-los. Doravante as informações não vêm todas, com efeito, da alta aristocracia eclesiástica; a afetividade dos leigos começa a se exprimir; nesse momento inicia-se o longo movimento de desclericalização e de vulgarização da cultura, que revela progressivamente, nos séculos XIV e XV, comportamentos que não são mais apenas os dos heróis da devoção e da cavalaria, um movimento que permite perceber finalmente, pouco a pouco, o povo. É entretanto incontestável que a sensibilidade, que a maneira também de manifestar as paixões se modificaram realmente em todos os níveis da sociedade, e isso foi consequência essencialmente da evolução do sentimento religioso. Durante a época feudal, que é a do grande entusiasmo pela viagem a Jerusalém, a piedade tendeu a se concentrar cada vez mais na pessoa de Jesus, a alimentar-se de uma meditação mais frequente sobre a humanidade do filho de Deus, sobre sua Encarnação, portanto sobre seu corpo e sobre o que esse corpo havia sofrido. Redentor, o Cristo também o foi pelas dores que suportou, incomensuráveis já que na própria medida da sua divindade. Essa reflexão sobre o texto dos Evangelhos e todos os exercícios espirituais que a acompanharam, a larga propagação dessas atitudes por esses *mass media* cada vez mais eficazes, sustentados por todos os artifícios do teatro, que foram os sermões dos grandes pregadores, determinaram a valorização progressiva da dor na cultura europeia. O cristão foi chamado a ter presente em seu espírito as cenas da Paixão, a tomar lugar corporalmente entre os figurantes desse grande espetáculo de aflição coletiva. A imitação de Cristo lhe foi proposta. Ela o convidava a identificar-se ao Salvador, e especialmente aos seus sofrimentos corporais. Dois marcos no curso dessa evolução: no limiar, no primeiro quartel do século XIII, Francisco de Assis que recebe os estigmas; na grande época da expansão da nova devoção, no primeiro quartel do século XV, a brusca difusão de duas imagens oferecidas à contemplação dos fiéis, a imagem do homem sofredor e a imagem da Pietà. A dor se encontrava, a partir de então, deliberadamente colocada à frente da cena. Ora, a atenção da qual o corpo sofredor de Jesus era objeto se transferiu naturalmente para outros corpos sofredores, os dos pobres, os representantes do Cristo entre os homens. Vê-se nitidamente, a partir do final do século XII, paralelamente ao desenvolvimento de uma piedade que se compadece das penas da flagelação e da crucifixão, aparecer e depois se desenvolver a piedade pelos doentes, e desenvolverem-se também as obras de misericórdia, fundarem-se e organizarem-se os hospitais. Foi bem no prolongamento dessa lenta conversão em relação às atitudes da dor que a ciência e a prática médica começaram, mas muito mais lentamente ainda, a se preocupar não mais apenas em preparar a boa morte, não mais apenas com a cura mas, desembaraçando-se finalmente da ideia de que a dor, punição redentora, é útil à salvação, em recalcá-la com toda força e por todos os meios.

MEMÓRIAS SEM HISTORIADOR

TALVEZ SEJA MENOS FÁCIL do que se acredita falar da memória quando se é historiador, quando se pratica essa profissão (e quais são as razões profundas?), cujo aspecto essencial consiste em justapor restos, fragmentos de lembranças, muitas vezes dificilmente identificáveis, em envolvê-los com o imaginário para tentar ligá-los, reconstituir uma imagem, mas segundo esquemas que se retira, de qualquer forma, de si mesmo; e compor assim um quadro que provém, com frequência, menos do próprio passado do que do sonho do historiador. Uma profissão cujo objetivo é, como se diz, "renovar" (e para quê?) uma memória que mergulha verticalmente até o fundo das idades. Que, no que me concerne pessoalmente (a mim, historiador das sociedades que chamamos de feudais) se esforça por atravessar a espessura de cerca de um milênio.

Embora, a propósito desses tempos recuados, eu fale assim da memória e do esquecimento, não penso nessa forma de memorização da qual os especialistas do discurso histórico, atiçando o fogo das cinzas, escalando, para acrescentar um andar, o edifício verbal construído por várias gerações de antecessores, são hoje os artesãos. Eu me interrogo sobre o que se pode conhecer do funcionamento da memória entre os homens que viveram nos séculos XI e XII. Conhece-se muito pouco. Sem dúvida porque, até o presente, não se colocou muito a questão. Começa-se, justamente, a colocá-la — e eu penso num certo projeto de pesquisa do qual Philippe Joutard é o instigador. Um dos efeitos da descolonização foi obrigar os historiadores europeus a levar mais em consideração as sociedades sem escrita

— como quase eram as sociedades medievais —, a fazê-los descobrir o papel da oralidade na transmissão das lembranças coletivas, na construção de uma história não menos sólida do que aquela cujo conjunto nós aprimoramos, não menos viva, não menos necessária à organização das relações sociais. Entretanto, a incerteza em que estamos em relação aos mecanismos da memória na cultura da nossa Idade Média decorre principalmente do fato de que os fenômenos escapam à nossa observação. Esta passa obrigatoriamente por traços escritos, por textos, e nós não captamos jamais a memória a não ser imobilizada pelo trabalho de técnicos cujo ofício era precisamente capturá-la, aprisioná-la numa rede de palavras. Ela nos chega sempre fixada, cristalizada, morta, e não percebemos quase nada da liberdade de seus movimentos.

Eis aqui, entretanto, algumas observações, pontuais. Nas sociedades chamadas feudais, o acesso à escrita era monopólio de alguns homens, os quais pertenciam todos à Igreja, cuja função (pelo fato de o cristianismo ser uma religião do livro, porque seu clero deve obrigatoriamente manter contato com a Escritura) implicava que eles tivessem passado pela escola, que tivessem aprendido as letras, e o manejo de uma língua, o latim, diferente da língua falada, para o qual deviam ser traduzidos, antes de serem transcritos, todos os termos empregados na vida cotidiana. Todos os outros homens, grandes e pequenos, viviam muito bem sem o texto escrito. Entre eles, as relações se baseavam na memória. Mas eles usavam outros meios para consolidá-la. Primeiro, a cerimônia. Todo ato social de certa importância devia ser público, realizar-se diante de uma assembleia numerosa, cujos membros guardavam em depósito a lembrança e cuja confirmação esperava-se que eles garantissem mais tarde, eventualmente, tanto daquilo que tinham visto como ouvido. Palavras, gestos, enfiados num ritual a fim de se imprimirem mais profundamente na memória do grupo para serem, no futuro, relatados. Ao envelhecer, as testemunhas se sentiam obrigadas a transmitir à sua descendência o que elas conservavam na memória, e essa herança de recordações deslizava assim de uma geração para outra. E para que ela não se deteriorasse demais, recorria-se a alguns artifícios. Tomava-se o cuidado, por exemplo, de introduzir na assistência crianças bem jovens e, às vezes, de bater-lhes violentamente no momento principal da cerimônia, esperando que, ligando-se a lembrança do espetáculo à lembrança da dor, elas esqueceriam menos rapidamente o que tinha se passado diante delas. Ou então conservava-se cuidadosamente um certo objeto que, nos ritos de investidura, passara de uma mão a outra, sob o olhar do povo, para significar a transmissão de um direito — como esses ramos, essas facas, essas pedras que se encontram ainda, por vezes, nos arquivos, ligados a um pergaminho, a um documento que um escriba fora chamado para redigir, mas que não parecia oferecer garantia suficiente, parecendo o objeto um monumento comemorativo bem melhor do que o texto, aos olhos de tanta gente que não sabia ler e não compreendia o latim. Gente que, para garantir o arranjo de todas as relações sociais, não confiava nos textos, mas na memória, nessa memória coletiva que era o "costume" — um código muito estrito, imperioso, embora não estivesse em parte alguma registrado. Se se interrogava sobre esse ou aquele ponto do direito, era preciso proceder à elocução das lembranças. A pesquisa oral, a interrogação periódica dos membros da comunidade, inicialmente os mais idosos, depositários de uma reserva mais antiga, julgada mais valiosa porque mergulhava mais profundamente no passado, constituía um dos órgãos maiores de uma regulamentação da sociedade. Muito significativo me parece o uso, tradicional então no Leste da França, dessas assembleias que reuniam, em datas fixas, todos os dependentes adultos de um senhorio para que eles dissessem o costume, para que recitassem a lista das obrigações às quais o poder os sujeitava. Veio uma época, o século XII, em que o senhor requereu o serviço de escribas para anotar os termos desse depoimento coletivo. É então por vezes possível, comparando num mesmo lugar vários registros sucessivos, descobrir o que se movia nessa memória, captar especialmente a maneira pela qual o grupo camponês resistia às pressões senhoriais, expulsava de sua memória essa ou aquela taxa, essa ou aquela corveia, e introduzia, em contrapartida, um certo privilégio surdamente adquirido.

Tais documentos, para dizer a verdade excepcionais, poderiam ser um útil material para o estudo sistemático da mobilidade das lembranças. Outros também: penso nesses autos de processos (eles sobrevivem em muito maior número) nos quais, por ocasião de algumas fraturas da ordem social, de um processo, de um delito, via-se comparecer uma série de testemunhas. Elas respondiam, umas após as outras: "Eu tenho cinquenta anos, ou sessenta, ou noventa; eu me lembro de ter estado presente naquela ação; eu vi isso ser feito em tal momento, eu ouvi dizer aquilo...". Relatos que se confirmam aqui, que se contradizem lá: uma mina de indícios, largamente oferecida aos historiadores da memória, mas que foi pouco explorada. Quantas informações disponíveis, por exemplo, sobre os jogos do esquecimento, voluntário, involuntário, franco ou cauteloso, entre o que declararam, aterrorizadas ou mal-intencionadas, diante do inquisidor, as pessoas de Montaillou e de outros lugares!

Gostaria agora de considerar um outro campo, o da memória genealógica. O cristianismo feudal é, em muitos casos, no essencial talvez, uma religião dos mortos. Entre as manifestações da piedade popular, algumas das mais importantes socialmente se desenrolavam na proximidade das sepulturas: as tumbas dos santos, que multidões de peregrinos visitavam, reclamando a salvação de seu corpo ou de sua alma; as tumbas dos ancestrais, cercadas por cerimônias periódicas reunindo, em torno de uma equipe monástica encarregada da celebração, todos os membros vivos da linhagem. As principais tinham lugar no dia do aniversário do defunto. Sua organização exigia, portanto, a fixação de um calendário, a constituição de registros particulares onde se anotavam datas, nomes: os obituários, os necrológios, esses livros que eram chamados precisamente de *memoriales*. Especialistas da escrita, organizadores das liturgias funerárias, ordenaram aí constelações de antropônimos. Essas coleções de palavras perpetuavam a imagem de um parentesco. Elas fixavam nas consciências individuais o sentimento de pertencer a um grupo cuja menor parte vivia neste mundo, cuja maior parte vivia no outro, exigindo atenções, cuidados, serviços — a essa célula imortal, a linhagem, cimentada pelos laços de sangue, mas bem mais por uma memória cuidadosamente conservada e que constituía o quadro fundamental dessa sociedade. A lembrança dos ancestrais era assim preservada pelo culto dos mortos. Mas ela também o era pela necessidade de que, em respeito aos interditos do incesto imposto a todos, que estes fossem claramente advertidos de todas as relações de parentesco. A Igreja, com efeito, proclamava ilícitos, maculados e, consequentemente, condenados a serem dissolvidos, os casamentos contraídos num limite inferior ao sétimo grau de consanguinidade. Quando, tendo ganho poder, ela começou, no século XI, a lutar mais vigorosamente para fazer com que fossem aceitas suas exigências de uma exogamia tão desmedidamente extensa que era impraticável, ela multiplicou as pesquisas de um gênero particular, ela forçou as famílias a se interrogarem sobre uma ascendência prolongada sobre mais de um século e meio, a desenredarem a densa rede das filiações, a contarem os graus, a apresentarem o resultado disso diante das cortes eclesiásticas, a confirmá-lo pelo juramento. Tais processos vieram estimular ainda a memória genealógica, naturalmente muito viva na aristocracia na qual a própria noção da nobreza levava a glorificar os antepassados muito antigos. Outros estímulos, estes atuando nos níveis mais baixos do edifício social, nasciam quando os senhores vinham a disputar os direitos sobre essa ou aquela família de servos. Era importante ainda aqui, entre os trabalhadores e os criados de herdades, reconstruir genealogias, recensear os mortos, lembrar seus nomes, despertar sua longínqua lembrança.

Entre os documentos escritos mais propícios ao estudo da memória feudal figuram as narrativas genealógicas, que se multiplicaram e se enriqueceram na França durante o século XII,[1] num momento em que a sociedade nobre começava a perceber o que a ameaçava em suas prerrogativas e esforçava-se por consolidar, por todos os meios, as bases de seu poder. As dinastias principescas, grandes e pequenas, recorreram então à competência dos profissionais da escrita, os clérigos. Elas lhes atribuíram uma tarefa de investigação e de fixação das lembranças que não difere substancialmente da que nós assumimos, nós que somos historiadores. Escritores foram convidados a manipular a memória, a buscar alguns vestígios aos quais esta se prendia solidamente, a ligá-los uns aos outros, a inventar para preencher as lacunas. Tomo como exemplo um desses discursos, cuja exploração estou levando avante atualmente. Um padre o compôs no final do século XII, um padre doméstico, a serviço de uma residência aristocrática, a dos senhores de Ardres, que um casamento recente havia vinculado à dos condes de Guînes, ambas situadas no atual departamento do Pas-de-Calais. Esses senhores, que desejavam engrandecer sua estirpe por meio de um monumento literário, encomendaram-lhe a redação da história dessas duas linhagens, remontando até suas origens. O que ele fez da melhor forma que pôde, pondo a serviço da tarefa todos os recursos de sua técnica, empregando, antes de tudo, a língua latina que ele manejava bem, utilizando também o que ele tinha à mão: documentos (mas muito poucos: antes dele, na casa, dava-se pouca atenção aos escritos), obituários, epitáfios inscritos sobre os túmulos (ele próprio havia composto alguns já que a organização das cerimônias funerárias era de sua responsabilidade) mas, sobretudo, o que se contava entre os parentes. O essencial de seu material ele o obteve da memória viva, a de seus protetores, de seus irmãos, de seus primos, de seus bastardos; é essencialmente por isso, pela rede que ele lança sobre essa efervescência de lembranças, que aquilo que escreve nos interessa.

Percebemos que essa memória parental se estende por um século e meio, remontando precisamente os seis graus de consanguinidade que as injunções eclesiásticas convidavam a memorizar escrupulosamente. Para além, ela se torna muito imprecisa; raramente ela retém alguns nomes, os dos chefes da família unicamente, os dos condes, e isso sobre três quartos de século, sobre no máximo um século a mais. Ultrapassado esse limite, ela se perde inteiramente. Na noite que se instala, o autor, preocupado em executar bem sua tarefa, projeta então seu próprio sonho. Ele imagina heróis fundadores, fabula a respeito deles. Sua história se torna um romance de cortesia, de cavalaria, povoado de personagens inventados. Suas posturas, suas vestimentas reproduzem as dos senhores para os quais o escritor trabalha, os comportamentos cujo exemplo eles mesmos desejam dar, as virtudes que eles professam, as excentricidades também de que se orgulham, notadamente o vigor genético e a valentia de que dão provas nos jogos do amor ilícito. A memória familiar cujas sinuosidades essa narrativa desenvolve aparece assim nas suas riquezas e nas suas imperfeições. Ela se dilui no mito. Suas dobras muito flexíveis se ajustam ao presente da vida como um adereço no qual se reflete o que os vivos gostariam de ser. Finalmente, ela se preocupa muito pouco com a cronologia estrita. Entre as sessenta grandes páginas in-fólio que a edição moderna desse texto recupera, há catorze datas, não mais, das quais cinco dizem respeito a eventos dos quais o narrador foi testemunha direta em sua idade adulta. Oito dentre elas se relacionam com a história eclesiástica, com a história erudita: duas — falsas — são as da pregação da primeira, depois da segunda Cruzada (não nos espantemos: a expedição à Terra Santa, com efeito, surge no horizonte mental dos membros dessa família nobre; eles são todos cruzados, o último descendente tomou a cruz, sem aliás pôr-se a caminho, dez anos antes da redação dessa história); seis outras datas, conservadas pelos documentos que o autor utiliza, interessam aos estabelecimentos religiosos que as duas linhagens fundaram, como anexos necessários da sua residência. Quanto às seis últimas, elas situam eventos que são profanos, propriamente familiares. A mais antiga, a da chegada do herói fundador, repelida para o início do século X, é evidentemente mítica. As outras se distribuem entre os últimos trinta anos, reunidas na zona particularmente firme da lembrança; as duas mais longínquas estão ligadas a sepulturas; uma outra situa, 25 anos antes, a aparição de um falso fantasma: um impostor quis naquela ocasião fazer-se passar pelo senhor, que não voltara nunca de além-mar, e cujos herdeiros, explorando calmamente a sucessão, nem imaginavam que pudesse chegar; aparentemente eles tremeram tanto diante da imagem inesperada do pai que a lembrança parece ainda, na geração seguinte, indelével. A penúltima data diz respeito ao jovem senhor de Ardres, herdeiro presuntivo do conde de Guines, protetor direto do narrador e cuja biografia é objeto de cuidados particulares já que é o comanditário da empresa, o verdadeiro herói da narrativa; essa data, a de Pentecostes de 1181, é, portanto, para ele, a principal da sua existência: não é a do seu nascimento, nem a do seu casamento, é a da sua sagração, do rito de passagem que o introduziu no mundo dos cavaleiros. Encontra-se finalmente anotado o ano em que o conde da Flandres, explorando os recursos em dinheiro que o rei da Inglaterra lhe havia feito entregar para que movesse guerra contra Filipe Augusto, ajudou esse mesmo senhor de Ardres a pagar suas dívidas. É por acaso que, no espírito dessa gente muito rica mas que, na brusca irrupção de uma economia monetária, não podia deixar de correr atrás de dinheiro, uma das raras precisões cronológicas está ligada a uma peripécia financeira?

A memória familiar, solidificada, sofisticada e inteiramente sobrecarregada de ornamentos artificiais, esse texto entrega, pois, à posteridade, isto é, principalmente à descendência, mas também involuntariamente aos historiadores. Devemos vê-la, com efeito, nos seus envasamentos, identificando-se com a memória de uma fortuna. Em definitivo, é bem em torno da herança, em torno do patrimônio, gerido atualmente pelo mais velho da família, que seus ancestrais governaram sucessivamente, cada um abandonando o depósito, quando entrava no mundo dos mortos, ao mais velho dos seus filhos, de suas filhas ou de seus irmãos, e que o mais velho dos filhos do presente detentor espera, não sem impaciência, tomar em suas próprias mãos, que o mais vivo, o mais nítido, nessa massa flutuante de lembranças vem cristalizar-se. Em torno de uma casa, centro de um feixe de poderes, onde a dinastia se enraíza, onde o chefe da linhagem mantém residência, onde, no leito colocado no próprio coração dessa habitação, na cama em que ele mesmo nasceu, ele se esforça conscienciosamente para procriar os que prolongarão o futuro da parentela, onde suas filhas permanecerão, ciumentamente guardadas, até o casamento ou até a morte, onde seus filhos passarão a infância, a qual eles deixarão, adolescentes, para as vagabundagens da aventura, mas cujo nome eles usarão, onde eles se reencontrarão em certas datas, onde não se deixa de contar a história da família, onde também, assim como aqui, se escreve. Uma história propriamente falando doméstica, já que ela é menos a história de uma estirpe do que de uma casa — da maneira pela qual essa casa se enriqueceu, pela qual ela defendeu seus direitos no curso das eras, dos riscos que ela pôde enfrentar, das oportunidades que ela pôde aproveitar. Nos seus muros — assim como no *Roman*, nos muros do jardim em que a Rosa está guardada — o poder genealógico vem afixar algumas efígies. Primeiro as efígies de dois personagens vivos, a do senhor, a de seu herdeiro — do pai, do filho, colocados nas atitudes convenientes a cada um deles, ao velho, que comanda, que pretende passar por prudente mas que deseja que se saiba com clareza que ele ainda faz amor, ao jovem, instável, fogoso —, e a história não faz silêncio sobre as tensões que os opõem. Depois, menos precisas, brumosas e cada vez mais, na medida em que se afastam no passado, as efígies dos mortos, justapostas como numa galeria de ancestrais. Todas ornamentadas, em pose favorável, dando aos olhos dos que, sucessivamente, ao longo das gerações, vierem a se estabelecer aí, deitar por sua vez no leito, administrar por sua vez o patrimônio, o exemplo do bom comportamento. Pois essa memória é seletiva. Dos gestos realizados pelos vivos e pelos mortos, ela retém só aqueles, bons ou maus, que são suscetíveis de tomar lugar eficazmente num discurso educativo. Ela ensina, ela é o instrumento de uma pedagogia. E, por essa razão, ela manipula insensivelmente as lembranças, ela as adapta às exigências do presente, ela as deforma para que se ajustem à lenta evolução de uma moral. Eis porque todos os personagens do relato de que falo se parecem. Eles carregam todos as mesmas vestes, têm todos as mesmas atitudes, a silhueta e o comportamento julgados adequados, no momento em que essa narração foi escrita, pelos que encomendaram sua redação. Nesse espelho de múltiplas faces são os traços de seus próprios rostos que eles contemplam, ou antes os que eles desejariam que se vissem.

Mas para que eles fiquem inteiramente seguros ainda é preciso que essa imagem seja refletida, em planos sucessivos, até o fundo do tempo. Seu olhar se fixa, consequentemente, ao mesmo tempo sobre a casa, esse dique de solidez, esse refúgio, e sobre os ancestrais, que aí nasceram e que, um após o outro, a habitaram. No momento em que a memória dos condes de Guînes e dos senhores de Ardres foi capturada nesse texto que tomei como exemplo, um outro padre, um cônego, escrevia, não longe de lá, em Cambrai. Ele também escrevia uma história, mas geral, anais nos quais se esforçava por relatar tudo o que tinha podido saber dos acontecimentos do mundo. Chegando, nessa redação, à data do seu nascimento, ele não resiste ao prazer de dizer algo sobre si mesmo. Ele deixa sua própria lembrança mergulhar, por um momento, numa fissura de sua narrativa, dessa narrativa no entanto sóbria, seca, lacônica — nessa época, não se desperdiça a escrita. De que fala ele? Antes de tudo, da casa em que nasceu — e trata-se de um paraíso de pradarias e de fontes; ele se demora descrevendo-a amorosamente, desajeitadamente —, de que meios se dispunha então, quando se escrevia em latim, para celebrar uma paisagem? Depois ele evoca esse outro abrigo, esse outro ninho: sua parentela. Para nada dizer, ou quase nada, de seus parentes vivos, mesmo os mais próximos, de seus irmãos e irmãs, cujos nomes eles nem chegam a revelar. Ele fala dos mortos, e especialmente, entre estes, dos que são modelos para ele, dos que como ele, melhor que ele, fizeram carreira na Igreja, mas também de heróis militares, e assim dos dez irmãos de sua avó materna que morreram juntos gloriosamente na mesma batalha e que são celebrados ainda, no seu tempo — e disso ele se orgulha muito — pelas "cantilenas dos jograis".[2]

Canções. Elas são ainda, na época de que falo, reservatórios da memória e, abrindo-se muito mais largamente para o povo, difundem-se para bem além dos recintos das grandes mansões familiares. Perecíveis todavia: quase todos esses cantos se perderam. Restam entretanto alguns que a escrita fixou. Conviria, eu penso, que os historiadores da memória começassem a relê-las, e atentamente. Trata-se de uma outra fonte, de fato, e generosa, na qual é possível saciar-se nas terras áridas que eles exploram e pelas quais não sei qual é o desejo que, ainda hoje, os leva a vagar.

HERESIAS E SOCIEDADES NA EUROPA PRÉ-INDUSTRIAL, SÉCULOS XI-XVIII

TIRAR AS CONCLUSÕES DE UM ENCONTRO tão fecundo[1] torna-se uma operação singularmente difícil quando se quer, como acho que devo fazê-lo, conter essa conclusão nos mais breves termos. Preciso, com efeito, escolher e, pelo fato de que não sou absolutamente historiador das religiões nem da heresia, pelo fato de que estudei sobretudo certos aspectos da sociedade medieval, essa escolha se orientará da seguinte maneira.

Não reterei nada, ou quase nada, do que diz respeito ao conteúdo doutrinal das heresias, e isso é um sacrifício muito pesado porque muitos esclarecimentos, muito importantes e muito preciosos, foram trazidos por esses debates. Eu me esforçarei antes por retornar ao quadro que fora fixado para essas jornadas de estudos e que foi definido pelo título "Heresias e sociedades", referindo-me, em particular, ao questionário preliminar, muito estimulante, muito pertinente, que colocava como uma das questões centrais "o papel do herético, sua função na sociedade". E isso num domínio bem nitidamente delimitado: a cristandade latina entre os séculos XI e XVIII. Não tenho necessidade alguma de insistir no valor das contribuições que tocaram nos domínios exteriores a esse quadro, quer se tratem das margens eslavas em via de cristianização e onde a apostasia apareceu como uma manifestação de recusa, quer se trate do mundo bizantino, quer se trate do islamismo, quer se trate do judaísmo rabínico.

No limiar dessas reflexões, que serão todas de natureza metodológica, farei algumas observações de caráter geral.

A primeira de minhas impressões é a de ter adquirido uma consciência mais clara de um fato muito importante na história da civilização europeia: a permanência, a ubiquidade da heresia, sempre decapitada, sempre renascente sob múltiplas faces. A heresia se manifesta como uma hidra: e fica claro ainda que essa hidra não foi sempre igualmente virulenta. Primeira tarefa, e das mais necessárias: importa situar o mais exatamente possível no tempo os impulsos de vitalidade e, inversamente, as fases de afrouxamento, de entorpecimento. Trata-se bem, de fato — retomo os termos do questionário —, de observar o herético "no processo histórico". Dito de outra forma, é necessária uma cronologia. O trabalho está pronto, em grande parte. Basta, consequentemente, clarificar, confrontar e logo vemos isolarem-se, nitidamente, períodos em que os testemunhos sobre a heresia se multiplicam, e outros, pelo contrário, que são ocos, que são vazios. Assim, falou-se, várias vezes, durante essas jornadas, dos sete ou oito decênios de bonança entre a fermentação da primeira metade do século XI e os redemoinhos profundos do XII. Todavia, se considerarmos essa cronologia no seu conjunto, ficaremos impressionados por uma oposição que creio ser fundamental.

De um lado, o tempo medieval, que chamarei naturalmente de tempo das heresias vencidas ou, antes, das heresias sufocadas. A heresia então está lá, permanente, pululando; ela é endêmica, acrescentemos necessária, sem dúvida vital, orgânica, mas ela é sempre abatida. É preciso decompor esse primeiro período em duas fases sucessivas: de início, uma fase de heresias curtas (declarou-se, para o século XII: "sua vida é curta mas intensa, poucas heresias sobreviviam a uma segunda geração"), seguida por uma fase na qual as heresias se tornam cada vez mais tenazes e cada vez mais resistentes. Após essa primeira época das heresias sufocadas, domesticadas e pouco a pouco subjugadas, vemos, a seguir, no início do século XVI, com a fratura luterana, com essa ferida que não se fechou e que contribuiu para fragmentar um universo até então unitário, abrir--se o tempo da coexistência e da partilha territorial, partilha que foi suportada antes de ser aceita, e depois aceita com indiferença cada vez maior. A partir de então, a própria função da heresia, doravante estabelecida como uma "sociedade externa", e a própria situação do herético em relação a si mesmo e em relação aos outros, se viram radicalmente transformadas. O que faz com que o historiador dos tempos modernos não possa estudar a heresia da mesma forma que o medievalista, não apenas porque os documentos mudam então inteiramente de natureza, não apenas porque com o progresso das técnicas de expressão, as "armas" da heresia não são mais as mesmas, mas porque o clima de conjunto sofreu uma mutação decisiva. Portanto, é possível reconhecer duas vertentes que são inteiramente separadas. Com efeito, nós tomamos bem consciência disso, e a única falha desse colóquio é que, a despeito de algumas intervenções e provocações por vezes muito valiosas, não se pode dizer que ele tenha verdadeiramente dado lugar a sérios confrontos de métodos entre os medievalistas e os modernistas.

Acredito também ter adquirido uma consciência mais clara da dificuldade em definir o que é um herético e, portanto, e é o que nos importa, a nós historiadores, em distingui-lo através dos documentos. Nós partimos de uma definição, proposta por um historiador-teólogo: o herético é o que escolheu, que isolou da verdade global uma verdade parcial e que, a seguir, obstinou-se em sua escolha. Mas logo percebemos que nossa tarefa específica, na medida em que investigamos o passado, é distinguir os que, num certo momento, foram designados por seus contemporâneos — por alguns de seus contemporâneos — como sendo heréticos. Ora, no mesmo momento, os critérios desse julgamento puderam diferir singularmente. Um pôde ser chamado de herético por um interlocutor no calor de uma discussão, perseguido como herético por um maníaco da Inquisição, vítima da obsessão do desvio ou então um Maquiavel da política, e que não teria sido considerado como tal por um canonista ou por seu confessor. O que implica outra tarefa, muito mais difícil do que a ordenação cronológica de que falava há pouco: delimitar, a cada momento, o que se chamou de forma muito justa nestes debates de "perfil" do meio herético. Empreendimento muito delicado. É ele possível, na medida em que esse meio, com frequência clandestino, aparece sempre como muito fluido, tão fluido que escapa a qualquer delimitação? Retornarei, em breve, a esse ponto.

Observo, finalmente, para terminar essas reflexões gerais, que é importante refletir bem sobre um fato evidente. Todo herético torna-se tal por decisão das autoridades ortodoxas. Ele é, antes de tudo, e com frequência assim permanece sempre, um herético aos olhos dos outros. Esclareçamos: aos olhos da Igreja, aos olhos de *uma* Igreja. Consideração importante porque ela faz aparecer como historicamente indissolúvel a dupla ortodoxia-heresia. Mas não se deve considerar ambas como duas províncias ribeirinhas que são delimitadas por uma fronteira muito clara. Trata-se antes de dois polos, entre os quais estendem-se largas margens, enormes zonas, de indiferença talvez, por vezes de neutralidade, em todo caso franjas indecisas e móveis. Móveis: essa constatação pode se tornar fecunda para quem se interroga apenas sobre os contornos do meio herético, mas também sobre as fases da história da heresia e sobre o próprio conteúdo das doutrinas heterodoxas.

Fica bem evidente que, na medida em que a Igreja ortodoxa se tornou mais ou menos exigente num ou noutro momento, o setor da sociedade reputado como herético, condenado e hostilizado como tal, foi mais ou menos amplo. Eis algo que permitiria aliás enunciar mais vigorosamente um problema, que até aqui só foi aflorado, o da heresia no interior da heresia: quando uma heresia aparece no próprio seio da heresia, é porque uma parte do meio herético se organizou como Igreja. Talvez a heresia seja sempre potencialmente uma Igreja; mas é preciso, para que produza no seu seio as suas próprias heresias, que ela se torne uma Igreja verdadeira, isto é, que ela se ponha a excluir e a condenar.

Por outro lado, se considerarmos as fases, não podemos pensar que os períodos em que a virulência parece se atenuar, em que os testemunhos sobre a heresia desaparecem das fontes, são por vezes aqueles em que a ortodoxia se torna menos rígida, se mostra indulgente, acolhedora? Por brandura — ou então porque a Igreja está ela mesma ocupada com sua própria reforma, assumindo em parte a inquietação herética — ou então ainda porque ela se esforça, pelo contrário, em estado de fraqueza, por obter certas reconciliações. O estudo da heresia, todos nós o sentimos, desemboca no estudo da tolerância e das suas diversas motivações.

Por fim, o papel imediato e fundamental que a ortodoxia tem no aparecimento e na secreção da heresia afeta também o próprio conteúdo das doutrinas heterodoxas. É, com efeito, a sentença de condenação pronunciada pelos "clérigos" que isola um corpo de crenças e lhe dá nome. Dando-lhe um nome, ela o assimila (aliás, com frequência de forma errada, por desconhecimento ou por desprezo) a conjuntos dogmáticos já conhecidos, inventariados. Dessa forma, não conduz ela a doutrina condenada a alimentar-se às custas dessas heresias antigas? Em todo caso, não altera ela a própria evolução da crença herética?

Essas breves reflexões gerais talvez não sejam inúteis antes de abordarmos a questão central, "heresias e sociedades", e de examinarmos de que maneira podemos, ao final dessas jornadas de trabalho em comum, modificar, ajustar e completar o questionário que, de início, nos foi proposto.

Na minha opinião, uma das primeiras contribuições deste colóquio foi colocar em evidência a necessidade de conduzir de forma muito distinta a investigação histórica, conforme se trate do nascimento, ou antes da formação, de uma doutrina herética e, por outro lado, de sua difusão. Direi, de maneira mais precisa, que parece agora necessário examinar inteiramente à parte o caso do heresiarca. Salvo exceções, que acredito muito raras, o heresiarca pertence aos círculos dirigentes de uma Igreja, cenáculos, escolas, ou pequenos grupos de reflexão, isto é, aos meios nos quais o historiador pode geralmente penetrar com bastante facilidade, porque eles são daqueles que deixaram os traços documentais mais abundantes. A definição teológica do herético pode aplicar-se ao heresiarca, mas só a ele. Sem dúvida, só ele escolhe verdadeiramente, propõe a *sententia electa* [opinião escolhida]. Pois, para que haja *sententia*, é preciso que haja verdadeiramente reflexão, acerto intelectual e, consequentemente, cultura. Por outro lado, trata-se bem, nesse caso, na maior parte do tempo, de uma decisão individual ou, pelo menos, da decisão de um pequeno grupo. O historiador está portanto autorizado a examinar em profundidade as reações da personalidade do heresiarca face ao seu meio; ele está autorizado a indagar sobre sua psicologia. Essa era uma das questões principais de nosso programa: como o heresiarca chega à sua escolha? Reagindo a que leituras? Contra que colegas? Problemas que se podem colocar a propósito de Lutero ou, como tivemos aqui a demonstração, a propósito de Wyclif. A propósito do heresiarca, em função dos instrumentos de que nós os historiadores dispomos, só pode, portanto, ser formulada uma das interrogações propostas: trata-se de um doente, de um neurótico? E qual é a neurose? Neurose de angústia, neurose de orgulho, neurose de frustração, neurose de um minoritário? Ele é verdadeiramente um "desencaminhado"? Compreendamos bem: aos olhos dos que têm a consciência leve por achar que estão no caminho certo. Acrescentemos ainda que o heresiarca, pelo fato de ser um "intelectual" reagindo em relação a um pequeno número de confrades que o cercam, aparece geralmente como um ser bastante vulnerável, fácil de controlar, de abater, e que ele deve dar provas de um verdadeiro heroísmo para permanecer *pertinax* [constante]. Os casos de submissão, de autocríticas, de retornos arrependidos ao regaço da Madre Igreja são inúmeros e apaixonantes. Pensemos finalmente no poder de absorção do meio ortodoxo: a canonização foi utilizada só para são Francisco como meio de neutralização póstuma?

Bem outro deve ser o procedimento do historiador se ele se

preocupa em observar a difusão da doutrina herética. Ele deve deslocar seu campo de observação para alcançar os comportamentos coletivos e modificar, consequentemente, seus métodos. Convém que ele considere antes de tudo os veículos de transmissão: estabelecer, por um lado, uma geografia das vias e dos lugares de dispersão; observar, por outro, os modos de propaganda, discurso público, privado, escrito, imagem; seguir a pista finalmente dos agentes, dos agitadores, de todos os seres que são por vezes individualmente acessíveis à observação histórica, como os heresiarcas, mas que não têm as mesmas atitudes psicológicas e não saem em geral dos mesmos meios sociais.

Transmitida, a doutrina é aceita. Por quem? Por seres insatisfeitos, cujas exigências espirituais a Igreja próxima deles não soube satisfazer, e que, por isso, se afastam dela, dando ouvidos a outras mensagens. Retomo a sugestão feita no sentido de considerar a heresia por vezes como uma devoção defeituosa, eu diria antes uma devoção frustrada. Em todo caso, por seu comportamento mental, o adepto difere ainda do agitador e, mais ainda, do heresiarca. Mais passiva, mais negativa também, é uma atitude de recusa. Observemos, de passagem, que sempre existiram outras formas de recusa no domínio das condutas religiosas, a começar pela evasão mística — evitar o padre sem se colocar contra a Igreja — e pela "fuga para o deserto", a conversão à vida cenobítica. E talvez conviria verificar atentamente nos períodos dessa história herética como se distribuíam respectivamente os momentos de florescimento das heresias e aqueles em que prosperaram as ordens religiosas, assinalar se houve por vezes coincidência ou, por outras vezes, compensação.

Dessa recusa, dessa oposição à disciplina e às autoridades eclesiásticas, não é impossível descobrir os motivos, que convém distinguir e classificar cuidadosamente. A Igreja foi por vezes rejeitada porque era efetivamente insuficiente em virtude da falta de sacerdotes (foi, ao que parece, o caso em muitos campos da Europa no século XI ou após a Peste Negra) ou por inadaptação dos meios mais ativos do corpo eclesiástico às necessidades espirituais do povo (é preciso aqui meditar sobre o fracasso de são Bernardo frente aos cátaros). Mas a Igreja foi também repulsiva a alguns porque estes a julgavam indigna; atitude menos passiva de homens impelidos então por exigências morais em relação a padres que eles teriam desejado mais puros ou mais pobres. Por fim, Igrejas foram rejeitadas porque elas pareciam estranhas à nação ou então muito visivelmente aliadas a poderes políticos ou econômicos detestados. Fica evidente portanto a necessidade de proceder (como foi feito de forma admirável diante de nós, especialmente a propósito do movimento hussita) a uma análise econômica e social do meio herético.

Contra essa Igreja tornada repugnante, uma certa doutrina propagada parece satisfatória a um grupo de homens que a adota, mais ou menos completamente, mais ou menos abertamente. Esse grupo de sectários é, como foi visto, muito difícil de alcançar. Na maior parte do tempo, a história só pode conhecer a heresia perseguida; escapam-lhe as heresias ocultas, e aquelas ainda que se mostraram capazes de um tal mimetismo — pensemos nos valdenses na Itália do século XIII — que se confundiram com a ortodoxia. Pelo menos, importa situar exatamente, e antes de tudo no espaço, aquelas seitas que se revelam com bastante nitidez nos documentos. Proporei portanto, como uma das tarefas mais urgentes, trabalhar no sentido de estabelecer uma geografia, uma cartografia da heresia, de assinalar os lugares receptivos na cidade ou nos campos, os centros a partir de onde a doutrina irradiou, os caminhos que ela seguiu, e finalmente os asilos onde os heréticos perseguidos encontraram refúgio, como esses vales dos Alpes que representaram, por tão longo tempo, o papel de reservatório. Essa pesquisa prévia prepararia de modo útil o caminho para os ensaios de interpretação social, para os esforços por colocar os grupos de adeptos em relação aos diversos níveis sociais (ricos ou pobres) e em relação às diversas formas de agrupamentos (trata-se de uma heresia que se insinua nos quadros das famílias, no das profissões, das confrarias ou outras associações como as *consorterie*?). A pesquisa, já o disse, torna-se então das mais difíceis. Nós tomamos conhecimento, a propósito do século XII, da dificuldade de reconhecer a situação do herético na organização social de seu tempo, e nós igualmente sentimos, a propósito do jansenismo, a necessidade de uma análise segura e precisa das zonas sociais nas quais tal doutrina herética pôde encontrar seus lugares de propagação. Sou mesmo levado a crer que a pesquisa tropeça aqui, com frequência, em impossibilidades radicais. Como captar particularmente os perfis dos meios heréticos rurais, já que é sempre tão difícil ao historiador conhecer, em sua profundidade, as sociedades camponesas?

Finalmente, os debates mostraram, diversas vezes, que as próprias doutrinas, ao se transmitirem, ao se difundirem, sofreram uma degradação e uma renovação. Mas também se viu que os documentos que permitiriam observar de perto essa degradação e essa renovação são raros e de interpretação muito delicada. Pelo menos essa noção de uma degradação e de uma infiltração progressiva dos corpos de crença a partir dos meios "intelectuais" em direção aos meios de um nível cultural inferior permite rejeitar como um falso problema a questão heresia erudita-heresia popular? Ou, pelo menos, colocá-la de maneira talvez mais justa, em todo caso mais estimulante? Pois a doutrina aceita se deforma sempre. Por causa, antes de tudo, dos intermediários, dos propagandistas — esses mercadores e esses cruzados, por exemplo, que trouxeram do Oriente uma certa noção do bogomilismo, ou simplesmente as mães de família transmitindo de geração em geração os dogmas clandestinos. Mas a heresia se deforma também sob a influência daqueles que aderem a ela, já que, no espírito dos adeptos, a doutrina se vincula, misturando-se a elas, a crenças "populares" muito mais simples e muito mais grosseiras. Quase sempre, com efeito, nos meios que se apropriam de uma heresia, intervêm, como agentes de deformação, as atitudes latentes coletivas que favoreceram grandemente, por outro lado, o recebimento da doutrina, essas atitudes ansiosas que as Igrejas chamam de superstições, mas que podemos definir como comportamentos religiosos instintivos, fundados sobre representações extremamente simples. É no nível das consciências que convém buscar, em particular, as raízes das proibições, dos tabus, dos "modos de exclusão e de partilha" que podem recobrir formas bem definidas, de esquema geralmente dualista. O dualismo, cuja existência se sente nesse nível das consciências, participa de muitos impulsos instintivos, especialmente do sentimento de culpa sexual, o que explica a frequência, no seio dos grupos heréticos, da exigência de pureza, se não no próprio crente, pelo menos num objeto de transferência, no "perfeito".

Podem-se descobrir também, nesse patamar profundo das psicologias coletivas, os temas muito simples que arrastam as heresias "populares", o mito da igualdade primitiva dos filhos de Deus, a espera do fim dos tempos, e finalmente o ideal de pobreza que, por vezes, aparece claramente, mas nunca deixa de ser obscuramente desejado, já o vimos, nas heresias do século XI ao XIII, porque, sem dúvida, em certos meios sociais, essa ideia elementar funcionava como compensação para a consciência pesada resultante de uma riqueza mal adquirida. Em todo caso, a fusão progressiva das doutrinas concebidas pelos heresiarcas com crenças grosseiras parece explicar as "ressurgências", das quais as atitudes religiosas latentes são evidentemente o centro; ela explica também certos deslizamentos da heresia a partir de certos níveis sociais, os quais, pouco a pouco, tendo acesso a uma cultura superior, se tornaram alérgicos a formas por demais primitivas, em direção a outros meios sem dúvida menos evoluídos. Acrescento finalmente que esses corpos de crenças, digamos "populares" (mas acredito que seria melhor, já que elas são apresentadas escrupulosamente, considerá-las como crenças de envasamento afetivo) foram, eles mesmos, suscetíveis de fermentações religiosas espontâneas, exteriores a qualquer intervenção de uma doutrina erudita. Foi então, incontestavelmente, que estímulos de ordem econômica e social atuaram. Não penso propriamente que seja necessário sempre investigar, a propósito do conjunto do fenômeno herético, a conjuntura econômica e social. Mas há casos nos quais se percebe verdadeiramente um movimento dialético. Eles correspondem quase todos aos momentos do afloramento violento das crenças "populares", como por exemplo no movimento dos flagelantes, julgados e perseguidos como heréticos por uma Igreja inquieta.

Gostaria, para terminar, de chamar a atenção para a importância, na história das heresias e na história dos heréticos, da repressão. Vimos que a ortodoxia suscitava a heresia, condenando-a e dando-lhe nome. Podemos perceber também que a ortodoxia reabsorveu muitas heresias, domesticando-as, reconciliando-as consigo, apropriando-se delas. Mas é preciso acrescentar que a ortodoxia, pelo fato de que pune, pelo fato de que persegue, organiza todo um arsenal, que vive a seguir sua existência própria e que, com frequência mesmo, sobrevive por longo tempo à heresia que teve de combater. O historiador deve considerar com a maior atenção essas instituições de perseguição e o seu pessoal especializado, muitas vezes constituído por antigos heréticos que, com isso, pagam seus pecados. Haveria evidentemente toda uma história profunda a fazer da psicologia do inquisidor, de sua formação, de seus manuais de referência. A ortodoxia, pelo fato de que pune e persegue, instala igualmente atitudes mentais particulares, a obsessão da heresia, a convicção, entre os ortodoxos, de que a heresia é hipócrita, que ela é mascarada e, consequentemente, que é preciso detectá-la com toda a força e por todos os meios. A repressão cria, por outro lado, como instrumento de resistência e de contrapropaganda, sistemas de representações diversos, que continuam longamente a agir. Enfim, todo esse aparato repressivo foi frequentemente utilizado como um instrumento cômodo pelo poder, aliado à Igreja ortodoxa, o que nos deve dirigir para vastas perspectivas de investigação que, por diversas vezes, se entreabriram durante este colóquio, mas que reclamariam um balizamento sistemático, porque elas se estendem de forma muito ampla. Pensemos na lenta transferência da heresia para a política, que percebemos tão nitidamente, quando se falou do franquismo ou do século XVII inglês. Pensemos igualmente, de modo muito mais simples, na utilização política da heresia, do grupo herético tratado como bode expiatório, com todos os processos de amálgama momentaneamente desejáveis.

ORIENTAÇÕES DA PESQUISA HISTÓRICA NA FRANÇA, 1950-1980

EM 1950,[1] com a idade de 72 anos, Lucien Febvre, no seu escritório da VI Seção da École Pratique des Hautes Études [Escola Prática dos Altos Estudos], saboreava a vitória dos *Annales*, essa revista que ele fundara 21 anos antes com Marc Bloch. Ela fora a arma de um combate encarniçado. Contra o que subsistia das tradições positivistas, solidamente apoiadas em instituições poderosas — contra a história-batalha, contra uma história política isolada do resto, contra uma história desencarnada das ideias. Por uma história econômica em primeiro lugar. Cada vez mais, pela história social. Finalmente — a decisão de mudar o título da revista quando ela começou a reaparecer após a Liberação, substituindo *Annales d'histoire économique et sociale* por *Annales. Économies. Sociétés. Civilisations* é muito esclarecedora — por uma história largamente receptiva aos fenômenos culturais, recusando privilegiar, entre o que Michelet chamava de "caminhos", "formas" e "elementos da vida histórica", os que dependem do material. Por uma história total ou antes por uma história compacta: afastando-se dos acidentes de superfície, dessas pequenas bolhas que são os "acontecimentos", para sondar a espessura, a profundidade, insinuando-se, para isso, nos ritmos de longuíssima duração, aventurando-se até nos grandes fundamentos onde nada mais parece mudar, mergulhando o olhar em direção às bases, em direção às camadas mais estáveis, as camponesas. Trinta anos mais tarde, o objetivo não mudou: a história que merece ser feita continua, na diversidade de seus múltiplos componentes, a ser a de uma ou de outra população no interior do espaço que ela ocupa. Todavia, não se escreve mais essa história em 1980 como se escrevia em 1950. A diferença está em que, graças a

Deus, a disciplina histórica permanece em plena juventude, especialmente neste país.

Falou-se, atualmente, em "história nova". Na minha opinião, fala-se demais. A expressão é feliz na medida em que, estimulante, ela leva a desconfiar das rotinas. Mas o que ela contém de polêmico pode torná-la perigosa. Será desagradável se ela reavivar velhas querelas. Se ela restabelecer exclusividades que não são mais oportunas hoje, se ela dividir o corpo dos historiadores. Não há, com efeito, "novos historiadores". Há os bons e os não tão bons. Todos são aguilhoados pela insatisfação permanente de uma história que, vivaz, desloque sem cessar o campo de suas observações e coloque sempre de outra forma seus problemas. Eis o que é preciso observar de perto: como, na França, as condições do trabalho histórico se modificaram numa única geração.

Observarei, de início, que adquirimos, a cada dia, uma consciência mais clara da relatividade de nossos conhecimentos. Em 1961, aparecia, na *Encyclopédie de la Pléiade*, *L'Historie et ses méthodes*, vasta coletânea de reflexões pertinentes sobre o espírito e as técnicas de nossas pesquisas. Por um lado, esse livro fazia frente aos *Annales*. O organizador da obra, Charles Samaran, membro do Instituto, havia encarregado uma plêiade de excelentes especialistas de apresentar na melhor perspectiva — o que foi muito salutar — o admirável monumento que a História positivista legara, de descrever o instrumental preciso que serve para recolher, conservar e criticar os testemunhos. Esse discurso do método histórico foi, antes de tudo, o elogio da erudição, minuciosa, rigorosa, objetiva. Todavia, na sua preocupação de arejar o edifício e de reconduzir para si tudo o que ele julgava capaz de vivificar o trabalho de pesquisa, Charles Samaran, após ter recordado que "não há história sem erudição", afirmava logo no prefácio que "a história pode ser total", que ela "é uma ciência social ligada indissoluvelmente às outras ciências do homem" (Lucien Febvre não teria dito de outra forma), e finalmente que "ela sabe antecipadamente ser relativa" a verdade para a qual se encaminha. Entre os autores, figuravam assim Renouard, Meuvret, Georges Sadoul, Philippe Wolff, Charles Higounet. A Henri Iréné Marrou coubera escrever um preâmbulo, "O que é a história", uma conclusão, "Como compreender a profissão de historiador" — e é aqui, num parágrafo intitulado "Objetividade e subjetividade do conhecimento histórico", que se pode ler:

> Desde que se entra na esfera das realidades propriamente humanas, o passado não pode mais ser isolado no estado puro e captado, por assim dizer, isoladamente: ele é alcançado no interior de uma mistura indissolúvel onde entram, ao mesmo tempo, intimamente associados, a realidade do passado (sim, sua realidade objetiva, verdadeira) e a realidade presente do pensamento ativo do historiador, que procura reencontrar a primeira [...] A história é ao mesmo tempo objetiva e subjetiva; ela é o passado, autenticamente apreendido, mas o passado visto pelo historiador.

Charles Samaran se preocupara em colocar sob uma luz intensa essa afirmação de Marrou: "A história é uma aventura espiritual na qual a personalidade do historiador se compromete por inteiro".

Disso, nós estamos doravante persuadidos. Essa convicção incita, de início, a modéstia. Ela impede que nos deixemos envolver pelas miragens do positivismo. Sem que se afrouxasse o esforço, naturalmente, no sentido de "estabelecer os fatos", com o maior rigor e a maior precisão, caíram os antolhos que impediam de considerar, lucidamente, que esse estabelecimento é forçosamente trôpego, que nós nunca atingiremos algo além de uma porção irrisória do passado e que não é sempre aquela para a qual se inclina nosso desejo, que a verdade absoluta está fora de alcance. A outra descoberta é de consequência maior. Nós medimos a influência exercida sobre nosso procedimento, sobre a maneira pela qual formulamos as questões e pela qual

219

iniciamos a busca das suas respostas, pela história que se diz imediata, isto é, pelos tumultos do presente. Nosso "pensamento ativo" sofre o reflexo desses abalos. Eles o atingem, nós o sabemos, muito mais fortemente do que se imaginava outrora. O importante é que os historiadores tenham aprendido a não mais desconfiar tanto dessas agressões, a tomá-las pelo que são: estimulantes. Já que são elas, são as contradições de nossa época e a posição que tomamos em relação a elas que, numa medida muito extensa, contribuem para arrancar a pesquisa da rotina na qual ela logo poderia se atolar. Nós temos portanto menos medo de nossos fastios e de nossos entusiasmos. Controlando-nos, conservando um olhar frio quando se trata de criticar as fontes — é nessa etapa do trabalho que a vontade de subjetividade se concentra —, mas entregando-nos, dóceis, aos impulsos quando eles mantêm a insatisfação diante da problemática, quando eles nos forçam a interrogar sempre de forma diferente os documentos. Não seria possível explicar a vivacidade dos progressos realizados sob nossos olhos pela história sem pôr em questão o sentimento cada vez mais vivo de que para ser bom historiador é preciso manter os olhos abertos para o próprio tempo, que a história neutra, a que se escreve fechado nas bibliotecas, é sempre pálida e adocicada.

Engajar-se no presente, dar ouvidos a todos os seus rumores — numa palavra, viver — exige que o historiador se mantenha particularmente informado sobre o que se descobre e se transforma no campo das vizinhas ciências humanas. A história se enfraqueceria, isolando-se. Ela deve desempenhar seu papel num grupo em que seus membros se auxiliam, rivalizam uns com os outros, cada um apressando o passo na esperança de tomar a dianteira. Foi a glória dos *Annales* (e ainda o é) ter apostado em tal solidariedade competitiva, ter lutado tanto para que diminuíssem as barreiras entre as disciplinas. Os historiadores seguem seus parceiros cuidadosamente. Eles se esforçam por permanecer nos rastros dos mais ágeis. É assim que eles conseguem se superar.

No bom tempo dos *Annales*, a disciplina de vanguarda fora, na França, a geografia. Ela arrastava tudo. Gosto de repetir: quando eu era estudante, foram os geógrafos, meus mestres, que me fizeram conhecer Marc Bloch e Lucien Febvre. O que esses dois sábios deviam, eles mesmos, aos trabalhos dos geógrafos, franceses e alemães, é evidente. Abram *La Méditerranée* [O Mediterrâneo]: o lugar que Fernand Braudel dá à paisagem é primordial. Os ventos e os relevos, as pastagens e os vergéis, os fluxos migratórios desempenham papéis de primeira ordem no cenário que ele ergueu soberbamente e, quando começa a analisar a duração, eu me pergunto se ele não deve mais à influência dos geógrafos do que à dos economistas. Geo-história: uma obra como a de Charles Higounet expõe os frutos dessa aliança.

Se reflito sobre a contribuição da geografia, parece-me entretanto que o incitamento mais fecundo, mais prolongado foi o que levou os historiadores a escolher, mais naturalmente, como quadro de suas pesquisas, a monografia regional. Eles aprenderam a circunscrever de modo adequado um território; a considerar o conjunto dos homens que o povoam na sua relação com esse meio, isto é, com a Natureza longamente moldada pela história; a pôr em relação as múltiplas forças que intervêm para dar a essa população suas formas e para fazer com que estas evoluam. Em que o estudo da sociedade feudal que levei avante nos estreitos limites de uma pequena região da França central se distingue, por seu propósito, por seu procedimento, das pesquisas que os Allix, os Faucher, os Juillard haviam conduzido antes em certos setores dos Alpes, do vale do Ródano ou da Alsácia para confrontar a organização de uma paisagem com a do campesinato? A escola geográfica francesa dava, além disso, o exemplo da descentralização dos programas. Enquanto a pesquisa histórica permanecia decididamente parisiense, sempre fiel à longa tradição que levava a olhar tudo pelos olhos do príncipe, a partir dos centros do poder do Estado e, portanto, a partir da capital, enquanto, naturalmente jacobina, ela se mostrava ainda sensível, em primeiro lugar, aos processos de unificação, a pesquisa geográfica, que, há muito tempo, implantara em Grenoble um dos centros mais vigorosos, espalhava-se por toda parte nas províncias e era aí, localmente, junto ao solo, que ela acumulava os sucessos. Sou tentado a buscar aqui uma das raízes dessa inovação, uma das mais proveitosas: a atenção dada a uma história regional. Todas as perspectivas se viram, com efeito, mudadas. O Sul da França, parente bem pobre, até então, da historiografia de qualidade, saiu pouco a pouco da sombra. O que pôs em questão certas proposições fundamentais. Assim, por exemplo (advirto que tirarei meus exemplos de preferência do meu domínio próprio, a Idade Média), a propósito do feudalismo. Ele era visto formando-se nos territórios francos, entre o Loire e o Reno, sobre as ruínas da monarquia carolíngia. Os resultados de investigações recentes, algumas das quais bastante notáveis, foram levados avante na Catalunha, fazem hoje pensar que o Midi esteve bem longe de acolher passivamente formas de sociabilidade vindas do Norte, que certos arranjos das relações sociais, dentre os mais decisivos, foram sem dúvida experimentados aí. Foi bem, em todo caso, na metade meridional da Gália que tiveram origem certas correntes que imprimiram à civilização "francesa" do século XI alguns de seus traços mais importantes. Eu penso no movimento pela Paz de Deus, na concepção da vida monástica gerada em Cluny, na reforma eclesiástica que chamamos de gregoriana, nas maneiras de construir, de esculpir na pedra, que chamamos de românica. Tal descontração da pesquisa estava plenamente esboçada há trinta anos. Ela afirmou-se a partir de então.

Mais recentemente, outros desafios foram lançados aos historiadores. Eles vieram principalmente da linguística e da antropologia, as duas disciplinas que suplantaram a geografia e vieram rendê-la nas primeiras filas da frente de conquista. Os trabalhos dos linguistas desembocaram no estruturalismo, cujo sucesso (que ele teve por um momento) é conhecido. Convidando a negligenciar o mutável pelo imóvel, o estruturalismo renegava a história. Ele tendia, em todo caso, a marginalizá-la. Foi, para os historiadores, como uma chicotada. Percebe-se, hoje em dia, que ele fez ganhar um largo terreno. Ele encorajou a analisar mais judiciosamente o que nós historiadores chamávamos já de "estruturas". Ele levou alguns de nós a não mais limitar nossas observações a fases relativamente curtas, a palmilhar audaciosamente períodos muito longos, deslocando de um extremo ao outro certos conceitos de maneira a distinguir o que é estável do que se move. O exemplo da linguística reforçou a tendência de examinar de mais perto a superfície formal dos testemunhos.

Assim, o desafio foi aceito enquanto, lentamente, a moda passava e, em todas as ciências humanas, a atenção se voltava de novo para os frêmitos do tempo curto. Da breve crise ficou esse fato notável: ninguém mais do que Michel Foucault, nos últimos anos, ajudou os historiadores a concentrar a trama de seu interrogatório.

Ninguém, a não ser Claude Lévi-Strauss. A antropologia progredia no mesmo ritmo da linguística. Assim como esta, ela tomava por objeto principalmente sistemas, ela construía naturalmente modelos e esforçava-se por demonstrar a permanência de suas articulações. Além disso, os etnólogos continuavam a observar sobretudo sociedades exóticas, "frias", que aparecem totalmente à margem da história. O êxito desses estudos, a aceitação que tiveram rapidamente junto ao público culto tendiam também a acantonar num papel subalterno o trabalho dos historiadores. Mas Lévi-Strauss não os convidava a se colocarem sob a bandeira de uma disciplina que arrastasse doravante todas as outras? Referindo-se a Lucien Febvre, ao seu livro *Le Problème de l'incroyance au XVIᵉ siècle* [O problema da descrença no século XVI], ele os fazia observar que "todo bom livro de história está impregnado de etnologia" (*Anthropo-*

logie struturale). O que é verdade e nos torna muito atentos aos métodos e às descobertas da antropologia social. Nesse momento, aliás, a descolonização obrigava um bom número de etnólogos a voltar para a "metrópole". Eles adotaram por terreno os campos da França e, logo, suas cidades. Vimos o desenvolvimento de uma "etnologia francesa" que se apropriou da função pioneira por longo tempo assumida pela geografia humana.

Nos últimos dez anos, o estímulo que veio desse lado foi muito vigoroso. De todas as colaborações, a dos etnólogos nos parece hoje a mais fértil. Na jovem história, o projeto de Jacques Le Goff de construir uma "antropologia histórica" não é o que há de mais inovador? Todavia, provocados dessa maneira, os historiadores são forçados a ajustar seu método. Os instrumentos da crítica histórica foram, com efeito, forjados para serem aplicados a discursos coerentes evocando os movimentos mais vivos da duração. Para apreender convenientemente as lentidões e perceber o não exprimido, temos, consequentemente, de empregar outros materiais e tratar diferentemente os que nos são familiares.

Assim, os textos continuam sendo nossa principal fonte de informação. A história continua a construir o essencial do seu discurso a partir de outros discursos. Entretanto, na maneira de manipular esses documentos, de selecioná-los e de submetê-los à investigação, percebo duas mudanças recentes inversamente orientadas. Na medida mesmo em que a história se interessa pelas formas estruturais, pelas oscilações de longuíssima frequência e de fraquíssima amplitude, na medida em que ela dirige seu olhar para as camadas profundas do corpo social, para essa gente que fala pouco e cujas palavras, em sua maioria, se perderam, na medida em que o cotidiano, o banal (aquilo que ninguém pensa em conservar na memória) parece-lhe mais digno de atenção do que o que faz sensação, ela deve pôr-se em busca de uma multidão de indícios muito miúdos, diferindo pouco uns dos outros e que se espalham pelos rolos de papéis e pelos registros. A história que se tornou a da espessura, a da profundidade, a história compacta deve elaborar compactamente um minério muito pesado e de teor muito fraco. Revirar caixas de escrita insípida para extrair um punhado de dados, que são numéricos. Contar, calcular taxas, traçar curvas e, para isso, dispor em série uma quantidade de elementos homólogos. Nos primeiros balbucios de uma história econômica, os historiadores dos preços, dos salários haviam se comportado assim desde o início. O exemplo dos geógrafos, depois o dos linguistas, o gosto da antropologia estrutural pelos modelos matemáticos levaram-nos a acreditar cada vez mais nos censos, levaram-nos até essa esperança, esse desejo de medir tudo, de quantificar tudo, quando as máquinas tornaram tais operações ao mesmo tempo mais fáceis e mais precisas. Foi como se os quadros estatísticos e os gráficos fossem ter, em nossas disciplinas, o papel que teve a colagem, por volta de 1910, durante a confusão da grande pintura: uma tábua de salvação, o recurso contra a vertigem que se sente quando todos os quadros são dissociados pelo pontilhismo e quando a impalpável diversidade dos fenômenos escorrega pelos dedos. Algo aparentemente sólido a que se agarrar. Nos destroços do positivismo, a cifra e seus decimais deram a ilusão de exatidão e de que a história pode, de qualquer forma, ser uma ciência. Sabemos hoje que nem tudo é quantificável e que um excesso de precisão numérica pode ser um engodo. É entretanto bastante certo que o conhecimento histórico não teria jamais obtido as espetaculares vitórias dos últimos tempos sem a utilização dos processos da história serial.

Foram evidentemente os especialistas da época moderna, dos séculos XVI, XVII e XVIII, que mostraram o caminho. Naturalmente. Os textos que datam daquele tempo prestam-se a esse tipo de investigação, abundantes mas não demais e, em grande medida, contabilizáveis. Havia se medido, de início, as flutuações do valor das coisas, do valor das moedas, do tráfico mercantil. Chegou-se rapidamente, com a aplicação desses processos aos registros de batismos, casamentos e enterros que se encontram empilhados nas casas paroquiais, ao estudo dos movimentos da população. A história demográfica foi assim a grande vitoriosa; ela espalhou por todo o mundo o renome da escola francesa. Enumerar casamentos ou falecimentos levava a indagar se tais métodos também não poderiam servir para apreender melhor os fenômenos que não são materiais. Percebeu-se logo que a análise estatística, não mais dos próprios fatos mas das fórmulas rituais pelas quais eles são registrados, poderia ser muito frutuosa. Tratar assim séries de testamentos, por exemplo, proporcionava informações do maior interesse sobre a evolução das atitudes diante da morte e do Além. A história quantitativa desembocava assim na dos comportamentos e das mentalidades. Pelo fato de que sua informação é muito menos densa, e sobretudo muito lacunar, os medievalistas, os historiadores da Antiguidade não podem fazer o mesmo uso desses processos. Eles percebem, entretanto, que o computador pode tornar-se para eles um instrumento muito eficaz, que é útil entregar-lhe alguns dados: os objetos descobertos pelas escavações, para os quais não há melhor modo de classificação; as palavras sobretudo. Dissecar dessa forma um vocabulário, contar as ocorrências de vocábulos, avaliar as taxas de frequência não permite apenas melhorar de maneira radical as práticas tradicionais de crítica dos textos, descobrir as falsificações, as interpolações, precisar as datas e, portanto, preparar edições mais corretas. O recurso à quantificação ajuda a captar o sentido, a dominá-lo em sua profundidade e mobilidade.

É precisamente para cá que confluem, a fim de, agindo em comum, transformar os métodos da história, a primeira corrente, de que acabo de falar, e essa outra, que partira entretanto de uma direção oposta. Eu evoco a tendência muito forte de retornar, após um longo esquecimento, ao que há de narrativo nas fontes escritas, pela abundância e suculência do que as narrativas fornecem. Essa tendência faz com que nos comportemos em relação à informação de maneira inversa à da história serial: retirando da massa o discurso mais rico por seu valor expressivo, pela densidade do seu conteúdo. Extrair o monumental do frequente. Quanto a esse texto privilegiado, convém lê-lo de outra forma. Os historiadores não inventaram esses novos processos de leitura. Eles pediram emprestado às outras ciências humanas, à psicologia social, à etnologia, à linguística — ainda nesse domínio, pioneiras. A linguagem é tomada doravante como material. Mas trata-se menos de contar seus elementos do que de desmontar suas estruturas e de comparar. Apreende-se o significado por um outro lado, pela topologia, explorando campos, descobrindo constelações de termos. E a contribuição específica da história consiste em procurar discernir como esses conjuntos se modificam na duração. Mas logo fica claro que não devemos nos limitar apenas aos vocábulos, que outros signos, tratados de modo semelhante, fornecem informações muito preciosas sobre os comportamentos, as atitudes mentais dos homens do passado, sobre a evolução global de uma cultura, de uma formação social. É com uma semiologia muito mais ampla que os historiadores hoje se preocupam. Eles estão revalorizando, ao endereçar-lhes suas indagações, a heráldica, a iconologia, a história da casa ou das roupas. Eles estão inventando uma história dos gestos.

Eles não ficaram, pois, inteiramente surdos ao apelo de Lucien Febvre, que os convidou, há cerca de meio século, a não se basearem unicamente nas palavras, mas em grande número de outros indícios espalhados pelas coisas. A pesquisa histórica francesa deve ao desenvolvimento da arqueologia uma boa parte de suas conquistas recentes. Esse desenvolvimento data de ontem. Ele foi rápido. Não que os meios postos à disposição dos escavadores tenham sido sensivelmente reforçados. O sucesso decorre, por um lado, da moda da qual se beneficia esse gênero de pesquisa e que, assim como o entusiasmo pela antropologia camponesa, pelas artes e tradições populares, assim como a moda dos antiquários, deriva da nostalgia do "mundo que perdemos", que imaginamos pacífico, ordenado, o mundo seguro da ruralidade. Mas o êxito da arqueologia decorre sobretudo do fato de que ela não busca mais a mesma coisa. Ela também deixou de se preocupar apenas com o excepcional. À preocupação em salvar as obras-primas, juntou-se a de revelar, de limpar, de inventariar cuidadosamente todos os traços, até os mais irrisórios, da vida de todos os dias, o projeto de reconstituir, como se diz na Europa oriental, a "cultura material". Os pesquisadores franceses nada fizeram efetivamente além de avançar, bastante atrasados, nos caminhos que haviam sido abertos na Polônia, na Romênia, nos países escandinavos. A França foi atingida há uns trinta anos. Começou-se a escavar o terreno das fortalezas da Normandia, os sítios das aldeias da Barganha, da Aquitânia, da Provença, da Lorena, abandonadas após a Peste Negra ou na época moderna. Acontece de as descobertas arqueológicas contradizerem hipóteses até então inteiramente baseadas no ensinamento dos textos. Assim, com relação ao hábitat fortificado: havia-se, há longo tempo, aceito que o sistema de relações políticas, econômicas e sociais que designamos pelo termo feudalismo se construíra em torno dos castelos; estes aparecem muito raramente nos documentos de arquivos; ora, em todas as províncias onde a pesquisa arqueológica se desenvolveu, ela fez aparecer, em quantidade, as "mottes", esses outeiros artificiais erguidos no século XI para servir de base para as fortificações; não é preciso doravante reler atentamente os documentos, verificar se o lugar da cavalaria no corpo social é mesmo aquele que se imaginava até agora? Outro desafio lançado pelos arqueólogos: nas ruínas de um pequeno grupo de casas erguidas perto de um castelo sobre uma colina da Provença, descobriram-se abundantes vestígios de cerâmicas que parecem importadas da Itália, da Espanha, da costa berbere; isso altera o que acreditávamos saber sobre a penetração da moeda e de mercadorias longínquas nesses campos no final da Idade Média. Por fim, medir os esqueletos exumados de um antigo cemitério do Sudoeste obriga a reconhecer que os camponeses daquele tempo tinham uma constituição física muito diferente daquela que lhes era atribuída: eles parecem mais bem alimentados, mais robustos, muito menos vulneráveis às doenças e capazes de viver por muito tempo; o que leva a retificar uma quantidade de afirmativas a propósito da circulação dos bens, das relações de família, e, consequentemente, dos comportamentos e das mentalidades.

Foi a história medieval que, até aqui, tirou proveito sobretudo das contribuições de uma arqueologia preocupada com os aspectos cotidianos da vida. Mas aviva-se a curiosidade, por todos os lados, pelos instrumentos, pelas roupas, pelos emblemas, por todas as representações figuradas que os homens do passado deixaram de sua existência concreta e de seus sonhos. Esses traços se tornam evidentemente muito mais numerosos à medida que nos aproximamos de nossa época. Eles estão por toda parte, na cidade e no campo. Ainda abundantes, mas ameaçados, e nós tomamos consciência da sua fragilidade. Continua--se a fazer seu inventário, a recolhê-los, a restaurá-los. Assim se inaugura, a exemplo ainda de experiências levadas avante, há muito tempo, no exterior, uma arqueologia industrial no Creusot. Por outro lado, são as coleções de cartões-postais que revelam uma organização do espaço na aldeia ou no interior das casas, atitudes corporais, toda uma concepção do mundo, um sistema de valores que reinava ainda há muito pouco tempo mas que nós ignorávamos que já estivesse tão profundamente mergulhado no esquecimento.

O que rejuvenesceu na concepção de história, na maneira de escolher as fontes de informação e de servir-se delas está indissociavelmente ligado à renovação das questões colocadas pelo historiador. Na história das sociedades, para a qual finalmente todos os nossos esforços convergem, eu percebo de início uma restrição relativa da parte concedida ao econômico.

Na época em que foram fundados os *Annales*, a história econômica detinha o primeiro lugar. A história social vinha a seguir; ela fazia o papel de comparsa. Ela avançou, e muito rapidamente, há trinta anos, para a frente da cena. Mas não sozinha: ela arrasta consigo o que Lucien Febvre chamava de história das civilizações. História da cultura? A expressão não é melhor. Trata-se desses fatores que não dependem do material. Do refluxo da explicação predominante pelo econômico, os principais responsáveis foram os historiadores da Antiguidade e os da Alta Idade Média: com efeito, os documentos que informam sobre essas épocas são muito pobres em dados suscetíveis de uma exploração estatística. Especialistas na Antiguidade e medievalistas estavam portanto preparados para entender Marcel Mauss, Veblen, Polanyi e os representantes da ativa escola francesa de africanismo. Bastava-lhes aliás abrir os olhos para se convencerem de que, nesse passado longínquo, o dinheiro ocupava um lugar muito mais restrito nas relações humanas, que o espírito de lucro exercia sobre os comportamentos menos influência do que os costumes e as crenças. Percebeu-se logo que os fundadores de uma história econômica da Idade Média, historiadores de tão grande talento e de tanto sucesso quanto Henri Pirenne, haviam se deixado dominar por uma forma de anacronismo muito insidiosa e da qual é muito difícil esquivar-se: eles tinham projetado no passado, para interpretar seus vestígios, sua própria maneira de ver e de agir. Eles tinham esquecido por um momento que as coisas não eram outrora exatamente como são hoje entre nós; que, por exemplo, nem a moeda nem o comércio tinham em Gand no século XII o mesmo significado que no século XX; que as leis da formação dos preços sobre as quais os economistas de nosso tempo nos informam não podem ser aplicadas em formações sociais mergulhadas no ritualismo, as quais, por exemplo, não têm a mesma ideia do Além; em resumo, que o capitalismo pertence ao nosso mundo e que ele não é fácil de encontrar em outros lugares e em outros tempos. Os historiadores dos tempos feudais tiveram assim de dar à gratuidade um lugar que eles não suspeitavam que fosse tão grande. Eles descobriram que corriam o risco de nada compreender do movimento dos bens se não reconhecessem que, por vezes, o gosto de destruir as riquezas alegremente supera o de produzi-las, que os valores do lazer superam grandemente, na maioria das sociedades, os do trabalho, que a generosidade, e até o desperdício, se estabelece, com frequência, no cume da escala das virtudes. Admitir nas trocas o predomínio da dádiva e da contradádiva sobre a compra e a venda, e o da função simbólica no instrumento monetário resultou na representação dos mecanismos da sociedade feudal de maneira inteiramente nova e muito mais justa. Peça por peça, a revisão prossegue: estamos hoje em melhores condições, por exemplo, de captar a ideia que tinham da propriedade as pessoas do século XI, observando que as noções de indivisão e de solidariedade transbordavam então largamente dos limites da materialidade, isto é, do mundo visível.

Foi assim talvez que os historiadores foram atraídos por um dos caminhos que lhes indicava a antropologia: a análise das estruturas de parentesco. As primeiras pesquisas sobre a história da família foram lançadas na França há uns vinte anos. Em nenhum outro domínio os ganhos foram mais abundantes. Foi também porque o desejo de investigar era, nesse particular, muito intenso, atiçado peja curiosidade e pela inquietude diante dos problemas que, na sua evolução atual, nossa própria sociedade enfrenta. Nesse ponto preciso se vê, mais claramente talvez do que em qualquer outro lugar, como a perturbação que agita a consciência do historiador pode repercutir sobre a escolha de seus itinerários: não é evidentemente por acaso que há tanto interesse em 1980 pela criança no reinado de Luís XIV, pelo amor cortês, pela prostituição, pelas operárias do Segundo Império, pelas damas e camponesas dos tempos feudais. Em todo caso, à medida que conhecemos melhor a natureza das relações que, no século XI ou no XVII, se estabeleciam entre certo homem e seus ancestrais, sua esposa, seus irmãos, seus primos e seus descendentes, nós dirigimos um olhar diferente aos fatos políticos, religiosos, econômicos. Quando, associando-se aos esforços de alguns africanistas de formação marxista, os medievalistas ajustam o conceito de um modo de produção familiar, quando buscam perceber como se dividiam as tarefas, os lucros, a autoridade no interior dessa célula social essencial que é a parentela, que dispunha das mulheres e decidia se as dava em casamento, quando tentam medir o que era consumido também pelos mortos, eles levantam pouco a pouco o véu. Bem entendido, é no prolongamento das conquistas da história demográfica que se situa o avanço vasto e desconcertante da história da família. De longa data, os historiadores se ocupam da morte e do casamento. Mas hoje eles encaram de outro modo esses fenômenos. Eles não se contentam em pôr em forma de estatísticas a mortalidade, a nupcialidade, para avaliar seus efeitos sobre o crescimento ou a redução de uma população. Eles se interessam mais pelos sonhos que governam os comportamentos, pelos códigos, pelos interditos, por suas transgressões, pelas esperanças acalentadas, pelos rituais.

Hoje a festa se tornou um dos temas favoritos da historiografia francesa. Não seria porque esta descobriu simultaneamente a importância fundamental da gratuidade e do quadro familiar, e porque a etnologia, a linguística, levaram-na a observar principalmente os signos, os emblemas, a gesticulação? Isso enquanto os psicanalistas convidavam-na a dar um lugar cada vez maior à angústia, ao desejo, aos impulsos inconscientes. Como espantar-se, assim, de vê-la, com tanta aplicação, investigar agora o imaterial?

A tomada em consideração do papel dos mitos, dos ritos, do imaginário na evolução das sociedades humanas foi, incontestavelmente, facilitada pelo progressivo descrédito do conceito de causalidade, que foi acelerado pelos esforços salutares de crítica dos quais as formas vulgares do pensamento marxista foram objeto na década de 1950, especialmente por parte dos próprios marxistas. Por outro lado, esse recuo acompanhava naturalmente o da história factual. É permitido procurar uma causa para um certo acontecimento. Faz-se um esforço no sentido de pôr em evidência a que suscita o insensível deslizamento das estruturas. À medida que se mergulha nas profundezas da duração, impõe-se a ideia de que a evolução de uma formação social é determinada por inúmeros fatores. Eles agem em conjunto. Eles próprios sofrem a ação dos que os cercam. Como indicar aquele cuja intervenção é primordial? Não é vão perguntar-se qual deles "em última instância" é o determinante? Resignados a não poder atingir a não ser verdades muito parciais e relativas, e forçados à reserva por essa mesma convicção, os historiadores convencem-se da indissociável globalidade das influências. Parece-lhes inteiramente inútil obstinar-se em ajustar os elos de uma cadeia de causas e efeitos. Seu esforço é penetrar nas sutilezas de um jogo de correlações, de "interconexões"; eles gostariam de pôr em "relações inteligíveis" diversos ramos, contemporâneos, da "atividade humana"; sua esperança é reconstruir "unidades coerentes, significativas" (Marrou). Mais estritamente do que nunca, sua atenção se fixa, portanto, nas relações, nos processos de ligação, nos fenômenos de adesão, de rejeição, de osmose — o que os conduz a se apropriarem de conceitos propostos pelas ciências exatas, o de membrana, forjado pelos biólogos, o de interface, forjado pelos físicos.

Tal inflexão nos caminhos seguidos pelo historiador para detectar esse real impalpável, a esteira do que foi a vida nos tempos passados, preparou, sem dúvida alguma, o êxito, que já dura vinte anos, de uma história das mentalidades. Não há historiador que não admita hoje a necessidade, para aquele que quer compreender um fato histórico, de investigar o que se escondia no fundo das consciências individuais, no nível inferior do pensamento ativo, de mergulhar nesse magma mal ordenado e, no entanto, coerente, de ideias prontas, de ordens, de figuras aparentemente vagas mas cujas configurações são, no entanto, bastante sólidas para forçar as palavras a se associarem desta ou daquela maneira, que ensinam determinado comportamento e sobre as quais se acha estabelecida a totalidade de uma visão de mundo. "Prisões de longa duração" certamente, as mentalidades não são, no entanto, imóveis; cabe à história, em pleno desenvolvimento, da educação (de todas as formas de educação, as dadas pela escola ou pela corte principesca, o que se aprende com o vigário, com a avó, na oficina ou no regimento) precisamente ajudar a descobrir o que as transforma.

Devemos reconhecê-lo: o termo "mentalidade" não é satisfatório. O conceito também não. É preciso aperfeiçoá-lo. Trabalha-se nisso. Estão se tornando necessários os métodos que permitirão abordar convenientemente, rigorosamente, a história dos sistemas de valores. E também se faz o mesmo com as ideologias. Acompanhar através dos séculos, em sua translação insensível, essas arquiteturas espectrais, distinguir-lhes os contornos na dispersão dos signos que fazem emergir do não expresso esse ou aquele lanço da construção: a empresa é fascinante. Ela é difícil pois exige o isolamento das expressões simbólicas dentre todos os traços, escritos ou não, do passado. Ela convida a discernir quais interesses são servidos pelas formações ideológicas, portanto os meios que elas tranquilizam e cujas ações elas justificam, os mediadores que as propagam, os estratagemas que servem para impô-las e as resistências que suscitam. O pesquisador se encaminha assim para lugares onde se entrelaçam os vínculos entre o sonhado e o vivido, entre o concreto das condições materiais, a ideia que se faz delas e as miragens utópicas que convidam a transformá-las. Isso significa que esse tipo de pesquisa permite renovar o enunciado de um problema fundamental, o do poder. Os métodos da história política rejuvenescem. Mas a história das crenças, a história do medo e a da pobreza que se começou a fazer, a história da esperança à qual seria preciso bem atrelar-se, podem esperar uma vantagem igual, se não maior, dos deslocamentos rápidos dos quais a problemática do historiador é atualmente o centro. Eles ajudam a circunscrever, de uma época para outra, com muito mais exatidão, o campo do religioso. Dessa delimitação mais precisa, tudo leva a crer que a história das religiões sairá transformada tão radicalmente quanto a história econômica tal como está sendo agora, sob o efeito das reflexões sobre o gratuito, sobre o lazer, sobre o lúdico, isto é, sobre uma das vertentes do que chamamos de mentalidades.

O estudo das ideologias ensina que, em toda sociedade com um mínimo de complexidade, existem vários sistemas ideológicos, e que um conflito permanente os opõe. Todo conjunto cultural é heterogêneo. Os historiadores estão agora persuadidos disso e julgam que devem estudar, no passado, os diferentes "níveis de cultura". Essa metáfora não deixa de ter seu perigo: ela traz o risco de impor a imagem de camadas superpostas; ela incita a situar estas de acordo com a estratificação econômica da sociedade. O fato é que ela subentende um programa de pesquisas que se pode considerar talvez como o mais original da jovem escola francesa. Eu falo das tentativas de revelar as formas antigas de uma "cultura popular". Esse projeto data de longe. Quando Jacques Le Goff, após ter, com muita elegância, encarnado a figura do intelectual da Idade Média, apresentou, em 1964, a civilização do Ocidente medieval numa brilhante obra de síntese, ele se afastou resolutamente das "linhas de rumo",* ele desprezou as criações culturais da elite, as Sumas Teológicas, os desfiles corteses, as catedrais, em favor do profundo, do obscuro, do rústico; ele foi um dos primeiros a falar abundantemente dos jogos, do diabo, da fome e da floresta, das profissões, das superstições, da maneira de comer, das doenças

---

* Referência à obra de Leopold Génicot, *Les lignes de faîte du Moyen Âge* [As linhas de rumo da Idade Média], da qual a síntese de Le Goff difere radicalmente. (N. T.)

da alma e do corpo. Ele se tornou, assim, um dos mais ativos promotores da arqueologia da vida material e se fez um ouvinte muito atento dos etnólogos. Ele formou discípulos. E estes são impetuosos. Eles se sentem como se estivessem num combate libertador. Eles querem dar a palavra às massas populares. Eles tomam o partido delas. Eles denunciam o poder exorbitante conferido aos produtores, aos articuladores da ideologia dominante pelo monopólio do saber nobre, do manejo da escrita e de todas as formas de expressão capazes de atravessar as épocas. Percebe-se, sem dificuldade, como a consciência das contradições atuais da nossa civilização se liga às diversas inflexões que renovam, sob nossos olhos, os métodos da pesquisa histórica para orientar dessa forma o desejo de conhecer. Esse cruzamento de influências poderia ilustrar perfeitamente o conceito de correlação. Com efeito, o exemplo dos etnólogos, a atenção dada às fontes não escritas, a posição a ser adotada para interpretar estas últimas, as reflexões que as metamorfoses recentes do fato colonial suscitaram sobre a aculturação, as resistências nacionais, o imperialismo, os resultados da arqueologia, o gosto pela ruralidade, pelo regionalismo, pelo folclore, tudo se conjugou para atrair o olhar dos jovens historiadores para as formas mal discerníveis dessas culturas cuja vida, apesar de tudo, se prolongou, clandestinamente, na parte inferior dos imponentes aparatos aos quais até aqui se dirigia a atenção.

Assim como nos sítios de escavações, vê-se portanto aparecer já, pacientemente exumados, alguns pedaços. É preciso retirá-los da ganga, reavivar sua cor, confrontar fragmentos dissociados na esperança de reconstituir conjuntos. Quem quiser seguir de perto as manipulações das quais certos documentos muito lacônicos são objeto e ter a medida das descobertas recentemente feitas, poderá ler *Le Saint Lévrier* [O santo lebréu], um estudo publicado em 1979 por Jean-Claude Schmitt. Ele se apoia num texto, um escrito do século XIII. O dominicano Étienne de Bourbon é quem conta: ele pregava em Dombes; suas penitentes camponesas diziam que visitavam às vezes as relíquias de um santo, Guignefort, de quem ele jamais ouvira falar. Ele se informou. Ficou estupefato ao saber que era um cachorro mártir: o animal lutara para proteger um bebê e o pai da criança, seu dono, o havia morto por engano. Milagres se produziam no seu túmulo — conduzidas por uma velha da região, as jovens mães lá levavam suas crianças doentes, esperando dos poderes do Além que eles as tornassem vigorosas. Étienne fez questão que o lugar da peregrinação fosse arrasado; ele acreditava estar destruindo as práticas. Manejando com tanto brio quanto os melhores semiólogos a análise estrutural, explorando como os arqueólogos o sítio e os terrenos circundantes, interrogando os nativos, como nos ensinam a fazer os etnólogos, dirigindo-se aos folcloristas, recolhendo suas menores notas, Jean-Claude Schmitt chegou a recompor um sistema coerente de crenças e de ritos cujo reflexo deformado é transmitido por algumas frases latinas escritas no auge da luta travada contra as "superstições" pela autoridade eclesiástica. Ele arrancou das brumas que a dissimulavam a imagem mítica que adquiria, no século XIII, o poder feudal nas consciências aldeãs. Ele retraçou, finalmente, até nossos dias, os resíduos desses comportamentos, os quais, afirma ele, se perpetuaram nos mesmos lugares, a despeito de todas as repressões. Essa obra é exemplar, e não apenas pelo que ensina do povo, o que é capital: ela mostra a face da mais jovem história.

Das formações ideológicas sobre as quais suas concorrentes triunfaram e que, pouco a pouco, se viram empurradas para os andares menos acessíveis do edifício cultural e social, os traços mais visíveis datam do momento em que elas foram reprimidas: é o fogo da polêmica que os ilumina; eles são conhecidos pelas proclamações que os denunciam, pela apologia de seus detratores, pelos considerandos das sentenças que os condenam. Nós os vemos através dos olhos de seus opressores. Eles aparecem, portanto, como ao contrário, em negativo. Caricaturados, desfigurados. Em certos casos, para captar sua existência, convém interpretar o silêncio dos textos. É portanto a propósito de tais fenômenos que o historiador, advertido por um estudo atento das deformações que as manobras repressivas impõem hoje aos testemunhos, pode tirar o melhor proveito de uma outra experiência: a dos processos de análise da psicologia profunda. Assim como o psicanalista, ele não deve espreitar a verdade que se esconde sob o não dito? As exigências de uma tal decifração convidam consequentemente a aperfeiçoar os processos tradicionais da crítica histórica. Ajuste necessário, já que, ao se fazer observador das ideologias, o historiador deve inverter o objeto de seus esforços de objetividade. O que a história positivista procurava estabelecer era a veracidade dos fatos. Ora, estes, na verdade, importam menos do que a maneira como se falou deles, no próprio momento ou mais tarde. Quando se põe à prova o testemunho, não se trata de separar o verdadeiro do falso a propósito do que ele pretende fazer crer. Ele é testado por si mesmo, pelo que revela da personalidade da testemunha, pelo que esta esconde ou então esquece, tanto quanto pelo que afirma ou pela maneira de afirmá-lo.

Semelhante rigor no tratamento da informação é importante particularmente quando interrogamos os textos que revelam certos aspectos da cultura popular. As expressões dessa cultura são, com efeito, até tempos bem próximos de nós, ou objetos, dos quais a maioria é muito perecível, ou palavras, que voam. Muito raramente ouvimos o povo. Tudo o que nos é dito dele provém de intermediários. Estes transcreveram o que ouviram dizer. Seu papel é da maior importância e devemos felicitar os organizadores de um colóquio que, recentemente, em Aix-en-Provence, atraiu a atenção para esses professores, esses pregadores, esses médicos, tantos notáveis de pequenos burgos, eles próprios formados em escolas mas esforçando-se por recolher os rumores que lhes chegam de homens e de mulheres menos instruídos. Essas foram as principais etapas dos mecanismos de aculturação.

Eles ajudaram a espalhar, de alto a baixo, os conhecimentos, os usos, as modas que um mimetismo comumente compartilhado faz difundir-se deles mesmos, de grau em grau, em direção às bases da sociedade; em contrapartida, eles transportaram para as "elites" esses ornamentos ingênuos com os quais se encanta o populismo de bom-tom da gente de bem. Nesta segunda função, eles nos informam: nós devemos tudo aos relatos que eles redigiram, às coleções que eles constituíram. Ora, a prática da etnologia nos põe em guarda: a transmissão não se dá sem que a mensagem seja mais ou menos deformada. O mediador nunca é neutro. Sua própria cultura repercute no que ele transmite e a marca deforma mais quando a testemunha é culta ou acredita sê-lo, quando ela se põe a interpretar, na grande liberdade que lhe dá o sentimento de dominar do alto do seu conhecimento os objetos culturais, frágeis, que recolhe. Evidentemente, Étienne de Bourbon, pelo fato de que era fanático, deformou inconscientemente o que lhe haviam ensinado, do culto de são Guignefort, os informantes que, aliás, já deformavam porque tinham medo. Mas, seis séculos mais tarde, a deformação não é certamente menor no que diz o erudito local interrogado por Jean-Claude Schmitt e que também é apaixonado. Por que não criticá-lo com a mesma aspereza? Os historiadores da cultura popular aperfeiçoam o instrumental que permite captar e passar pelo crivo as raras informações que vêm da distância dos séculos. É bom lembrá-los que eles devem desconfiar igualmente, senão mais, dos folcloristas do século XIX, cuja tagarelice é abundante. Que eles não esqueçam também que tudo o que se pôde recolher das artes e tradições populares data desse mesmo século XIX, não vem das aldeias mas dos burgos, que muitos desses vestígios são adulterados e que é perigoso supor que eles possam legitimamente nos informar sobre o que se acreditava, sobre o que se sentia nos campos, cem, trezentos, e até novecentos anos antes. É injuriar o povo e tratá-lo como ser débil imaginar sua cultura imóvel. Ela é viva, ela também dura, e a duração a transforma.

O último deslizamento que assinalo diz respeito ao comportamento dos historiadores em relação ao acontecimento. Sob o austero ensinamento da "escola dos *Annales*" (é essa expressão adequada, trata-se de fato de uma escola?), firmou-se o hábito de ostentar uma certa indiferença em relação às agitações de superfície, aos acidentes, aos epifenômenos que são os espasmos factuais. Para dizer a verdade, de acordo com o testemunho da obra de Fernand Braudel, logo após a retirada dos grandes baluartes da história tradicional, os *Annales* não mais incitaram a desprezar o acontecimento. Eles encorajam, em todo caso, a tendência atual de observá-lo mais de perto, a fim de examinar como ele se insere nas massas mais estáveis que o sustentam, que provocam sua irrupção e nas quais ele repercute. Não nos apressemos em falar de uma reabilitação da história factual. Não é por si mesmo, com efeito, que o acontecimento é desmembrado, desarticulado. É pelo que ele revela, pelo abalo do qual é a causa e que, sem ele, passaria despercebido. A repercussão nos interessa mais do que o próprio golpe: esse redemoinho que faz emergir das profundezas coisas que escapam comumente ao olhar do historiador. Os acontecimentos desencadeiam, de fato, uma efervescência de discursos. Estes relatam o incomum. Mas, no fluxo de palavras, algumas são trazidas, as quais podem ser percebidas prestando-se atenção, revelando estruturas latentes. Eu mesmo tirei partido das narrativas da batalha de Bouvines para tentar uma espécie de sociologia da guerra medieval e medi, de geração em geração, a repercussão do assunto, para, ao mesmo tempo, refinar uma geografia da sensibilidade política e sondar a elasticidade da memória coletiva. O caso de Emmanuel Le Roy Ladurie é bastante esclarecedor. Ele é conhecido por ter medido a lentíssima, a imperceptível oscilação dos desvios climáticos e pelos seus trabalhos de grande extensão sobre esse vasto patamar da cultura camponesa francesa, essa fase de estabilidade compreendida entre os séculos XIV e XVIII, que nos faz tomar Restif de la Bretonne pelo primo bem próximo dos aldeões de Montaillou. Ele fez, na sua aula inaugural do Collège de France, a apologia da história imóvel. Ora, eis que ele veio a tomar, como objeto de estudo, um acontecimento bem preciso, as agitações que marcaram, na cidade de Romans, no final do século XVI, as festividades de um carnaval. Ele o fez pelo fato de que esses tumultos foram contados e de que os relatos, mais ou menos verídicos, fornecem um meio de captar realidades inapreensíveis, objetos de uma duração praticamente imemorial, como os antagonismos entre a cidade e os seus campos, ou os gestos que eram feitos, sem pensar, no desenvolvimento ritual das festas do final do inverno. Enquanto François Furet, repensando esse acontecimento multiforme que foi a Revolução Francesa, nos convida, através de um livro soberbo, a recolocar em questão o que acreditávamos conhecer das relações entre a área da política e as estruturas.

Esbocei, em traços bem largos, o quadro de uma renovação, o da história francesa. Sublinhei as tendências que me parecem mais significativas — a mim que estou falando e, das opiniões que exprimo, dos julgamentos que faço, não ignoro o que eles têm de subjetivo. Concordarão comigo que o balanço é muito positivo. Mas espera-se talvez que eu diga uma palavra sobre as insuficiências e que, antes de concluir estas reflexões, indique também as zonas de sonolência, os recantos onde dormem as rotinas. Eu poderia, por exemplo, deplorar que a biografia — para dizer a verdade, dentre os gêneros históricos, um dos mais difíceis — tenha sido, nestes últimos trinta anos, tão esquecida pelos historiadores profissionais — infelizmente, já que o grande homem, ou o homem médio, que o acaso fez com que tenha falado muito ou se tenha falado muito dele, é, tanto quanto o acontecimento, revelador, por todas as declarações, as descrições, as ilustrações de que ele é motivo, pelas ondas que seus gestos ou suas palavras põem em movimento ao seu redor. Eu poderia dizer que, em relação à história da época moderna e à história da Idade Média, onde, explorando uma fertilidade natural que decorre do tipo dos documentos, Lucien Febvre e Marc Bloch semearam os fermentos mais ativos de desenvolvimento (e sem dizer nada da história da Antiguidade, cuja vivacidade é igualmente notável, mas que mantém relações muito particulares com a filologia e a arqueologia), a história contemporânea pode parecer, na França, bastante atrasada. É como se a pesquisa nesse domínio se encontrasse, há muito tempo, bloqueada pela exuberância das ciências humanas do presente, pela economia, pela sociologia, pela psicologia social; é como se os historiadores tivessem de se contentar com um refugo, o acontecimento puro, o político. Mas eu acrescentarei logo que, há muito pouco tempo, tudo mudou: organismos se formaram, equipes se organizaram, guiadas por líderes de grande talento. Elas recuperam rapidamente o tempo perdido.

Eu poderia assinalar finalmente os obstáculos, o que refreia a ousadia das nossas pesquisas. Denunciarei principalmente dois incômodos. Primeiro, o dos novos instrumentos de investigação. Abrir um campo de escavações, proceder lá, como se deve, à mais fina análise estratigráfica, restaurar, classificar uma coleção de objetos, tratar o material de um arquivo através de um computador ou dessa ou daquela técnica de análise de conteúdo, devora o tempo, devora o dinheiro. Isso leva a restringir o terreno da pesquisa, conduz ao estiolamento da problemática, ao parcelamento, a essa espécie de miopia da qual tantas teses de doutorado da escola histórica americana são o deplorável exemplo. A exploração do sítio do velho Rougiers, uma aglomeração da Provença abandonada desde o final da Idade Média, deu resultados admiráveis. Eles são o fruto de um trabalho levado avante durante cerca de vinte anos com a ajuda dos maiores recursos que era possível reunir. Como imaginar que se possa, para verificá-las, para estender seu ensinamento, recomeçar imediatamente, atacar os sítios vizinhos, como seria necessário? O outro incômodo resulta do que compartimenta ainda as instituições. Nas universidades francesas, no Centre National de la Recherche Scientifique, as barreiras não foram todas derrubadas, elas não estão nem mesmo inteiramente abrandadas e continuam separando as disciplinas. Permanecem pequenas câmaras fechadas onde se isolam ainda historiadores dessa ou daquela literatura, historiadores da música, da filosofia, das ciências, alguns dos quais não mostram muita propensão no sentido de encontrar os simples historiadores. Ora, a história, no que faz hoje seu vigor, convida aos entendimentos. Ela considera uma canção, um afresco, um poema, o cenário de um balé como documentos tão preciosos quanto um cartulário ou o editorial de um jornal. É preciso lutar ainda para que circulem mais livremente a informação, as ideias. Numerosos, entretanto, resolutos, confiantes são os que, meio século após a fundação dos *Annales*, continuam o combate.

NOTAS

O CASAMENTO NA SOCIEDADE DA ALTA IDADE MÉDIA
[pp. 10-30]

1. *Regula Pastoralis.* III, 27, PL 77, 102.
2. *Liber II de virtutibus sancti Martini*, MGH, SRM, I, 617.
3. *"Prius Ecclesiae quam laeserent satisfacerent, sic demun quod praecipiant jura legum mundialium exsequi procurarent"* [Em primeiro lugar, devem dar satisfação à Igreja se a tiverem ofendido; depois, devem ocupar-se em seguir o que as leis do mundo prescrevem] PL, 126, 26.
4. *Admonitio generalis*, 789, cap. 68, MGH, cap. I, 59.
5. *Cap. missorum*, 802, cap. 35, MGH, cap. I, 98.
6. Sínodo de Verneuil, MGH, cap. I, 36.
7. Sínodo bávaro, 743, MGH, Conc. II, 53.
8. D. Owen Hughes, "Urban growth and family structure in medieval Genoa", *Past and Present*, 1975.
9. H. Oschinsky, *Der Ritter unterwegs und die Pflege der Gastfreund-schaft in alten Frankreich*, in. dissert, Halle, 1900.
10. O caso de Lambert de Wattreloos, G. Duby, "Structures de parenté et noblesse dans la France du Nord. XIe-XIIe siècle", *Mélanges J.F. Niermeyer*, Groningen, 1967.
11. PL, 155, 2011.
12. J.-B. Molin e P. Mutembe, *Le Rituel de mariage en France du XIIe au XVIe siècle*, Paris, 1974, p. 50.
13. PL, 176, 184.
14. Cap. 149, MGH, SS, XXIV, 637,8.
15. *Historia comitum Ghisnensium*, cap. 86, MGH, SS, XXIV, 601.

A MATRONA E A MALCASADA [pp. 46-67]

1. *Acta sanctorum*, abril, I, p. 141-4.
2. Efetivamente descendente dos carolíngios por sua mãe, neta de Carlos da Lorena. Não se sabe quase nada de seu pai, sem dúvida um homem novo.
3. É assim que ela aparece nas genealogias de Bouillon, admiravelmente editadas por L. Génicot e cuja primeira redação data de 1082-7, quando seu

segundo filho Godefroi não passava ainda de herdeiro do nome e das ambições de seu avô e de seu tio materno. Ida é, nessas genealogias, a única personagem feminina que tem direito a um elogio particular.

4. São conhecidas as lendas que se difundiram em torno da pessoa do primeiro *avoué* do Santo Sepulcro: desde 1184, contava-se a propósito dele e do seu irmão "a fábula do cisne do qual eles seriam originários", Guilherme de Tiro, *História das Cruzadas*, I, p. 571-2.

5. D. Baker, "A Nursery of Saints: Saint Margaret of Scotland reconsidered", *Mediaeval Women*, Oxford, 1978.

6. *Acta sanctorum*, julho, II, p. 403 e segs.

7. Editado pelo padre Coens e partir de um manuscrito de Saint-Omer, proveniente da abadia de Clairmarais, *Analecta Bollandiana*, XLIV, (1926).

8. Era o filho caçula e, consequentemente, buscou, sozinho, estabelecer-se graças a um casamento de um funcionário condal servindo em Bruges. Em 1012, o castelão de Bruges se chama Bertolf. Em 1067, Erembaud, pai de um Bertolf, ocupa essa função. O herói dessa história pertencia portanto, sem dúvida, ao célebre clã cujos membros assassinaram Charles le Bon em 1127, e não à parentela de Conon, senhor de Oudenbourg, sobrinho de Radebad II.

9. A expressão *justitia christianitatis* aparece, na mesma época, num documento maconês a propósito de uma partilha de jurisdição entre um conde e um bispo, *Cartulaire de la cathédrale Saint-Vincent de Mâcon* (ed. Ragut), nº 589.

10. *Vita Arnulfi*, II, 16 (Migne, *Petrologia Latina*, 174, col. 1413).

11. A propósito das duas versões da vida de Godelive que examino, observações precisas foram formuladas especialmente por H. Platelle, por ocasião de um colóquio organizado em 1970, cujas atas foram publicadas no ano seguinte em *Sacris erudiri XX*. Minha interpretação se afasta um pouco da maioria das conclusões desse encontro.

PARA UMA HISTÓRIA DAS MULHERES NA FRANÇA E NA ESPANHA. CONCLUSÃO DE UM COLÓQUIO [pp. 110-7]

1. Madri, 1985.

ESTRUTURAS FAMILIARES NA IDADE MÉDIA OCIDENTAL [pp. 120-8]

1. A melhor apresentação do problema para o século XIII é a obra de L. Génicot, *Le XIIIᵉ Siècle européen*, Paris, 1968, p. 320-2.

2. K. Schmid, "Zur Problematik von Familie, Sippe und Geschlecht, Haus und Dynastie, beimmittelalterlichen Adel", *Zeitschrift für die Geschichte*

der Oberrheins, 105, 1957; G. Duby, "Structures de parenté et noblesse dans la France du Nord, XIe-XIIe siècles", *Mélanges, J.F. Niermeyer*, Groningen, 1967.

3. G. Duby, *Noblesse, lignage et chevalerie dans le sud de la Bourgogne (X{e}-XIe siècle)*. Uma revisão (no prelo).

4. G. Duby, "Hemarques sur la littérature généalogique en France aux XIe et XIIe siècles", *Comptes rendus de l'Académie des inscriptions et belles lettres*, p. 967.

5. R. Fossier, *La Terre et les hommes en Picardie jusqu'à la fin du XIIIe siècle*, Paris-Louvain, 1969, p. 262-73.

6. H. E. Hallam, "Some thirteenth century censures", *Economic History Review*, 1958.

7. Por D. Herlihy e Ch. Klappisch.

ESTRUTURAS FAMILIARES ARISTOCRÁTICAS NA FRANÇA DO SÉCULO XI EM RELAÇÃO COM AS ESTRUTURAS DO ESTADO [pp. 129-36]

1. K. Schmid, *Studien in Vorarbeiten zur Geschichte des grossfränkischen Adels*, Friburgo-i.-B., 1957; *Zur Problematik von Familie, Sippe und Geschlecht, Haus und Dynastie beim mittelalterlichen Adel* "Adel und Herrschaft im Mittelalter", *Zeitschrift für die Geschichte des Oberrhein*, 105, 1957.

A FRANÇA DE FILIPE AUGUSTO. AS TRANSFORMAÇÕES SOCIAIS NO MEIO ARISTOCRÁTICO [pp. 137-43]

1. W.M. Newman, *Les Seigneurs de Nesle en Picardie, XIIe-XIIIe siècle*, Paris, 1971; E. Bournazel, *Le Gouvernement capétien au XIIe siècle, 1100-180*, Paris, 1975; Th. Evergates, *Feudal Society of the bailliage of Troyes under the counts of Champagne, 1152-1284*, Baltimore, 1975; M. Parisse, *La Noblesse lorraine, XIe-XIIe siècle*, Lille, 1976; Y. Sassier, *Recherches sur le pouvoir comtal en Auxerrois du Xe au début du XIIe siècle*, Paris, 1980.

2. V. Cirlot, *El armamento catalán de los siglos XI al XIV*, tese inédita defendida na Universidade autônoma de Barcelona, em 1980.

3. C. Bouchard, "The structure of a twelfth century French family, the Lords of Seignelay", *Viator*, X, 1979.

A HISTÓRIA DOS SISTEMAS DE VALORES [pp. 153-66]

1. "In Memoria del Manifesto dei communisti", *Saggi nel materialismo*, Roma, 1964, p. 34.

O "RENASCIMENTO" DO SÉCULO XII. AUDIÊNCIA E PATROCÍNIO [pp. 167-88]

1. Arnold de Bonneval, *S. Bernardi vita prima*, 2,5.
2. *Chronica de gevis consulum andegavorum*, ed. L. Halphen e K. Porepardin; *Chroniques des comtes d'Anjou et des seigneurs d'Amboise*, Paris, 1913. p. 140-1.
3. *Historia Gaufredi ducis*, ibid., p. 218.
4. *Historia comitum ghisnensium*, MGH, SS, 24, p. 80-1.

REFLEXÕES SOBRE O SOFRIMENTO FÍSICO NA IDADE MÉDIA [pp. 189-94]

1. Este texto foi lido em Varsóvia em 1985.

MEMÓRIAS SEM HISTORIADOR [pp. 195-205]

1. G. Duby, "Remarques sur la littérature généalogique en France aux XIe et XIIe siècles", in *Hommes et structures du Moyen Âge*, Paris, 1973, p. 287-98.
2. G. Duby, "Structures de parenté et noblesse dans la France du Nord aux XIe et XIIe siècles", *op. cit.*; p. 267-86.

HERESIAS E SOCIEDADES NA EUROPA PRÉ-INDUSTRIAL, SÉCULOS XI-XVIII [pp. 206-16]

1. Royaumont, 1968.

ORIENTAÇÕES DA PESQUISA HISTÓRICA NA FRANÇA, 1950-1980 [pp. 217-43]

1. Esse texto, inédito, foi escrito em 1980.

ORIGEM DOS TEXTOS

DO AMOR E DO CASAMENTO

O casamento na sociedade da Alta Idade Média
Discurso inaugural pronunciado por ocasião do colóquio organizado pelo Centro italiano de estudos sobre a Alta Idade Média, Spoleto, 22-28 de abril de 1976 (trecho).

O que se sabe do amor na França no século XII?
"The Zaharoff Lecture for 1982-1983", Nova York, Oxford University Press, 1983.

A matrona e a malcasada
Apareceu sob o título "The matron and the mis-married woman: perceptions of marriage in Northern France circa 1100", *Social Relations and Ideas: Essays in Honour of R.H. Hilton*, Aston, Coss, Dyen and Thrisk, Past and Present Society, 1983.

A propósito do amor chamado cortês
Académie royale de langue et de littérature française [Academia Real de Língua e de Literatura Francesa], 13 de dezembro de 1986.

O *Roman de la Rose*
Prefácio para o *Roman de la Rose* do Clube Francês do Livro, Paris, 1976.

Para uma história das mulheres na França e na Espanha. Conclusão de um colóquio
Colóquio "La condición de la mujer en la Edad Media" [A condição da mulher na Idade Média], Madri, 1985; Ed. Universidade Complutense, Madri, 1986.

ESTRUTURAS DE PARENTESCO

Estruturas familiares na Idade Média ocidental
XII Congresso Internacional de Ciências Históricas, Moscou, 16-23 de agosto de 1970.

Estruturas familiares aristocráticas na França do século XI em relação com as estruturas do Estado
Ata do colóquio "A Europa nos séculos IX e XI", Varsóvia-Poznan, 1967.

A França de Filipe Augusto. As transformações sociais no meio aristocrático
Ata do colóquio organizado pelo CNRS, Paris, 29 de setembro-4 de outubro de 1980. Ed. do CNRS, 1980 (trecho).

CULTURAS, VALORES E SOCIEDADE

Problemas e métodos em história cultural
Ata do colóquio "Objeto e métodos da história da cultura", Tihany, 10-14 de outubro de 1977.

A história dos sistemas de valores
Studies in the Philosophy of History, vol. XI, nº 1, 1972, Weslevan University Press.

O "Renascimento" do século XII. Audiência e patrocínio
Apareceu sob o título "Audience and Patronage", *Renaissance and Renewal in the twelfth century*, editado por R. L. Benson e G. Gustable, Harvard University Press, Cambridge, Mass., 1982.

Reflexões sobre o sofrimento físico na Idade Média
Colóquio organizado pela Universidade de Varsóvia, 1986, *Revue des sciences médicales*, nº 345, 1986.

Memórias sem historiador
Nouvelle Revut de psychanalyse, XV, primavera de 1977.

Heresias e sociedades na Europa pré-industrial, séculos XI-XVIII
Colóquio de Royaumont, 1968, Paris-La Haye.

GEORGES DUBY nasceu em Paris, em 1919, e morreu em 1996. Iniciou sua carreira universitária em Lyon, em 1949. Foi membro da Academia Francesa e professor do Collège de France entre 1970 e 1992. Um dos mais renomados especialistas em história medieval do século XX, publicou mais de setenta livros, entre eles *As damas do século XII*, e coordenou coleções importantes, como o segundo volume de *História da vida privada*, ambos lançados no Brasil pela Companhia das Letras.

COMPANHIA DE BOLSO

Jorge AMADO
Capitães da Areia
Mar morto
Carlos Drummond de ANDRADE
Sentimento do mundo
Hannah ARENDT
Homens em tempos sombrios
Origens do totalitarismo
Philippe ARIÈS, Roger CHARTIER (Orgs.)
História da vida privada 3 — Da Renascença ao Século das Luzes
Karen ARMSTRONG
Em nome de Deus
Uma história de Deus
Jerusalém
Paul AUSTER
O caderno vermelho
Ishmael BEAH
Muito longe de casa
Jurek BECKER
Jakob, o mentiroso
Marshall BERMAN
Tudo que é sólido desmancha no ar
Jean-Claude BERNARDET
Cinema brasileiro: propostas para uma história
Harold BLOOM
Abaixo as verdades sagradas
David Eliot BRODY, Arnold R. BRODY
As sete maiores descobertas científicas da história
Bill BUFORD
Entre os vândalos
Jacob BURCKHARDT
A cultura do Renascimento na Itália
Peter BURKE
Cultura popular na Idade Moderna
Italo CALVINO
Os amores difíceis
O barão nas árvores
O cavaleiro inexistente
Fábulas italianas
Um general na biblioteca
Os nossos antepassados
Por que ler os clássicos
O visconde partido ao meio
Elias CANETTI
A consciência das palavras
O jogo dos olhos
A língua absolvida
Uma luz em meu ouvido

Bernardo CARVALHO
Nove noites
Jorge G. CASTAÑEDA
Che Guevara: a vida em vermelho
Ruy CASTRO
Chega de saudade
Mau humor
Louis-Ferdinand CÉLINE
Viagem ao fim da noite
Sidney CHALHOUB
Visões da liberdade
Jung CHANG
Cisnes selvagens
John CHEEVER
A crônica dos Wapshot
Catherine CLÉMENT
A viagem de Théo
J. M. COETZEE
Infância
Juventude
Joseph CONRAD
Coração das trevas
Nostromo
Mia COUTO
Terra sonâmbula
Alfred W. CROSBY
Imperialismo ecológico
Robert DARNTON
O beijo de Lamourette
Charles DARWIN
A expressão das emoções no homem e nos animais
Jean DELUMEAU
História do medo no Ocidente
Georges DUBY
Damas do século XII
História da vida privada 2 — Da Europa feudal à Renascença (Org.)
Idade Média, idade dos homens
Mário FAUSTINO
O homem e sua hora
Meyer FRIEDMAN,
Gerald W. FRIEDLAND
As dez maiores descobertas da medicina
Jostein GAARDER
O dia do Curinga
Maya
Vita brevis
Jostein GAARDER, Victor HELLERN,
Henry NOTAKER
O livro das religiões

Fernando GABEIRA
O que é isso, companheiro?
Luiz Alfredo GARCIA-ROZA
O silêncio da chuva
Eduardo GIANNETTI
Auto-engano
Vícios privados, benefícios públicos?
Edward GIBBON
Declínio e queda do Império Romano
Carlo GINZBURG
Os andarilhos do bem
História noturna
O queijo e os vermes
Marcelo GLEISER
A dança do Universo
O fim da Terra e do Céu
Tomás Antônio GONZAGA
Cartas chilenas
Philip GOUREVITCH
Gostaríamos de informá-lo de que amanhã seremos mortos com nossas famílias
Milton HATOUM
A cidade ilhada
Cinzas do Norte
Dois irmãos
Relato de um certo Oriente
Um solitário à espreita
Patricia HIGHSMITH
Ripley debaixo d'água
O talentoso Ripley
Eric HOBSBAWM
O novo século
Sobre história
Albert HOURANI
Uma história dos povos árabes
Henry JAMES
Os espólios de Poynton
Retrato de uma senhora
P. D. JAMES
Uma certa justiça
Ismail KADARÉ
Abril despedaçado
Franz KAFKA
O castelo
O processo
John KEEGAN
Uma história da guerra
Amyr KLINK
Cem dias entre céu e mar
Jon KRAKAUER
No ar rarefeito

Milan KUNDERA
A arte do romance
A brincadeira
A identidade
A ignorância
A insustentável leveza do ser
A lentidão
O livro do riso e do esquecimento
Risíveis amores
A valsa dos adeuses
A vida está em outro lugar
Danuza LEÃO
Na sala com Danuza
Primo LEVI
A trégua
Alan LIGHTMAN
Sonhos de Einstein
Gilles LIPOVETSKY
O império do efêmero
Claudio MAGRIS
Danúbio
Naguib MAHFOUZ
Noites das mil e uma noites
Norman MAILER (JORNALISMO LITERÁRIO)
A luta
Janet MALCOLM (JORNALISMO LITERÁRIO)
O jornalista e o assassino
A mulher calada
Javier MARÍAS
Coração tão branco
Ian McEWAN
O jardim de cimento
Sábado
Heitor MEGALE (Org.)
A demanda do Santo Graal
Evaldo Cabral de MELLO
O negócio do Brasil
O nome e o sangue
Luiz Alberto MENDES
Memórias de um sobrevivente
Gita MEHTA
O monge endinheirado, a mulher do bandido e outras histórias de um rio indiano
Jack MILES
Deus: uma biografia
Vinicius de MORAES
Antologia poética
Livro de sonetos
Nova antologia poética
Orfeu da Conceição
Fernando MORAIS
Olga
Helena MORLEY
Minha vida de menina

Toni MORRISON
Jazz
V. S. NAIPAUL
Uma casa para o sr. Biswas
Friedrich NIETZSCHE
Além do bem e do mal
O Anticristo
Aurora
O caso Wagner
Crepúsculo dos ídolos
Ecce homo
A gaia ciência
Genealogia da moral
Humano, demasiado humano
Humano, demasiado humano, vol. II
O nascimento da tragédia
Adauto NOVAES (Org.)
Ética
Os sentidos da paixão
Michael ONDAATJE
O paciente inglês
Malika OUFKIR, Michèle FITOUSSI
Eu, Malika Oufkir, prisioneira do rei
Amós OZ
A caixa-preta
O mesmo mar
José Paulo PAES (Org.)
Poesia erótica em tradução
Orhan PAMUK
Meu nome é Vermelho
Georges PEREC
A vida: modo de usar
Michelle PERROT (Org.)
História da vida privada 4 — Da Revolução Francesa à Primeira Guerra
Fernando PESSOA
Livro do desassossego
Poesia completa de Alberto Caeiro
Poesia completa de Álvaro de Campos
Poesia completa de Ricardo Reis
Ricardo PIGLIA
Respiração artificial
Décio PIGNATARI (Org.)
Retrato do amor quando jovem
Edgar Allan POE
Histórias extraordinárias
Antoine PROST, Gérard VINCENT (Orgs.)
História da vida privada 5 — Da Primeira Guerra a nossos dias
David REMNICK (JORNALISMO LITERÁRIO)
O rei do mundo
Darcy RIBEIRO
Confissões
O povo brasileiro

Edward RICE
Sir Richard Francis Burton
João do RIO
A alma encantadora das ruas
Philip ROTH
Adeus, Columbus
O avesso da vida
Casei com um comunista
O complexo de Portnoy
Complô contra a América
Homem comum
A marca humana
Pastoral americana
O teatro de Sabbath
Elizabeth ROUDINESCO
Jacques Lacan
Arundhati ROY
O deus das pequenas coisas
Murilo RUBIÃO
Murilo Rubião — Obra completa
Salman RUSHDIE
Haroun e o Mar de histórias
Oriente, Ocidente
O último suspiro do mouro
Os versos satânicos
Oliver SACKS
Um antropólogo em Marte
Enxaqueca
Tio Tungstênio
Vendo vozes
Carl SAGAN
Bilhões e bilhões
Contato
O mundo assombrado pelos demônios
Edward W. SAID
Cultura e imperialismo
Orientalismo
José SARAMAGO
O Evangelho segundo Jesus Cristo
História do cerco de Lisboa
O homem duplicado
A jangada de pedra
Arthur SCHNITZLER
Breve romance de sonho
Moacyr SCLIAR
O centauro no jardim
A majestade do Xingu
A mulher que escreveu a Bíblia
Amartya SEN
Desenvolvimento como liberdade
Dava SOBEL
Longitude
Susan SONTAG
Doença como metáfora / AIDS e suas metáforas
A vontade radical

Jean STAROBINSKI
Jean-Jacques Rousseau
I. F. STONE
O julgamento de Sócrates
Keith THOMAS
O homem e o mundo natural
Drauzio VARELLA
Estação Carandiru
John UPDIKE
As bruxas de Eastwick
Caetano VELOSO
Verdade tropical
Erico VERISSIMO
Caminhos cruzados
Clarissa
Incidente em Antares

Paul VEYNE (Org.)
História da vida privada 1 — Do Império Romano ao ano mil
XINRAN
As boas mulheres da China
Ian WATT
A ascensão do romance
Raymond WILLIAMS
O campo e a cidade
Edmund WILSON
Os manuscritos do mar Morto
Rumo à estação Finlândia
Edward O. WILSON
Diversidade da vida
Simon WINCHESTER
O professor e o louco

1ª edição Companhia das Letras [1989] 3 reimpressões
1ª edição Companhia de Bolso [2011] 1 reimpressão

Esta obra foi composta pela Verba Editorial em Janson Text
e impressa pela Prol Editora Gráfica em ofsete
sobre papel Pólen Soft da Suzano Papel e Celulose

A marca FSC® é a garantia de que a madeira utilizada na fabricação do papel deste livro provém de florestas que foram gerenciadas de maneira ambientalmente correta, socialmente justa e economicamente viável, além de outras fontes de origem controlada.